중국 동북지역 지도

내몽고 자치구

서요하   통요

적봉   부신
     조양
     금주
     금서

장가구   하북성   승덕
북경직할시 •   진황도
  천진직할시 • 당산

• 보정
                      연대
• 석가장   • 창주
      덕주   동영
• 한단   황하 • 치박 • 유방
         • 제남
           산동성
         태안   청도

이춘
학강
흑룡
흑룡강성
가목사 쌍압산
치치하르
대경
송화강
목단강
칠대하
계서
눈강
하얼빈
목단강
송화강
장춘
길림
도문
동요하
연길
사평
요원 길림성
두만강
철령
청진
무순
혼강
심양
요양 동화
안산
압록강
단동
함흥
신의주
원산
평양
해주
인천 서울
대전
대구
울
광주 부산

재중동포
조선족
이야기

재중동포
조선족
이야기

초판 1쇄 인쇄 | 2004년 2월 9일
초판 1쇄 발행 | 2004년 2월 14일

지은이 | 설용수
펴낸이 | 임종대
펴낸곳 | 미래문화사
출판등록 | 1976년 10월 19일 제3-44호
전자우편 | miraebooks@korea.com
　　　　　mirae715@hanmail.net
전화번호 | 02-715-4507, 02-713-6647
팩스 | 02-713-4805,

ⓒ2004, 미래문화사
ISBN 89-7299-270-4　03300

*잘못된 책은 바꾸어 드립니다.
*책가격은 표지 뒷면에 있습니다.

재중동포
조선족
이야기

설용수 지음

미래문화사

머리말

재중동포 조선족에게 국적선택의 기회를

 필자는 본 저서의 원고를 탈고하기 위해서 마지막 정리를 하다가 오갈 데가 없어 거리에서 비명횡사한 재중동포 조선족, 김원섭 씨의 슬픈 이야기를 들었다.

 그는 지난 2003년 12월 11일 새벽, 영하의 추위 속에서 마지막 생명의 끈을 붙잡고 3시간 10분 동안, 119와 112 비상조난구조 신고전화에 필사적으로 매달렸다. 그러나 두 전화는 모두 그의 간절한 부름을 외면했다. 환경미화원이 그의 시신을 발견하기 55분전까지 그는 살아 있었다니 얼마나 안타까운 일인가! 그가 마치 모든 조선족의 실상을 대변하는 듯하다.

 그는 역사의 틈바구니에 끼어 이국 타향, 중국의 하늘 아래에서 갖은 고생을 해야했다. 그러다가 이제 형편이 좀 풀린 조국의 품안에서 살길을 찾을까 하여 천신만고 끝에 왔다가 어두운 밤거리에서 홀로 쓸쓸히, 아니, 비참하게 최후를 맞았다.

 그는 불법으로 입국한 외국인 근로자 강제출국 문제가 수면 위로 떠올라 시끄러워지자 일자리를 잃었고, 잠자리마저 잃게 되어, 거리에서 방황하다가 갑자기 추워진 날씨 때문에 그리 되었다고 한다.

마지막 순간에 그는 무엇을 생각했을까?

역사의식 없이, 국민과 사회에 대한 소명의식도 없이, 그저 앞가슴의 빛나는 금배지만을 내세워 남의 돈 후리기에 정신나간 정치인들에게 박수를 치고 있었을까? 경제는 아래로 곤두박질 쳐도 자제할 줄 모르는 '아! 대한민국' 국민들이 뿌려대는 거리의 휘황한 불빛을 보며 아름답다고 감탄하고 있었을까? 아니면 그래도 조국의 품안에서 죽게되어 행복하다고 생각하고 있었을까?

아니었을 것이다.

그는 중국땅에서 자기를 애타게 기다리고 있을 가족을 생각하며 한이 맺혀 눈도 감지 못하고 갔을 것이다. 가난을 면하고자 하는 소박한 꿈을 안고 반가운 마음으로 찾아왔을 그를 위해 조국은, 아니, 우리는 무엇을 해주었는가? 너무 마음이 아프다.

삼가 그의 영령 앞에 명복을 빌면서, 그리고 재중동포 조선족의 오늘을 생각하면서 이 글을 쓴다.

필자는 대학원 석사논문에서 중국의 개방화와 재중동포 조선족에 대해서 고찰한 바 있다. 또 1989년 천안문사태 이후 여러차례 연변 조선족 자치주를 방문하여 또 하나의 작은 대한민국이 중국 동북지역에 있음을 확인하고, 한민족에 대한 자긍심과 흥분을 느꼈다. 그리고 〈겨레여 대륙을 보라〉는 글을 통해 통일로 가는 길도 재중동포 조선족과의 관계에서 찾을 수 있을 것이란 주장을 폈었다.

1990년대 초, 필자는 드디어 큰 결심을 하였다. 그래서 연변조선족 기업 대표들을 30명씩 두 차례 한국으로 초청하여 교육비 전액을 부담, 1개월씩 시장경제원리에 대하여 교육을 하였다. 현장답사와 함께 이루어진 교육프로그램은 조선족 기업 대표들에게 그들 표현대로 '머리가 트이게'하는 계기가 되었다. 또, 필자는 연길시 경제고문으로, 그리고 연변대학 객원교수로 일하는 기회도 가졌다.

그 후, 길림성 길림정치대학 왕혜암 교수의 주선으로 길림대학 초빙교수로 재직하면서 재중 동포의 여러 문제에 각별한 관심을 갖고 길림성 사회과학원이 주최하는 '동북아개발전략에 관한 세미나'에서 한국의 경제발전이 중국 경제에 미치는 영향에 대하여 주제발표를 하였다. 또 장춘에서 거행된 유엔개발계획(UNDP) 주최 '두만강 개발전략과 한국정부 참여전략에 관한 정책 세미나'에 한국대표로 참석했다. 그 때 북한대표들의 난동에 가까운 방해행위를 잊을 수가 없다. 이유인즉, '두만강을 중심한 삼각주(나진, 선봉)개발은 경제논리로 풀어 나가야지 정치논리로는 안된다. 무엇 때문에 조그마한 상품 하나 수출하는데 김정일 장군의 결재가 필요한가'라는 나의 문제제기에 대한 반발이었다.

1993년의 한·중 수교는, 그렇지 않아도 88년 서울올림픽 이후 한국에 대한 선망과 한국진출의 꿈을 지녀온, 재중동포 조선족에게는 더없는 기대와 희망의 청신호가 아닐 수 없었다.

이에 부응하여 필자는 동북연구소를 설립하고, 중국에 있는 우리 동포들에게 자유와 풍요로운 삶을 영위할 수 있게 하며, 또, 그들을 통해 북한동포들에게도 형제애·민족애의 따듯한 정을 보내주고자 많은 노력을 기울였다.

그런데 한·중 수교 이후 재중동포들의 한국에 들어오는 수가 많아지고, 한국인의 중국나들이도 잦아지면서 여러가지 일들이 양쪽에서 계속 벌어졌다. 가짜 약품의 밀수입, 산업연수생이 한국으로 들어오는 과정에서의 비리, 한국인들의 중국 현지처로 인한 가정파탄, 밀입국을 시켜주는 조건으로 그들에게 금품을 요구하는 몰염치한 한국인들의 행태 등이 바로 그것이다. 오죽했으면 한국인에게 피해를 입은 조선족들이 피해자 모임까지 만들고, 만에 하나, 남북전쟁이 나면 북한군에 입대하여 한국인을 쏘아 죽여야 눈을 감겠다는 충격적인 말을 하는 것을 필자는 수 없이 보고들은 바 있다.

중국의 조선족들이 걸어온 역사적 발자취는 그냥 운명이라 넘겨 버리기에는 너무나 사연이 깊다. 멀게 홍경래난 때에는 생명을 구하기 위해 월경했고, 가깝게 일제 통치하에서는 망국의 한을 달래며 두만강 뱃사공을 붙잡고 울면서 북간도로 갔다. 그러면서도 그곳의 땅을 일구어 모은 푼돈으로 독립운동가들의 뒷바라지를 마다하지 않았다. 그들의 피나는 도움이 없었다면 어떻게 청산리와 봉오동전투에서 승전할 수 있었겠는가? 또 임시정부의 활동이 가능했겠는가?

역사의 소용돌이 속에 선택할 수 없는 운명으로 낯선 땅 간도에서 고달픈 삶을 시작해야 했던 우리 조선족들은 일부가 중국 공산당 군대인 홍군紅軍에 입대하여 6·25 한국전에 참전, 우리의 가슴에 총부리를 겨눈 것도 사실이다. 그러나 그것 또한 역사의 기구한 장난 때문이었다.

그런 비극을 안고 있는 조선족들이 지금은 중국의 동북지방에서 56개 소수민족 가운데 당당하게 연변자치주와 장백자치현을 갖고 있다. 현재 재중동포 조선족의 수는 모두 200여만 명이나 되고, 민족의 얼과 전통 그리고 풍속을 그대로 유지하고 있다. 그들은 한글로 간판을 달고, 한국어 TV·라디오방송을 보고 들을 수 있는 자랑스러운 한국인으로 살고 있다. 또 재중동포 조선족은 현재 한국에만 15여만 명 정도가 거주하고 있으며 한국을 다녀간 조선족은 수십만에 이른다.

그들은 지금 한국 정부에게 한국의 국적을 달라고 호소하고 있다. 한국정부가 재외동포법을 만들 때 동포의 개념을 해방 이후에 한국을 떠난 자로 국한했다가 헙법재판소가 위헌판결을 내리자 1922년의 호적에 조부모나 부모가 등재되어 있어야 동포로 인정한다고 했다. 그리고 법무부에서는 동포라 하더라도 한국에 입국하여 노동은 할 수 없다는 시행령을 발표했다. 그러자 호적 등록 이전에 독립운동을 하러 떠난 동포들의 후예와 북한에 호적이 있는 자는 어떻게 할 것인지 난처하게 되었다.

이는 법무부가 사실상 중국의 조선족을 제외시킨 것인 바, 그 이유 중 하나는 재중동포가 중국 국적을 취득할 때 이미 한국 국적을 포기하였기 때문이라는 것이다. 그러나 재중 조선족들은 결코 스스로 국적을 포기하지 않았으며, 중국 국적을 선택하지도 않았다. 이는 그들의 의지와 상관없이 역사적 비운으로 그리 된 것이다. 그들은 역사의 희생자들이다.

전세계에 살고 있는 재외한국인은 줄잡아 600만 명이나 된다. 그들이 재외동포가 되게 된 사연은 각각 다르다. 하와이를 거쳐 맥시코로 건너간 애니갱이 있는가 하면, 북간도를 거쳐 연해주에 정착하다가 1937년 스탈린의 무자비한 강제이주정책에 따라 중앙아시아 우즈베키스탄과 카자흐스탄 사막으로 쫓겨간 고려인(까레이스키)도 있다. 또 일본으로 징용되었다가 해방된 조국으로 돌아오지 못하고, 하나는 한국을 조국으로 하는 재일거류민단(민단)으로, 또 하나는 북한을 조국으로 하는 재일조선인총연맹(조총련)으로 갈리어 그대로 머물고 있는 재일교포가 있다.

오늘 필자가 재중동포 조선족을 거론하는 것은 이제 한민족의 세계화 전략차원에서라도 흩어진 동족을 하나로 모으는 일에 국가와 국민적 노력이 절대적으로 필요하다는 것을 강조하고자 함이다.

필자는 세계일보사장 시절인 2002년 4월에 북경청년보와 자매결연을 맺고자 북경을 방문했다가 북경민족학교 황유복 교수를 만났다. 그때 그가 집필한 〈21세기 조선족의 현황과 미래〉라는 책을 보면서 한국인들에게 재중 조선족의 실체를 정확히 알려야겠다는 소명감을 갖게 되었다. 하여, 꾸준히 자료를 모으며 정리해 왔다. 그런데 최근에 우리 정부가 설정했던 외국인 불법체류자 자진신고기간이 종료됨에 따라 한국내 체류 4년이 넘은 재중 조선족들을 강제출국 시키자, 그들 중 5천여 명이 한국 국적을 달라고 절규하며 헌법소원까지 내는 것을 보고, 같은 한민족으로서 그들에게 국적을 되돌려 주어야할 당위성을 절감하면서 이 글을 쓰게 된 것이다.

이제 우리는 바른 시각으로 조선족을 대해야 한다.

현재 우리 국내에 들어와 있는 재중동포들을 오로지 돈벌이를 위해 건너온 〈불법체류자〉로 볼 것인가? 아니면 우리 민족 근대사의 소용돌이 속에서 어쩔 수 없이 중국인이 되어 변방 소수민족으로 떠돌다가 좀더 나은 삶을 꿈꾸며 부모님의 고향을 찾아온 〈귀환 동포〉로 받아들일 것인가? 전자의 인식을 가진 사람들은 '돈만 아는', '지저분한 조선족', '위장결혼으로 한국의 농촌총각 여럿을 울린',

'게으른', '어차피 중국을 조국으로 생각하며 사는 사람들'이라고 단정할지도 모른다. 그러나 사실은 그렇지 않다. 이제 현명한 판단을 내려야 할 때다.

그들이 우리와 다른 점은 사회주의 체제 속에서 소수민족의 정체성을 지키려고 애쓰면서 살다 보니 본인들 스스로도 모르게 생긴 문화 차이가 다소 있을 뿐, 그들을 차별할 이유는 어디에고 없다. 혹시 잘못된 것이 있다 하더라도 그들이 슬픈 역사의 희생자임을 감안하여 차츰 고칠 기회를 주면서, 민족의 일원으로 품어 안는 성숙한 모습을 보여야할 것이다. 만약 그들을 남남으로 도외시한다면 장차 남북한이 통일되는 과정에서 부딪히게 될 민족 동질성 회복과 사회통합 과제는 어떻게 풀 것인가?

그들은 헌법소원심판청구에서 '우리들은 한국 국적을 포기한 적이 없기 때문에 이중국적자로 볼 수 있다. 그런데 한·중 수교이후 한국 국적을 선택할 기회가 주어지지 않은 것은 모국이 재외국민 보호의 의무를 다하지 않았기 때문이다.'라고 주장하고 있다. 또 불법체류자라는 신분도 '법무부의 내부 규정에 불과한 〈국적업무처리지침〉에 의한 판정이므로 부당하다.'는 것이다. 그러면서 이 지침의 위헌 여부도 함께 묻고 있다.

이제 헌법재판소의 판결이 나겠지만 우선 그들에게 재입국을 보장하고 자진 출국하도록 유도해야 하며 불법사실이 없는 동포에게는 영주권을 부여하여 사회적, 경제적 활동을 보장해주어야 한다. 아울러 헌법정신에 따라 모든 희망자에게 국적선택의 권리를 주어야 한다. 이는 국민의 기본권을 존중하고 보장해야 할 국가의 책무이기도 하다.

중국은 1949년 정부수립 후 모든 해당국과 〈이중국적해소조약〉을 체결하여 화교에게 국적선택의 기회를 주었고, 특히 개방 이후에는 귀국한 화교에게 완벽한 시민권을 부여하고 있다. 중국의 조선족 동포가 200만이 넘는데 그들이 모두 한국에 몰려올 것을 걱정한다면 남북통일을 어떻게 할 것이며 21세기 세계화시대는 어떻게 열어 갈 것인가.

재중동포인 조선족의 삶의 현장을 돌아보면서 우리의 문화와 풍속이 그대로 살아 숨쉬고 있으며, 전통적 생활양식이 고스란히 계승되고 있음을 발견하고 가슴이 뭉클했었다. 그리고 두만강에서 가까운 용정에 있는 민속박물관에 조상들이 물려준 소중한 문화유산이 그대로 보존되고 있음을 보고, 우리의 무관심 속에 도처에 훼손되어버린 문화를 그들이 잘 보존해 주고 있음에 새삼 고마움을 느꼈다. 특히 중국이 고구려사를 의도적으로 왜곡하고 있는 현실을 감안한다면 이제 조선족에 대한 인식은 달라져야 한다.

끝으로 그곳 현장의 모습을 옮기면서 그간의 교류단절로 인해 피차간 용어가 변질되어 용어사용에 어려운 점이 있었음을 지적해 둔다. 그렇지만 앞뒤 문장을 이해하면 크게 문제가 되지 않으리라 믿으며 많은 이해를 부탁드린다. 그리고 흑룡강성신문사 기자로 한국에 왔다가 영구 정착한 권영호 선생님의 도움에 크게 감사드리고, 또 출판을 맡아주신 미래문화사 임종대 사장님에게도 감사드린다.

아울러 독자 제현의 뜨거운 관심과 지도편달 있기를 바란다.

2004년 1월 15일
(재)중앙노동경제연구원에서
저자 설 용 수

차례

머리말
　　재중동포 조선족에게 국적 선택의 기회를 · 4
총설
　　재중동포 조선족의 연원과 실상 · 18

제1부 재중동포 조선족, 그들은 누구인가
　　국내거주 조선족의 한 많은 삶 · 27
　　　　부모가 죽어도 못가는 신세 · 33
　　　　몸이 아파도 일을 해야 · 34
　　　　폭행의 대상이 된 어떤 여성의 이야기 · 35
　　　　얻기 힘든 일자리, 받기 힘든 체불임금 · 36
　　　　강제출국은 죽음으로 내모는 것 · 36
　　불법 체류자의 생성원인과 그 대책 · 38
　　　　불법 체류자가 될 수밖에 없는 현실 · 38
　　　　서둘러 해결해야 할 불법체류자 문제 · 43

제2부 중국 속의 소수민족 조선족
　　중화문명 속의 소수민족 · 50

다민족 국가 중국 · 52
중국 역대 권력의 성공적 소수민족정책 · 54
민족구역 자치기관을 설립하다 · 57
소수민족의 불만해소를 위한 서부 대개발 · 61

제3부 재중동포 조선족의 어제와 오늘

월경민족 조선족 · 65
세계 최초로 고위도지역에서 벼농사를 성공한 조선족 · 71
격랑을 헤치며 민족 자치를 실현하고 · 76

한민족의 전통을 계승한 조선족 문화 · 79
전통문화의 향기를 지켜온 재중 조선족 · 79
조선족의 걸출한 인재들 · 81

재중 조선족의 교육과 새로운 문제 · 83
달라져야 하는 교육 · 87
과학기술 분야에서 우뚝 선 조선족 · 90

조선족 문화의 현황 · 95
조선족 문화의 국제화 · 95
사회변동과 문예창작활동 · 101

한민족의 얼이 담긴 풍속과 민속 · 106
유래와 특징 · 106
생활문화의 변화 · 108

조선의약을 개발하고 · 112
조선족 의약의 학파 · 113

삶의 현장에 뿌리 내린 조선족 종교 · 118
항일운동의 선봉에 선 종교 · 118
시장경제와 조선족 종교 · 124
국가이익과 충돌하는 종교는 불허 · 127
사회주의 하에서의 신앙 · 130

제4부 한족漢族이 본 재중동포 조선족

선구적 농경문화를 일구어 낸 조선족 · 134
- 타민족들은 조선족의 개성적 삶을 부러워해 · 140
- 스포츠 · 교육 · 문화에 감동을 하고 · 144
- 조선족 여성은 현모양처의 모델 · 147

제5부 연변 조선족 자치주

자치주가 자치 주도 · 151
- 혁명의 본거지에서 경제전진기지로 · 156
- 자치주 정부의 수도 연길시 · 160
- 조 · 중 · 러 접경도시 훈춘시 · 164
- 생태환경 시범지역 화룡시 · 167
- 장백산의 신흥공업도시 돈화시 · 169
- 목이버섯의 고향 왕청현 · 171

유엔개발계획과 두만강 · 173
- 천연자원의 보고 장백산 · 178
- 초현대화하는 과학기술과 정보통신 · 181
- 물류의 중심 연변시 · 186
- 연변 조선족의 교육 · 189
- 경제 발전에 뒤쳐진 인재양성 · 190
- 조선족의 자존심 연변중점종합대학 · 198
- 해결해야 할 10대 과제 · 203
- 독창적인 연변 의료사업 · 210
- 삶의 질을 향상시키기 위한 도전 · 211

탄압속에서도 종교는 빛을 잃지 않아 · 212
- 항일사상을 고취한 종교 · 212
- 중화인민정치협상회의의 공동강령 · 216

날로 줄어드는 조선족 인구 · 218
　농업의 현대화 없이는 인구감소는 해결 안돼 · 223
　인구 감소로 인해 위축된 교육 · 228
　출산과 육아대책을 서둘러야 · 230
연변의 조선족을 빛낸 사람들 · 230
　단계별로 본 발전 과정 · 230

제6부 중국에서 유일한 조선족 자치현, 장백현

장백 조선족 자치현 · 236
　백두산 깊은 골짜기에 민족의 얼을 심은 교육 · 239
　훌륭한 인재가 절실해 · 240

제7부 동북 3성 내몽골 조선족

안중근 의사의 얼이 숨쉬는 흑룡강성 조선족 · 242
　인력송출에 앞장 선 흑룡강성 조선족 경제 · 244
　인력의 재충전이 사회문제 해결의 열쇠 · 247
　창조적 예지를 발휘하는 조선족 · 248
〈매하구〉표 쌀을 개발한 길림성의 조선족 · 251
　질높은 과학기술과 교육, 문화 · 253
　각 분야로 진출한 지도자들 · 256
시장경제의 모범을 보인 요녕성의 조선족 · 257
　조선족 과학자협회를 만들고 · 261
　새로운 시대에 앞서가는 교육체계 · 263
청조말 철도 노동자로 들어온 내몽골 조선족 · 265
　대흥안령 기슭에서 벼농사에 성공해 · 266
　내몽골을 움직이는 조선족 인재 · 268

제8부 그 밖의 재중 조선족

중국의 중심 북경시의 조선족 · 270
- 북경 혁명가 김산과 김무정 · 271
- 북경에서 중국을 움직이는 조선족 지도자들 · 273
- 북경시의 세계적 과학기술의 조선족 선구자 · 275
- 독창성과 다민족문화 · 279

한국기업의 전진기지 천진시의 조선족 · 282
- 대중문화와 자치문화 · 284
- 전문 관리 인력을 양성하고 · 286

우리와 가장 가까운 곳 산동반도의 조선족 · 289
- 3차 산업을 발전시킨 조선족의 교육과 문화 · 293
- 산동반도에 세워진 신라촌 · 294
- 공자가 태어난 곳, 산동성 · 296

임시정부의 수도 상해시의 조선족 · 297
- 중국의 경제를 주도한 포동 · 299

제9부 조선족의 전통과 풍습

의복과 음식, 그리고 문화 · 301
- 춤추며 노래하며 · 310
- 두만강에 남겨진 사연들 · 313

제10부 재중 동포들에게 국적을 돌려주어야 한다
- 모국의 국적을 돌려주어야 · 318
- 재외동포법은 개정되어야 한다 · 324
- 재중동포로 불러 달라 · 330
- 재외동포법에서 제외된 재중동포 · 334
- 조선족의 참모습을 보자 · 337

재외동포의 출입국과 법적 지위에 관한 법률시행령 중
개정령안 · 340
재외동포의 출입국과 법적 지위에 관한 법률시행규칙 중
개정령안 · 342
출입국관리법 시행령 중 개정령안 · 344
출입국관리법 시행규칙 중 개정령안 · 347

참고문헌 · 352

총설

재중동포 조선족의 연원과 실상

　필자는 독자의 이해를 돕기 위해 먼저 재중동포 조선족의 연원과 이민과정, 또 현재의 실상을 소개하고, 조선족에 대한 올바른 시각을 갖게 하고자 재중동포 조선족이 누구인가를 설명하려 한다.

　재중동포 조선족이라 하면 중국 둥베이東北 지방의 랴오닝遼寧, 지린吉林, 헤이룽장黑龍江 등, 삼성三省과 그 밖의 중국땅에 흩어져 거주하고 있는 한족韓族 혈통을 지닌 중국 국적의 주민들을 말한다.
　한말韓末에 외세의 침노로 한국의 국권이 흔들리면서 나라 안팎이 어지러워지자, 새로운 생활 터전을 찾아 조국을 등지고 둥베이 지방과 러시아의 시베리아로 이주해 가는 한국교포의 수가 늘어났다. 게다가 토지조사 등의 명목으로 일제가 한국인의 농토를 잠식하고 강제수탈하자 땅을 잃은 농민과 생업을 상실한 유랑민의 수는 더욱더 늘어나 전국에서 만주滿洲로 흘러 들어가게 되었다.
　일제에 의해 만주사변과 중일전쟁이 일어나고, 만주가 개척되면서 한국인의 이주는 더욱 활발해졌다. 한국에서 나는 쌀 1,500만 섬

중, 1,000만 섬 이상을 일제가 수탈해가니, 절량絶糧에 허덕이는 한국 농민은 개간할 황무지가 있는 만주로 몰려갈 수밖에 없었다. 그 후 8·15 광복으로 일제가 패망하였을 때에는 본국에 생활근거가 없는 조선인이 조국으로 귀환을 못하고 그냥 만주에 정착했던 바, 이들이 조선족 1세대요, 거기에서 태어난 자손이 2세대인 것이다.

게다가 조국이 6·25 전쟁 때문에 남북으로 갈리고, 이념과 체제가 다른 두 개의 정부가 들어서자, 조선족의 일부는 중국정권과 밀착된 북한으로 들어갔고, 상당수의 조선족은 둥베이 지방을 비롯한 중국땅에 잔류하게 되면서 지금에 이르고 있다. 현재 독립운동가의 유족들을 포함하여 약 200만 명 정도로 추산되는 조선족들이 중국의 국적으로 살아가고 있다. 모국에의 귀환이 어려운 현상황에서는 다른 선택의 여지없이 중국의 소수민족으로 정착, 나날이 중국화되어 가고 있는 것이다.

중국 동북지역의 조선족 구역의 형성과 발전과정을 보면 조선족의 이동은 대체적으로 3단계를 거쳤다. 제1단계는 19세기 중엽으로부터 1910년 〈한일합병〉까지로서 조선족은 주로 중국 동북으로 이주해 갔다. 제2단계는 〈한일합병〉으로부터 1931년의 〈9·18 사변〉(1931년 9월 18일 중국동북 요녕성 심양시에서 일본주둔군이 중국군에게 공격을 개시하여 중·일 전쟁이 발발, 14년 동안 치룬 전쟁. 생체실험으로 유명한 731부대가 있었음)〉 전야까지이고 제3단계는 〈9·18 사변〉으로부터 1945년 제2차 대전 종말까지로서 중국 동북 지역의 조선족 분포가 거의 형성되어졌다.

제1단계 조선족의 이동과 중국 동북에 분포된 상황을 보면 1906년까지 조선족은 서쪽의 안동, 홍경興京, 유하로부터 돈화 인선의 남부지역에 국한되어 있고, 서북쪽으로는 휘발하揮發河, 동쪽으로는 영

고탑寧古塔과 목릉하穆陵河 일선을 넘지 않았다.

그러나 1907년 연변을 중심으로 하여 노야령勞爺畜을 넘어 목단강 연안과 삼성三省지방, 즉 동북의 내지로 점차 이주해 들어갔다.

그리하여 동북지역의 조선족 수가 부쩍 늘어났다. 1894년까지만 해도 도합 7만 8,000명이던 인구가 1910년에는 10만 9,000명으로 늘어났다.

연변지역의 조선족은 1904년, 5만여 명으로부터 1909년에는 18만 4,867명으로 늘어나 현지의 만족滿族, 한족漢族보다 많았다. 일본제국주의는 1905년에 조선정부를 강압하여 〈한·일 보호협약〉을 체결한 뒤 1910년에 조선매국노 이완용 등과 결탁하여 비밀리에 〈한·일 합병조약〉을 맺어 조선을 완전히 삼켜버렸다. 그러자 많은 조선인들이 망국의 운명을 벗어나기 위해 다투어 동북아 여러 나라로 이주해갔다.

이는 조선족이 동북아 여러 나라로 이주해간 제2단계이다. 이 시기는 주로 정치적 이유로 이주해 갔다. 조선인들은 중국의 동북지역 외에도 다른 나라로도 이주해 가기 시작했다.

1910년부터 1912년까지 2년 사이에 러시아 시베리아 지역으로 이주해간 조선족만도 6,354명이고, 1910년부터 1920년까지 압록강 북쪽으로 이주해간 조선족은 9만 8,657명이다. 도문강 북쪽에 이주해간 9만 3,883명까지 합하면 도합 19만 2,540명이다. 특히 1919년 3·1운동 후에는 수많은 애국지사, 독립군과 반일군중들이 동북으로 흘러들었다.

그리하여 중국 동북의 조선족 인구는 1920년, 45만 9,400여 명이었으나 1930년에는 63만 982명으로 늘어났다. 그중 연변 4현(화룡, 연길, 왕청, 훈춘)에 약 40만 9,402명이 있어 64.9%를 차지하고, 안동과 통화 지역에 5만 545명이 있어 8%를 차지했으며, 봉천과 철령 지역에 9만 7,269명이 있어 15.4%를 차지했다. 또 길림과 장춘지역은 2만 4,157명으로 3.8%를 차지하고, 북만(흑룡강에 속함)은 4만 4,463명으로 7%를 차지했으며, 여순, 대련 지역은 1,747명으로서 0.27%를 차지했다. 그리고 나머지 기타지역이 약 1,000명 전후였다. 위의 숫자에서 보듯이 길림성 연변지역은 이미 우리 나라 조선족의 주요한 거주구가 되었으며, 요녕성도 조선족 인구가 비교적 집중되고 흑룡강은 장성세를 이루었다.

　북한에서 발표한 자료에 따르면 일본이 조선을 합병한 후 15년간(1910~1925) 또 조선 측에서 해외로 이주해간 난민이 30만 가구를 초과했다. 1919년까지 약 10여 만 명이 바다를 건너 일본으로 가 토목건축과 석탄채굴 등의 노동에 종사하였다. 일본이 공포한 자료에

중국 연길시의 조선족학교 연변대학 정문에서 - 왼쪽이 필자

따르면 1910년부터 1925년까지 만족, 몽골족 지역과 시베리아지역으로 이주해간 조선족이 5만 6,000명이며, 22만 5,000명이 연변지역으로 이주해 갔고, 1926년부터 1930년 사이에 또 10여 만 명이 중국 동북으로 이주해 갔다. 1922년 12월, 러시아 극동지역의 외국 무장간섭이 철저히 분쇄되고 소비에트 공화국이 창건됨에 따라 러시아에 이주해간 조선족 인구도 빠른 속도로 늘어났다. 러시아 측의 통계에 따르면 1926년 러시아 시베리아 지역에 거주하는 조선족은 이미 8만 7,000여 명에 달했다.

1931년 일본 제국주의는 9·18 사변을 유발, 동북은 점차 일본의 식민지로 전락되었다.

일본 제국주의는 중국의 동북지역을 대동아전쟁의 전략지 및 식량기지로 만들기 위해 1936년 4월부터 20년간 100만 호, 500만 명의 일본인을 이민시키려는 계획을 세우고, 조선에서도 파산된 농민을 강압하여 그 곳으로 이주시켰다. 또 〈민족조선족개척주식회사〉를 설립하고 조선이민사업을 관리, 사후 동북지역의 39개 현을 조선족의 '이민구'로 확정하고 1939년부터 매년 조선으로부터 1만 호를 이주시키기로 계획하였다. 당시 인구가 적었던 흑룡강성 북부는 일본이 강제이민을 시킨 주요지역의 하나이다. 1940년 한해에 눈강, 용진 등지에 이주해간 조선족만도 2,810호나 된다. 1941년 이후 일본 식민당국은 강북지역의 신 이민자들을 〈이민개척단〉으로 만들어 북만과 내몽골지역으로 내몰아 논과 밭을 개간케 하였다.

한 통계에 의하면 당시 중국 동북으로 강제이민한 조선의 농민이 3만 856호에 14만 7,744명이었다. 계속된 일본의 강제이민으로 하여 중국 동북의 조선족인구는 날로 늘어 1945년에는 216만 3,015명으로

1932년의 67만 2,649명에 비해 2.2배나 늘어났다.

이 시기 일본의 강제이민 외에도 자발적으로 중국에 온 사람도 있다. 예를 들면 1937년 〈7·7 사변〉(1937년 7월 7일 베이징 근교 서남쪽 161km 지점인 루거우차오(盧溝橋)에서 일본군이 전쟁을 유발, 8년간 싸운 전쟁. 일명 노구교사변이라고도 한다.) 전에 중국으로 들어온 약 3만여 명 조선족들은 다수가 반일 장병들과 각종 혁명조직 혹은 군중단체의 책임자였다. 그외에 장사꾼도 있고, 다른 원인으로 하여 들어온 사람도 있는데 그들은 주로 화북, 화중, 화남 등의 지역에 분포되어 있다. 중국내 조선족은 몇 년간 급격히 늘어나 1945년까지 10여 만 명에 달하였는데 그 분포를 보면 화북지구의 비율이 높았다.

재일 교포는 대부분 제2차 세계대전기간 중에 일본에 강제징용되어 간 노무자들이다. 일본이 발표한 숫자에 따르면 대동아전쟁 발발 이래 일본에 끌려가 참전한 조선인은 36만 4,000여 명으로서, 그 중 태평양전쟁시기(1941년 12월부터 1945년 8월까지) 참전한 사람만 해도 11만 6,294명이었다. 또 600만 명의 조선인이 노무자로 끌려갔는데 많은 사람이 전쟁 중에 목숨을 잃었거나 제명에 죽지 못했다. 또 천우신조로 살아남은 〈행운자〉들은 또다시 일본으로 끌려갔다. 1945년 일본 항복 때 재일조선인은 약 200만 명 전후였다. 러시아 인구통계에 따르면 1939년 러시아 국내에 거주한 조선족 인구는 18만 2,300여 명으로서, 1926년에 비해 1.1배 늘어났다.

9·18 사변 후 러시아에 이주한 조선족들은 대부분 일본 식민지의 통치와 강제이민에 못견디어 이주해간 사람들이다. 또 다른 기록에 따르면 1945년 8월, 조선 광복까지 세계 각국으로 이주해간 조선족은 당시 조선반도 총인구의 15%쯤 되는 400만 명이나 되었다.

그 중 중국 동북에 정착한 사람이 대략 160만 명, 중국 내지에 대략 10만 명, 러시아 시베리아와 극동지역에 대략 20만 명, 일본에 210만 명, 기타 다른 나라와 지역으로 3만 명 정도가 이주해갔다.

제2차 세계대전 종말 후 재중동포 조선족의 다수적 이주는 거의 끝났다.

재중동포 조선족은 98%이상의 인구가 동북 3성과 내몽골자치구에 집중되어 있고, 러시아의 조선족은 99.5%의 인구가 러시아와 중앙아시아 4개 나라에 분포되어 있다. 재일 교포는 주로 서해안지역과 홋카이도에 분포되어 있다.

조선족 인구가 상대적으로 집중되어 있는 것은 조선족이 벼농사를 짓는 것과 밀접한 연관이 있다. 조선인들은 이주해 들어 온 후 논 관개(灌漑 : 필요한 물을 끌어 농지에 대는 일)와 개발에 유리한 대소 하천유역과 평원지역을 찾아 자리를 잡았다. 비교적 집단적으로 거주했기에 조선족들은 민족에 대한 애국심과 응집력이 매우 강하게 나타났다. 조선족이 집중된 지구, 시, 현은 대다수가 조, 중, 러, 3국 국경에 위치했다.

이를테면 연변 조선족 자치주는 조·중·러 3국 국경에, 길림성 장백 조선족 자치현 집안현 요녕성의 단동시는 조·중 국경에, 흑룡강성 목단강시·가목사시·계서시와 내몽골자치구·만주리시는 중·러 국경에 위치해 있다. 위 지역의 조선족 인구는 동북조선족 총인구의 62% 전후였다.

또 조선족은 다수가 철도주변과 철도와 가까운 주위에 거주, 인구는 국경으로부터 내륙으로 들어오면서 점차 줄어들었다. 러시아의 조선족은 당초 러시아의 극동지역에 분포되어 있었는데 후에 우리 나라와 인접한 지역과 중앙아시아 지역으로 확장되었다. 그것은 10월 혁명 후와 제2차 세계대전 전에 핍박에 못이겨 대량의 조선족들이 러시아의 내지로 재차 이전했기 때문이다.

 앞으론 이 지역은 구역경제협력이 발전됨에 따라 각국 조선족간의 관계가 더 한층 발전하게 될 것이다.

 한 통계에 따르면 우리 나라 조선족의 가장 큰 집단거주구인 연변 조선족 자치주에는 아직도 교포, 교포가족, 친족 5,000여 명이 있다. 조선족 가운데는 남북한, 러시아, 일본 사람과 친밀한 관계가 있는 사람들이 적지 않다. 조, 중, 러 3국 국경에 있는 훈춘시에는 남북한과 혈연관계가 있는 사람이 1만 5,000여 명, 일본과 혈연관계가 있는 사람이 1,000여 명, 러시아 교포가 5,000여 명이 된다. 현실이 증명하다시피 이런 특수한 인적관계는 구역 경제협력발전을 추진하는 무시 할 수 없는 중요한 요소이다.

 러시아의 조선족 학자 가운데는 학술계에서 명망이 높은 원사(院士 : 교수 또는 주임교수)와 통신원사들이 있다.

 이를테면 막심 빠블로비치 김은 러시아문화를 전공한 역사학자로서 1979년 러시아과학원 원사칭호를 수여 받았다. 끄오끼 뻬뜨로위티 김은 역사학자이자 교수로서 1976년 통신원사 칭호를 받았다. 그는 러시아학원 동방학연구소 소장 대리이며 〈러시아대백과전서〉(1980년 러어판)에 수록되었다.

 당시 연변 조선족 가운데서 각종 전문가 인재가 도합 5만 3,528명이나 되는데, 그중 고급직함을 갖고 있는 분만도 2,281명이 된다. 어떤 분들은 과학연구에 조예가 매우 깊어 국내외의 공인을 받고 있다.

길림성에는 박문일, 정판룡, 조봉빈 등, 조선족 박사와 같은 저명한 전문가, 학자들이 있다. 목하 동북아 각 국 조선족 간의 과학기술, 문화 교류의 발전은 구역경제협력에 새로운 활기를 불어 넣어 주게 될 것이다.

대중문화와 전문문화 공히 재중 조선족 문화에 대한 연구는 아직 많은 과제를 안고 있다. 앞으로 발굴한 문화재와 채집한 전설, 민담, 민요, 민족예술, 민간신앙 등에 대한 연구가 계속되지 못하면 우리는 귀중한 전통문화를 잃게 되고 민족정신이 황폐해질 것이다. 그리고 기회가 지나간 다음에 잃은 것을 다시 찾으려 하면 그때는 크게 후회할 것이다. 또 무너지는 교육 때문에 희망을 잃어 가는 농촌의 어린이들을 보면 몇 십 년 후의 조선족 운명에 대해 자신을 가질 수가 없다. 우리의 희망은 아이들에게 달렸기 때문이다.

특히 요즘에 들어서 적지 않은 사람들, 특히 젊은 세대들이 외래문화에 편승하면서 민족공동체에 홍미가 없고 전통문화에 대하여 우습게 보는 현상이 나타나고 있다. 민족의 우월감에 들떠 있는 것도 바람직하지 못하지만 민족허무주의, 패배주의에 빠지는 것은 더욱 위험하다.

오직 우리 민족의 지도자들이 단합하여 우리 자신에 대한 연구를 적극적으로 해나갈 때 민족의 문화는 더욱 발전할 것이며, 자신의 생존과 발전을 꾸준히 추구할 때 더욱 위대한 성과를 얻을 것이다.

제1부 재중동포 조선족, 그들은 누구인가

국내거주 조선족의 한 많은 삶

재중 조선족은 전세계 174개국 700여만 명(재외동포연대 추진위원회 통계)의 해외동포 중 모국(남북한)과 가장 긴밀한 관계를 갖고 있다. 그들은 비록 중국 국적을 가졌으나 항상 모국을 잊지 않고 이중문화, 이중심리를 가진 소수민족의 하나로 남아 있다.

재중 조선족들은 한반도 전지역 사람들이 고루고루 다 있어 고향 사람들끼리 마을을 형성하고 살아왔다. 고향이 어디냐고 물으면 '경북 어느어느 군(郡)', '평남 어디어디……' 하고 대답한다. 이처럼 모국과의 관계가 끈끈하다.

또, 비록 체제와 이념은 달라도 모국에 대한 재중 조선족의 왕래는 끊어지지 않는다. 조선족들은 때로는 모국을 생계유지와 경제 발전의 의존 대상으로 삼기도 한다. 그 예로 '60년대 중국의 대기근시 20만 명의 조선족이 북한으로 대이동했던 일과 '90년대 이후 20만 명에 달하는 조선족의 한국 나들이를 들 수 있다.

하나 더, 정치적으로 재중 조선족은 모국의 직접적인 영향을 받

재중동포 조선족의
삶의 현장
- 두만강변 농촌의
한가로운 풍경

고 있다. 모국이 재채기를 하면 그곳 조선족은 감기에 걸린다. 대개 이민을 받은 나라에서 가장 꺼리는 것은 이민 온 사람들이 자기 모국과 내통하여 자국에 손해를 끼치는 일이다. 이는 마치 자기 가문에 들어온 며느리가 계속 친정에만 마음을 두는 것을 꺼리는 것과 마찬가지이다. 조선족을 보는 중국의 한족漢族 역시 다를 바가 없을 것이다.

한 때 중국과 북한의 관계가 좋았던 시절, 적지 않은 재중 조선족은 '북한을 조국'이라 했다. 그 당시 남한에 친척이 있는 사람들은 벙어리 냉가슴 앓듯 아무 말도 못 했다. 그러다가 북한과 관계가 나빴던 문화혁명 시기에는 적지 않은 조선족들이 '북조선의 간

첩'으로 몰리어 수난을 당하기도 했다.

그러다가 아시아의 '4소룡' 중 첫번째인 한국이 88올림픽 후 세계에 알려지고, 한·중 간에 대화의 창구가 열려 중국이 한국으로부터 외자유치는 물론, 발전모델로 삼으면서 조선족들은 다시 기를 펴게 되었고, 한국이라는 모국이 있으므로 하여 어깨가 으슥해졌다.

언제부터인가 한국인들의 귀에 익숙해진 단어 중 하나가 '조선족'이다. 조선족이란 말은 중국과의 국교를 맺은 후 끊임없이 불거져 나왔다. 아마 대부분의 한국인에게 '조선족'이라는 단어는 긍정적이기 보다는 부정적인 인식이 많은 것 같다. 그들이 자기에게 아무런 피해를 입히지 않았음에도 우호적이기 보다는 부정적인 편견을 가지고 있다.

반대로 한국에 불법체류라는 불안정한 상태로 머무는 조선족들도 한국인에 대해 부정적인 인식을 가지고 있는 것이 사실이다. 한국의 수많은 농촌 총각을 울렸던 조선족과의 결혼 브로커 사건으로 인해 그 실상을 보도했던 방송사에 대해서도 편파적으로 보도했다는 불만을 가지고 있다. '조선족은 한국에 불법으로 체류하면서 한국인의 일자리를 차지하고, 사기 결혼으로 국내에 들어온 후 도망가버리는 사람들'이라는 오명을 쓰게 됐다는 항변이다.

한국인과 조선족 상호 간의 필연성을 인정한다면 이젠 그런 잘못된 감정적 반목은 중단되어야 한다. 그러기 위해서는 조선족에 대한 올바른 이해가 먼저 선행되어야 한다.

이에 조선족에 대한 올바른 이해를 위해 한국과 한국인에 대한 조선족이 갖는 느낌을 간추린다.

첫째, 재중 조선족들은 '한국은 고국故國이 아니라 고국苦國이다.'라고 말하고 있다. 그만큼 고통스러운 나라라는 뜻이다.

재중동포들이 위험을 무릅쓰고 중국을 떠나 한국에 들어오는 이유는 간단하다. 잘 살아 보기 위해서이다. 불과 30~40년 전, 우리가 아메리칸 드림을 안고 미국 땅에 간 것처럼 이들에게는 코리안 드림이 있는 것이다. 물론 양자 사이에는 분명한 차이가 있다.

한국은 그들에게 할아버지의 땅, 아버지의 나라, 즉 피와 말과 문화의 고향이다. 허나 이제 재중동포들은 '코리안 드림'은 악몽이었다고 입을 모은다. 중국에서는 평생 벌어도 갚지 못할 거금을 빌려 불법체류도 무릅쓰고 어렵게 한국에 오지만, '열등 국민'이라는 한국인의 비아냥거림과 자신들의 약점을 이용한 사기가 판을 치고 있기 때문이다. 그들은 더 이상 한국을 부모의 나라, 언젠가 돌아가야 할 모국이라 생각하지 않는다.

둘째, 조선족이 아니라 재중동포라 불러 달라고 말하고 있다.

일제치하에서 민족이 고통받던 때, 굴욕의 설움을 뚫고 북으로 북으로 올라가 척박한 만주벌판을 개간하며 힘든 삶을 살아왔다. 그런 속에서도 독립군에게 보리쌀이라도 가져다주지 않은 가구가 없었고, 마을마다 항일 전적비가 없는 곳이 없다. 이처럼 용감한 우리 민족 일부가 어렵게 지켜온 곳이 우리들이 이야기하는 조선족의 집단 거주지 동북의 연변지구이다.

한국이 해방되었지만 본국으로 돌아가지 못한 이들은 다민족 국가인 중국에서 한족과 구별하기 위해 스스로를 '조선족'이라 불렀다. 중국의 한족 속에서 자신들을 지켜나가기 위해서였다. 헌데 언제부터인가 한국에서도 그들을 '조선족'이라 부른다. 일본에 살면 재일동포, 미국에 살면 재미교포라고 하는 것처럼 ○○교포하며 부르지만 유독 중국거주동포, 재중교포, 또는 재중동포라 부르지 않고 '조선족'이라 부른다. 재미교포라면 마치 성공한 삶처럼 인식되는 것이 현실이고, 조선족이라고 하면 전혀 다른 민족을 보는 듯하는 느낌이다.

이제 그들을 한민족으로 바라보고 '재중동포'라는 올바른 호칭을 먼저 찾아주는 것이 서로 간의 화해의 첫걸음일 것이다. 이미 그들끼리는 '동포'라는 단어를 사용한다. 유독 한국인만 조선족이라는 단어를 계속 고집하고 있으니 안타깝다.

셋째, 한국 것은 무엇이든 무조건 좋다는 우월감을 갖고, 조선족이면 처음부터 열등인으로 보고 반말을 해대고 있는 실정이다.

중국동포들이 많이 모여 일하는 식당이나 건설현장 같은 데서 한국인들이 조선족 종업원들에게 욕설이 섞인 반말을 하는 모습을 쉽게 목격할 수 있다. 그리고 거리 곳곳에서 "한국에서는 이러한데 중국은 이것밖에 안 되나.", "한국은 정말 편한데 중국은 모든 게 불편해." 등등, 폄하하기 일쑤이다.

이런 사람들을 목격할 때마다 과연 저 사람들이 동족일까 하고 생각한다. 가난 때문에 천대받으며 일하는 조선족이지만, 최소한의 자존심과 인격만은 존중해줘야 하지 않겠는가.

넷째, 재중동포 이민사는 100년이라는 세월이 흘렀다.

강산이 열 번 변하고도 남는 시간이다. 문화적 흡수력이 강한 중국 한족漢族문화 속에서 그 긴 세월을 살아온 것이다. 그런 이유로 한국인이지만 한국인과 사고가 다른 사람들이 조선족이다. 그들의 생활속을 이미 한족문화가 점령하여 한국의 전통문화와 중국의 문화가 뒤섞여 버렸다. 그러니 우리와 다른 것은 너무나도 당연하다. 그러나 그 차이 속에서 우리들과 같은 것 또한 많다. 그냥 있는 그대로의 모습으로 받아들일 수 있는 아량을 가지는 것이 우리의 자세다.

일부 한국인들은 자기들이 피땀 흘려 벌어온 외화를 조선족들이 빼내간다고 가슴 아파 한다. 허나 그들이 한국에서 갈퀴로 나뭇잎 긁듯 돈을 긁어모을 수 있는 것은 아니다. 조선족은 불법 체류자라는 신분 때문에 언제나 경찰들의 눈을 피해 전전긍긍하며 일자리를 구해야 하고, 고된 노동 속에서 하루하루를 3년 맞잡이로 길게 느끼며 보내야 한다. 하루 작업시간도 8시간이 아닌 12시간, 심지어는 그 이상의 시간을 근무해야 한다. 건설현장이든, 회사이든, 식당이든, 아마 세계적으로 작업시간이 가장 길기로는 한국이 아닌가 싶다.

조선족들은 돈을 벌기 위해서 고통도 참아야 하고, 사고의 위험도 무릅써야 하며, 인격 무시와 정신적 고통도 견뎌야 한다. 또 장래의 행복을 위해서 당분간 고향도 버려야 하고, 사랑하는 부모처자와도 이별해야 한다. 그러다 보면 병도 들고 정신적 타격도 생기기 마련이다. 조선족들의 한국 생활에는 보람도 있지만, 서글픔도 많은 게 사실이다. 그들에게도 가슴 저린 사연은 있다.

한국 사람들의 동정과 이해를 위해 재한 조선족들의 비참한 생활상을 적어본다. 물론 이외에도 우리들의 생활주변에서 차마 눈 뜨고 볼 수 없는 많은 사연들이 있지만 몇 가지만 간추린다.

부모가 죽어도 못가는 신세

경기도 수원 영통지구 아파트 건설현장에서 일하는 A씨는 쉰 살이 갓 넘은 장년의 남자다.

그는 흑룡강성 모 조선족 중학교에서 음악교사로 근무하였는데 양 부모와 아내, 두 아이를 거느린 가장이다. 아내가 장기 환자이다 보니 빚도 적잖게 있다. 생각 끝에 그는 7만 위안을 빌려 한국으로 돈벌이를 하겠다고 들어왔다.

A씨는 목수팀에 끼어 낮에는 고된 노동을 했고, 밤에는 현장 지하실에 합판과 스티로폼으로 막아 꾸린 간이방에서 잤다.

그가 한국에 들어온 지 1년이 되어갈 즈음, 만성병으로 앓던 아내가 죽었다는 부고를 받았다. 그는 눈앞이 아찔했다. 이제 겨우 빚을 갚은 정도이고 아직 저축을 하지 못한 형편이어서 귀국할 수도 없었다. 그런데 아내가 죽은 지 2달 만에 또 부친이 세상을 떴고, 연이어 모친마저 돌아갔다는 비보가 날아왔다.

그는 찢어지는 가슴으로 혼자 남몰래 피눈물을 흘렸다. "아, 돈이 뭐길래, 개도 안 먹는 돈 때문에······.", A씨는 주먹으로 무너지는 가슴을 멍이 들도록 두드렸다. 하지만 끝내 귀국할 결심을 내리지 못했다. 다시 쉽게 올 수 없는 한국 땅이기 때문이었다. 그는 이때처럼 국적의 필요성을 느낀적이 없었다고 말했다.

몸이 아파도 일을 해야

48세인 B씨는 안양시에서 셋방을 산 지 3년. 첫 한 해 벌어 빚을 갚고는 그만 허리를 다쳐 제대로 일을 못 하였다. 자연히 쉬는 날이 출근하는 날보다 많았다. 버는 것이 적다 보니 방세, 전화비, 전기세, 물세, 가스비에 식비까지 쓰고 나면 돈이 별로 남지 않았다.

그는 같은 곳에서 온 동료로부터 몇 차례에 나누어 한화 300만원을 빌려 썼다. 그는 후에 벌어 갚아 주어야 하겠지만 지금으로서는 돈을 갚을 방법이 없다고 했다.

한국인이든 조선족이든 돈 거래는 모험이 아닐 수 없다. 내 돈이라 해도 내 손에서 나가면 내 돈이 아니다.

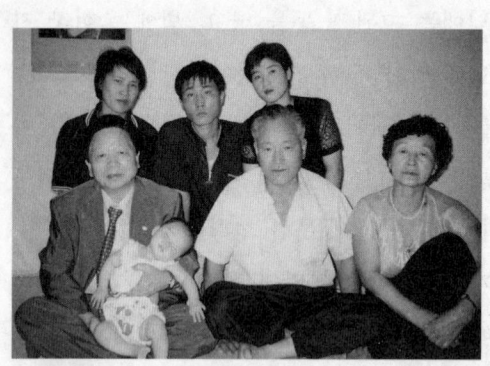

중국연길의 조선족 가정에서
탈북자 장길수 가족과 함께 - 아기 안은 사람이 필자

여자가 남자에게 당하고 남자가 여자에게 당하는 일이 일쑤이지만, 당한 사람은 누구한테 말도 못하고 속을 태워야 한다.

이런 내막을 전혀 모르는 중국의 본가에서는 돈을 부쳐오지 않으면 '아마 저축하고 있나보다'라고 생각할 것이다. 그는 지금 몸도 성치 못하고 일자리도 구하지 못해 늘 불안하다.

국내거주 조선족들은 일하지 않고는 생존자체가 불가능한 현실에 직면해 있다.

폭행의 대상이 된 어떤 여성의 이야기

중국 길림시에 살던 H여성(32세)은 12년 연상인 한국 남성을 따라 한국에 왔지만 온 그날부터 불행이 시작되었다.

남편은 직업도 없는 백수건달이었다. 술 먹고 오입질하고, 툭하면 폭행을 가하여, H여성은 며칠간 꼼짝을 못할 때가 많았다. 집을 뛰쳐나온 그녀는 건설현장 잡역부, 식당 종업원, 가정부 등으로 전전하며 일을 열심히 했다.

하지만 월급 받는 날이면 어김없이 남편이란 사람이 찾아와 돈 안 주면 국적 취득도 안 해주고 불법체류자로 신고해 쫓아 보내겠다고 위협하는 통에 2년 동안 1,400만 원을 빼앗겼다고 한다. 그런 고통의 대가로 국적은 취득했지만, 그녀의 몸은 만신창이가 되고 말았다. 체중이 65kg으로 '돼지'라는 별명을 얻을 정도로 튼튼한 몸을 자랑하던 그녀였으나 위암에 걸려 수술을 해야했다.

수술 후, 6차례의 항암치료를 받아야 하는데, 돈이 없어 3차례밖에 하지 못한 채 계속 일을 해야 했다. 그런데 더 큰 불행이 닥쳐왔다. 작년 12월, 그녀는 병이 재발하여 다시 입원하였다가 3주에 한 번 항암치료에 드는 돈을 구 할 길 없어 절망의 눈물을 흘리면서 중국으로 돌아갔다.

후에 그녀의 동료로부터 들은 소식이지만 그녀는 영영 저세상

사람이 되었다는 것이다. 돈과 조국을 얼마나 원망했을까.

얻기 힘든 일자리, 받기 힘든 체불임금

E씨는 한국에 나온 지 2년이 되었다. 그 기간 그는 직장을 몇 곳이나 옮겨 다녔는지 모른다. 한 번은 친구의 소개로 울산 어느 공장에 취직을 했는데 한 달 만에 해고당하고 말았다.

목포의 모 공장으로 옮겨가 재미를 붙일 만하니 이번에는 반 년 만에 회사가 부도 펑계로 석 달이나 밀렸던 임금을 주지 않았다. 그는 다른 곳에 취직도 안 하고 끈질기게 따라다녀 겨우 절반 정도의 노임을 받아냈다.

이처럼 죽도록 일하고 월급을 받지 못한 조선족 수가 부지기수이다. 조선족들은 악덕업주들이 툭하면 불법 체류자로 신고하겠다고 협박하기 때문에 자신의 권익조차 포기하기 일쑤이다. 최근에는 한국의 실업자들이 '자기들의 밥통을 빼앗는다.'는 이유로 신고하기가 일쑤여서 마음 놓고 일할 수도 없는 처지이다.

물론 한국의 기업이 다 그렇다고는 할 수 없다. 그러나 한국 기업 경영자 가운데 탈북자의 인권을 유린하고 임금을 체불하는 경우가 더러 있는 것으로 우리 정부도 확인하고 있다.

강제출국은 죽음으로 내모는 것

조선족들은 한국에 오기 위해 1인당 평균 7만 위안(한화 약 1,000만

원)을 커미션으로 쓰고 있는데 이는 대부분이 빚으로 마련한다. 이 돈은 중국에서는 적어도 10년 이상을 쓰지 않고 모아야 만질 수 있는 엄청난 액수이다. 그들이 빌린 원금에는 매달 2부, 많게는 3부의 이자가 붙는다. 문제는 돈을 벌기는커녕 빚을 갚기도 전에 추방당할지 모른다는 것이다. 중국으로 돌아간 조선족들은 빚에 몰려 파산, 이혼, 도피 등, 가정 해체가 되는 것은 물론, 심지어는 정신병과 자살에 이르는 경우도 많다.

요녕성 심양시에서 온 김모씨는 "아는 사람이 한국에 온 지 6개월 만에 추방당해 중국에서 숨어살다 옥상에서 뛰어내려 자살했다."고 증언했다. 이밖에 한국에서 쫓겨난 사람들이 상당수 폐인이 되어 살고 있다고 한다. 한국에서 추방당해 정신질환에 걸린 며느리를 남겨놓고 대신 시어머니가 다시 한국으로 온 조선족 고부姑婦의 가슴 저미는 사연도 있다.

중국은 이미 한국과 군사, 경제, 문화적인 면에서 떨어질 수 없는 국가가 되었다. 한·중간의 교류는 시대적인 흐름이다. 하지만 더 많은 교류와 협력을 이야기하기 전에 양국간에 끼어 어렵게 살아가는 재중 동포에 대한 올바른 이해와 인식이 선행되어야 한다.

한민족 대통일을 준비하고 있는 현재 남북통일의 가교역할을 하고 있는 재중동포부터 먼저 이해하고 서로의 잘못된 인식을 선결해야 한다. 그러기 위해서는 한국인이 먼저 화해의 손을 내밀어야 한다. 화해의 시작은 우리들이 가지고 있는 우월감을 버리고 그들을 올바르게 이해하고 한민족으로 대접하는 것부터일 것이다.

불법 체류자의 생성원인과 그 대책

불법 체류자가 될 수밖에 없는 현실

2002년 11월 중순, 한국 법무부가 발표한 통계에 따르면 한국내 외국인 60여만 명 중, 불법 체류자가 28만 7,639명(47.7%)으로 산업현장에 취업중인 근로자의 80%를 차지하고 있다. 이는 1998년 9만 9,537명에서 4년 사이 3배 이상 증가한 수치이며 지난 해에만 3만 2,433명의 불법 체류자가 생겨났음을 말하는 것이다. 불법 체류자의 74%는 관광과 친지방문 등을 목적으로 입국해 그대로 머무르고 있는 것으로 나타났다.

90년대 초에 외국인 불법 체류자가 수천 명밖에 안 되던 것이 불과 10여년 사이에 수십 배로 올랐으니 놀라운 일이 아닐 수 없

▲강제출국에 항의하는 조선족들의 절규 ▶
(여의도 국회의사당 앞)

다. 더욱이 불법 체류자 중, 중국 동포가 절반가량을 차지한다니 심사숙고하여 대처해야 할 것이다.

 2003년 겨울, 정부의 고용허가제 실시로 불법체류 외국인 추방이 임박한 11월 13일부터 5,525명 재중 조선족 동포들이 무더기로 국적회복을 신청했고, 그 법적 정당성을 얻기 위한 헌법소원을 제출했으며 3,000여 명이 서울 시내 여러 교회에 모여 단식 농성을 16일 째 하다가 노무현 대통령의 방문과 발전적으로 해결하겠다는 언질을 받고 단식은 끝냈으나 재중 동포 김원섭 씨가 길거리에 죽어가는 사태를 맞고 말았다.

 통계에 의하면 한국내 불법 체류자는 일본의 4배나 된다고 한다. 전에는 생소하던 '불법 체류자'라는 단어가 이젠 한국에서 상용어로 보편화된 느낌이다. 불법체류자는 한국뿐만 아니라 세계 각국에 다 있다. 다만 그 수의 다소와 원인의 차이가 있을 뿐이다. 그 원인을 분석하자면, 경제 때문이다.

 경제적으로 발달한 나라의 국민들이 낙후된 나라에 불법체류 한다는 것은 특수한 경우 외엔 거의 없다. 불법체류는 주로 돈벌이가 그 원인이기 때문에 일본이나, 미국, 서구의 사람들이 한국에 불법체류를 하는 현상은 거의 없다. 한국에 불법체류를 하는 사람들 대부분이 한국보다 국민소득이 적은 나라 사람들이다. 한국내 불법 체류자를 나라별로 꼽아보면 재중 조선족이 으뜸이고, 그 다음이 인도네시아, 방글라데시, 파키스탄, 몽골, 베트남 등이다. 이런 나라들의 국민소득은 한국의 20분의 1, 10분의 1정도밖에 안된다. 예를 들면 한국의 GNP는 1만 달러 선이지만, 중국은 평균

1,000달러 선에 머물고 있다. 그러니 중국민들의 소득이 한국민들의 10분 1밖에 안된다는 말이다. 이는 평균일 뿐이고 실제 중국의 궁벽한 산골이나 농촌은 일인당 소득이 500달러도 안된다. 중등수준으로 일컫는 연변 조선족 자치주의 일인당 GNP가 700달러 선이다.

경제는 국민생활의 토대이다. 경제를 떠나서는 다른 모든 것을 설명할 수 없다. 삶의 기본이 의, 식, 주를 먼저 해결하는 것인데, 이것을 해결하지 못하면 인간은 생존에 위협을 받게 된다. 따라서 모든 불법 체류자는 생존을 위해 허덕이고 있다는 것이다.

둘째는 재중 조선족이라는 특수성이다. 한국내 불법 체류자 중, 중국의 조선족이 거의 절반을 차지한다. 세계 어느 나라에도 한민족이 이렇게 많은 불법 체류자로 머물러 있는 경우는 없을 것이다. 그러면 유독 한국만이 그런 이유는 무엇일까? 한 마디로 동족이라는 한 핏줄에, 동일한 문화권, 동일한 언어를 사용하고, 또한 지리적으로 이웃하고 있기 때문이다.

재중 조선족은 한반도에서 이주한 민족이며 지금 살고 있는 그들은 대부분 항일 독립투사의 후예들이다. 또한 상당수의 제1세대가 중국에 살고 있다. 50년대에 중국에서 국적 변경을 하지 않았더라면 그들은 지금 '동포'나 '교포'로 불리울 것이다. 그리고 그들의 적지 않은 친척이 아직 한국에 살고 있고 아직도 인맥관계를 유지하고 있다. 동일한 언어는 아무런 장애를 받지 않고 한국 땅에서 생활할 수 있는 조건이 된다. 이것이 재중 조선족들이 호주나 일본보다는 한국을 더 선호하는 큰 이유이다. 물론 지리적으로 인접해 있어 편리하기 때문이기도 하다.

셋째로, 브로커들의 성행이다. 아마 한국내 20여만 명의 조선족 불법 체류자 가운데 절반 이상이 브로커의 손을 거쳐 나왔다 해도 과언이 아닐 것이다. 인도네시아, 방글라데시, 태국 등의 불법 체류자도 마찬가지이다. 재중 조선족은 물론, 중국 한족漢族 포함 90%는 브로커를 통해 나왔을 것으로 추정한다. 언어가 통하지 않고 한국의 실정을 잘 모르는 한족들이 5만 명 이상 되는 까닭은 브로커들의 유인에 의해서이다. 브로커들은 여행사와 짜고 일을 벌이는데 그때 불법 체류자들은 여행사에 관광비용 외에도 웃돈을 더 주고 비자를 발급 받는다. 현재 보편적으로 알려진 것은 한국내 회사를 끼고 거래가 이루어지고 있는데 명목은 산업 시찰, 무역 상담 등으로 '암거래'를 한다.

현재 브로커를 통해 들어오는 불법 체류자들은 보통 6만 5,000원이나 7만 원을 지불해야 한국 땅을 밟을 수 있다. 한국으로 들어오는 경로는 다양한 바, 친척 방문, 위장 결혼, 관광, 유학, 산업 연수, 산업 시찰, 비즈니스, 밀항 등을 들 수 있다. 그중 위장 결혼과 밀항은 100% 브로커에 의해 이뤄진다. 통계에 의하면 밀항으로 들어온 조선족만 하여도 1만 명을 넘는다.

일반 브로커 보다는 권력형 브로커가 더 무섭다. 2002년 말 들통이 난 북경, 심양 영사관의 일부 영사나 인천세관의 관리들이 비리로 수억대를 챙긴 사건은 브로커들이 불법 입국을 조장했음을 말해주는 대표적 사례이다.

브로커들의 손을 거쳐 들어오는 불법 체류자들은 입국시에 많은 돈을 빌려야 한다. 그들은 그 돈을 갚기 위해서라도 한국에 장기 체류하면서 돈을 벌어야 하기에 어쩔 수 없이 불법체류를 하게 되는 것이다.

넷째는 정책의 일관성 문제이다. 그 시행에 정책이나 법규는 그 나라의 실정에 맞게, 그리고 그 나라 국민들의 의사나 이익에 맞게 제정되어야 한다. 그리고 일단 제정했다 하면 일관성 있게 지켜져야 한다. 그래서 권위가 확립되어야 하며, 존엄성이 수호되어야 한다. 민주주의라는 법치의 나라가 되는 것은 한국인, 나아가 한국내에서 생활하는 외국인도 바라는 바일 것이다.

다른 법은 제쳐놓더라도 외국인 인력 정책이나 불법 체류자 단속 관련 정책은 하루에 한 번씩 변한다 해도 과언이 아닐 것이다. 자국내에 체류하는 외국인의 인력, 산업연수, 친척방문, 불법 체류자 단속 등의 정책이 가장 많이 바뀌는 나라도 한국일 것이다. 미래를 내다보는 안목이 없이 일시적 대책으로 세워진 법은 그 당위성과 권위가 서지 않는다. 오늘 제정한 정책(법규)이 내일 일부 사람들이 반발하거나 주먹을 흔들며 데모만 하면 폐지되고 시행에 들어가지 못한다.

산업현장에서 외국인 근로자들이 잠적하는 것은 고용주들의 착취나 차별대우, 저임금 등의 원인도 있지만, 근본적으로 정부가 제정한 외국인 관리 제도에 문제가 많기 때문이다. 그간 정부는 불법과 이탈을 조장하는 시행착오를 '95년 이후 15차례나 반복하여, 법을 지키고 출국하는 외국인만 손해 보게 만들었다고 외국인 근로자들은 항변한다. 이를 그대로 넘길 수만은 없음에 유념해야 한다.

서둘러 해결해야 할 불법체류자 문제

불법 체류자들의 생성 원인은 대체적으로 위에서 기술한 4가지로 구분할 수 있겠다.

불법 체류자가 생겨났으면 그에 따른 단속이나 해결책이 나와야 한다. 현재 시행하고 있는 정책·대책으로는 불법 체류자들을 근절할 수 없다. 뿐만 아니라, 불법 체류자들이 오히려 정부 정책의 허점을 이용, 그 불법 체류자들에 의해 '불법'이 '합법'으로 역이용될 뿐이다.

불법 체류자들이 주로 한국의 3D 업종에 종사하면서 한국 경제에 일조하고 있는 것은 사실이다. 하지만, 거처가 고정되어 있지 않은데다 문화적 적응력도 약하고 법에 대한 개념과 인식이 확실치 않아 쉽게 범죄를 일으킨다. 그로 인해서 한국 사회의 새로운 문제점으로 대두되고 있다. 이제 불법 체류자를 없애고 그들의 신분을 합법화시키는 것은 한국 정부뿐만 아니라 외국인들의 바람이기도 하다.

불법 체류자 해결 대안으로 몇 가지를 생각해 볼 수 있다.

첫째, 올바른 정책과 법규를 제정해 그 정책과 법규의 일관성을 유지해야 한다. 외국인근로자나 불법 체류자들의 문제를 해결할 수 있는 근본 대책은 바로 여기에 있다. 우선 올바른 정책과 법규가 나와야 한다. 외국인 연수제도도 그렇고 불법 체류자 단속 관련 정책도 그렇다. 일방적인 정책이나 법규는 어느 한쪽에만 치우치기 일쑤여서 공정함을 상실하게 된다.

그러니 고용허가제이든, 산업연수제든, 체류 시간의 장단長短에 관계없이 공정성과 합리성이 확보되어야 한다. 내국인은 임금을 200만 원 이상씩 받는데 외국인은 같은 업종에 함께 땀을 흘리며 일하는데도 내국인의 3분 1 수준인 60~70만 원 씩만 받는다면 누가 그 직장에 오래 붙어 있으려 하겠는가.

임금의 차별은 곧 인격에 대한 차별이며 인권 무시이다. 외국인이라고, 못사는 나라에서 왔다고 인격까지 무시하는 것은 있을 수 없다고 주장하고 있다. '노동에 따라 분배하는 원칙'과 일한 것만큼 받는 공정하고도 합리적인 법과 그에 따른 악덕 고용주들을 감독하고 처벌하는 법도 제정되어야 한다. 그래야 합법적으로 들어와 일하는 외국인들이 산업현장을 이탈하지 않을 것이며, 그들이 이탈하지 않는 그 자체가 불법체류를 막는 일이 될 것이다.

또한 일단 법이 제정되었으면 가차없이 집행되어야 한다. 그리하여 법을 지키는 자가 우대받고 범법자는 불이익을 받는 그런 풍토가 형성되어야 한다.

둘째, 자유왕래의 문을 활짝 열어야 한다. 그동안 한국 정부는 재외동포에 대한 우대정책이나 왕래에 관련해서 많은 정책을 제정했다. 그 결과 친척 방문 등, 관련 정책이 점차 완화되어가고 있지만 미흡한 점이 아직도 많다. 중국인의 경우 무비자 입국제도를 도입하는 것은 아직 시기상조이겠지만, 중국 동포에 한해서는 별도의 '우대정책'을 펴 그들의 자유왕래의 문을 열어주는 것이 바람직하다. 친척 방문으로 들어오는 동포에 한해 2년간의 체류 자격과 취업 조건을 주는 것 등과 같은 정책을 권장하는 바다. 그리고 다른 체류 자격으로 들어오는 동포에 한해 3개월에서 6개월간 체류할 수 있는 자격과 체류 기간 동안 단기 노동이나 체류조건 이외의 일도 할 수 있게끔 완화시켜 주어야 한다.

여기서 문제가 될 수 있는 소지가 있기는 하다. 그들은 모두 동포이기 때문에 입국이 자유로워지면 자연스레 200만 조선족, 60만 러시아 및 독립국가 연합동포들이 대거 몰려올 가능성을 배제할 수 없다. 그러나 그것은 정부가 인력쿼터제도나 취업을 목적으로 할 경우 1회 이상 들어오지 못하게 하면 될 것이다. 즉, 취업의 자유보장에 관한 제10조 제5항은 삭제하되 취업에 관한 문제는 외국인 노동자의 국내취업에 관한 일반제도에 따르도록 하면 될 것이다.

또한 비자 발급 절차를 간소화해야 한다. 현재 실행중인 비자 발급 절차가 까다로운 데다 정책과는 어울리지 않는 조치로 하여 정상적으로 들어올 사람들이 들어오지 못하고 있다.

사실 정상적으로 들어오는 사람들은 편한 마음으로 초청장을 받을 수 있으나 브로커들이나 비정상(불법 체류 목적)적으로 들어오려는 사람들은 '비정상적'이기 때문에 서류를 빈틈없이 더 잘 만든다. 그래서 정상적으로 들어오려는 사람보다 위조, 변조해서 들어오는 사람들의 비자가 더 잘 나오는 사례가 많다. 돈만 쓰면 누구나 위조 초청장을 쉽게 얻을 수가 있는 것이다. 그러나 진짜 초청장과 비자를 받고자 하여 필요한 서류를 구비하면 같은 서류를 세 번,

네 번 다시 만들어야 하기도 하고 1, 2년씩, 많은 돈을 들여 뛰어 다녀도 끝내 비자를 받지 못해 '한국행'을 포기하는 사람도 적지 않다. 그래서 그들은 정상적으로 나올 수 있는 비자도 돈을 써야 된다는 인식을 갖게 되었다. 그것이 불법 체류자와 비리를 조장하는 원인이기도 하다.

그것뿐만이 아니다. 현재 한국에 불법체류중인 사람이 한 사람만 있어도 그의 친인척이나 자녀들은 정상적으로 한국에 들어올 수 없다. 이는 아주 불합리한 조치이다. 조금 지나친 비유 같지만, 중국의 봉건왕조 시기 한 사람이 죄를 지으면 9족을 멸하는 그런 예를 따르는 것과 같다. 우리나라에서도 3족을 멸하는 죄가 있기도 했지만 불법 체류자 한 사람 때문에 온 가문이 '벌'을 받아야 한다는 것은 민주 사회를 표방하는 우리의 현실과는 너무도 걸맞지 않다.

정상적으로 입국할 수 없으니 하는 수 없이 호적이나 신분증을 고친다든가, 가짜 이혼 공증을 한다든가, 하는 사례가 발생한다. 이것은 합법적인 법제를 따르고자 해도 불구하고 고의적으로 불법 체류자를 만드는 것과 다름이 아니다. 요즘 중국 심양의 한국영사관에서는 친척방문 초청장을 신청할 경우 먼저 초청장 번호만 접수하고 3개월 혹은 4개월 후에야 정식 초청장을 접수해 심사를 한다는데, 이런 법이 어디에 있는가. 겉으로는 정책적으로 동포들의 내왕을 완화시키는 것 같지만, 안으로는 옥죄며 거절하는 것 같아 안타깝다.

진정 자유왕래의 문이 열리면 장기적으로 한국에 남아 있고자 하는 사람은 얼마 안 될 것이다. 합법적으로 친척집 나들이를 하듯 다닐 수 있는데, 구태여 불법 체류자란 딱지를 달며 법에 쫓기고 인간 대접도 못 받으면서 한국에 오래 머물러 있으려 하겠는가.

셋째, 교민청이나 이와 유사한 정부 기구를 만들어 관리해야 한다. 현재 한국 내에는 외국인이 60여 만 명이 체류하고 있는데, 이는 적은 숫자가 아니다. 그런데도 정부에서 아직 이들을 관리하는 전문기구가 없는 것이 문제다. 그러기에 법무부는 법무부대로, 노동부는 노동부대로, 중소기업협동조합은 중소기업협동조합대로 각각 정책과 법규를 제정하고 제 나름대로 목소리를 내는데, 이는 혼선을 빚기 쉬워 문제가 심각한 것이다.

정부 차원에서 외국인관련 전문기구를 설치하고 그 산하에 조선족·고려인 단체 등의 관리부서 및 단체를 두어 각 나라의 외국인을 일괄적으로 관리, 감독하게 한다면 훨씬 편리할 것이다. 이런 기구나 단체가 없기에 현재 많은 조선족들이 교회 같은 데 의지하며 하소연을 하고 있는 것이다.

넷째, 현존하고 있는 한국 내 30여만 명의 불법 체류자를 해소하는 문제이다. 이 문제는 좀 복잡하나 심도 있는 정책과

한국 국적을 취득케 해달라고
단식투쟁을 하는 조선족 동포

법규를 제정한 후 집행하면 그렇게 어려운 문제는 아니라고 생각된다.

불과 몇 년 사이 불법 체류자가 놀라울 정도로 늘어난 것은 정부의 정책상 오류와 법 집행에서의 우유부단한 절충 때문이다.

얼마 전 정부에서 3년 미만 불법 체류자들의 강제추방 기한을 1년 더 연장한다고 했다. 그러면서 3년 이상의 불법 체류자들에 대해서는 원래 규정대로 2003년 3월 말까지 모두 강제추방을 시킨다고 했다가, 8월말까지로 연장했고, 결국 11월 17일부터 불법체류외국인노동자 일제단속을 하였다.

이에 시민단체와 재중동포들이, 그것도 수천 명이 한꺼번에 집단 단식농성을 벌이자, 사회문제뿐 아니라 국가적 문제로 번져 주한외국인 대사들까지도 항의하는 중대 사안이 되었다. 1999년에 제정된 현행 재외동포법은 2001년, 헌법재판소에서 "동포의 범위를 1948년 이후 해외 이주자로 한정해 재중동포와 재러동포, 재일동포 일부까지도 차별하고 있다."고 헌법불합치 결정을 내렸다. 이에 집단 단식농성에 들어간 조선족 동포들에 대하여 현장을 방문한 노무현 대통령이 긍정적으로 검토하겠노라는 뜻을 밝혀 단식은 중단되었으나 여전히 뜨거운 감자로 남게 되었다. 이런 식으로는 불법 체류자 문제를 해결할 수 없다고 본다.

불법 체류자들을 감축하는 방안을 몇 가지 제시한다면 그 하나는 단계별로 돌려보내는 것이다. 정부에서 3년 미만 불법 체류자에 대해 1년 연장허가를 하듯이 3년 이상, 4년 이상, 5년 이상 등, 시간대로 나누어 돌려보내는 방안이다.

다음으로 한국 법무부가 확실하게 불법 체류자들에 대해 직접 재입국허가서(사증발급서)를 발급해 주는 것이다. 그것도 기한을 6개월 후나 1년 후, 혹은 2년 후에 다시 들어올 수 있도록 하는 것이다. 시간적으로 간격을 두는 것은 한번에 밀물처럼 몰려드는 것을 방지하기 위해서이다. 이렇게 하면 아마 불법 체류자 중 90% 이상은 돌아가라는 통지를 받는 대로 순순히 돌아갈 것이다. 현재 불법 체류자들은 고향으로 돌아가고 싶어 하지만 일단 돌아갔다 다시는 한국에 재입국할 기회가 생길 것 같지 않아 그냥 남아 있는 것이다.

불법 체류자들을 축소하는 데는 점진적인 정책보다는 파격적인 정책이 필요하다. 특수한 환경에서는 특수한 정책을 펴야 현실성이 있으며, 또한 그 정책의 위력과 효과를 얻을 수 있을 것이다.

재한 재중 조선족들의 불법 체류자 문제를 단순히 '합법'과 '불법'으로만 해결하려고 할 것이 아니라 보다 높은 차원에서 해결했으면 하는 심정이다. 중국이 한반도의 남과 북의 평화통일에 일부분 기여할 수 있듯이, 재중 200만 조선족도 통일의 가교 역할을 할 수 있다고 보기 때문이다.

또 현재 한국의 3D(Dirty;더러운, Dangerouse;위험한, Difficult;어려운) 업종은 인력난에 허덕이고 있으므로 한국에서 몇 년 간 일을 해 숙련공이 된 그들을 재입국시키는 것은 한국 경제에도 도움이 될 것이다. 그리고 불법 체류자들이 돌아감으로 해서 한국 사회의 안정도 보장되고 브로커들의 비리도 근절될 것이며 그렇게 됨으로써 더욱 많은 중국 동포들이 한국에 애정을 갖을 것이다.

제2부 중국 속의 소수민족 조선족

중화中華문명 속의 소수민족

　신화나 성경의 연대보다도 역사가 더 긴 것이 중국역사다. 하夏, 은殷, 주周로부터 시작한 중국의 역사는 5,000년을 뛰어 넘고 있으며 진시황이 중국을 다민족의 국가로 통일한 것부터 시작해도 2,000여 년의 역사가 된다.
　그러나 이것은 중국의 앙소고문화(仰訴古文化 ; 황하의 중상류에서 신석기시대 후기, 즉 BC. 5,000~3,000년에 발달한 문화) 유적을 가지고 말했을 뿐이다. 서북 토지만土地灣 문화유적은 지금으로부터 7,000년 전이며, 절강 하모도고문화(河姆渡古文化 ; 절강성 여도현에서 BC. 5,000년 전후로 발달했던 문화. 앙소문화보다 앞서며 벼를 재배했다.) 유적 역시 7,000년 전이다. 호남 팽두산(彭頭山 ; 황하강 중류에 위치) 고문화 유적은 무려 9,000년 전으로 거슬러 올라간다. 이렇게 중국 내에서 문명의 발원지가 발견된 곳만 하여도 6~7곳이나 된다. 때문에 중화문명의 발원지는 황하유역 한 곳만이 아니며, 그 역사 또한 5,000년이 아니라 근 만년에 가깝다. 그러기에 중국은 황하유역의 화하족華夏族뿐만 아니라 여러 소수 민족이 생존, 발전해온 공동의 나라이다.

중국은 한漢, 수隋, 당唐, 송宋, 원元, 명明, 청淸, 중화민국, 중화인민공화국 등, 여러 차례 왕조의 교체가 있었다. 하지만 중국은 시종 중화민족의 중국이었으며, 한족과 변방 이족과 여러 번의 정권 교체가 있었으나, 그것은 계급통치 정권의 꽃에 불과했다. 수난의 역사를 겪어온 중국은 그렇다고 유럽처럼 여러 개 소국으로 분할된 것이 아니며, 또한 로마제국처럼 한 때 성행했다가 몰락돼 더 이상 일어서지 못하는 그런 나라가 아니었다. 마치 장강長江이 중국 내에 있는 수 백 갈래의 물줄기를 흡수하듯 중국 국토 내의 대소 민족을 흡수해 보다 높은 차원과 보다 큰 규모의 대 통일을 실현한 뒤부터 문명이 중단되거나 나라가 패망하여 없어진 적이 없었다.

어찌되었거나 중국의 역사는 한족漢族을 주체민족으로 한 복잡다단한 내용을 담고 있다. 하夏나라부터 청淸나라에 이르기까지 긴 역사를 돌이켜 보면 중국 내의 여러 민족 가운데서 흉노족이나 돌궐족의 대부분, 그리고 오손족과 그 속국인 월씨족만이 중국을 떠나 구라파로 들어가 새로운 나라를 건립했었다. 그밖에 대부분의 민족은 중국 내에 남아 중국의 역사를 함께 엮어 나온 것이다.

물론 한족은 중화민족 가운데 인구가 가장 많은 선진적인 민족으로서 독보적 역할을 했다. 하지만 중화민족의 역사는 한족 한 민족만이 엮어온 것이 아니다. 여러 소수 민족 모두가 중국 역사에 공헌을 했다.

재중 조선족은 이주민족으로서 중화민족의 일원이 된, 역사는 비록 길지 않지만 정치, 경제, 국방에서 모두 중화민족에 아주 큰 기여를 하고 있다.

다민족 국가 중국

지금 중국 민족의 분포를 보면 91.59%가 한족(11억 5,940만 명)이고 나머지 8.41%가 55개 소수 민족(1억 643만 명)이다. 그러나 소수민족이라 해도 1억 명을 넘어 절대 무시할 수 없는 수치이다.

중국 소수민족 경축행사의 한 장면

중국의 한족이 스스로 한족이라 한 것은 한나라의 후손이라고 한 데서 시작되었다. 그들이 사용하는 문자를 한자漢字, 또는 한문漢文이라고 한 것도 마찬가지이다. 이는 중국인들이 중국의 여러 왕조 가운데 한대漢代를 가장 자랑할 만한 왕조로 여기는 것은 한 나라 때 대부분 제도의 골격이 이루어졌기 때문이다. 한족은 본래 황하 중·상류지역(중원지역)에 정착하여 황하문명을 이루면서 주변 민족들을 문화적으로 동화 흡수하면서 차츰차츰 커져 지금의 거대한 중국이 되었다. 중국 역사상 이민족(변방 오랑캐)이 중국을 몇 차례 지배한 적도 있었지만, 그들 역시 문화적으로 중원 문화에 흡수되고 말았다.

중국의 한족이 91.59%라고 하지만, 순수 한족은 얼마 되지 않는다고 본다. 수천 년 동안 여러 소수 민족들이 한족과 결혼하여 한족화 하기를 원했기 때문에 한족이 많은 인구를 차지하게 된 것이라고 보아야 할 것이다.

그러나 한족을 제외한 55개 소수 민족이 전 국토의 40% 이상 자치권을 행사하고 있다. 각 소수 민족간의 인구 격차는 매우 커 가장 많은 쫭족은 1,500여 만 명이지만, 가장 작은 낙파족은 겨우 2,300명에 불과하다. 인구수에 따른 소수민족을 분류해 보면, 1,000만 명 이상 1개, 100만 명 이상 17개, 10만 명 이상 15개, 1만 명 이상 15개, 만 명 이하 7개 민족으로 구성되어 있다. 이밖에 일부 확인되지 않은 소수 민족이 70여 만 명이나 된다.

중국의 소수 민족들은 다음과 같은 몇 가지 특징을 가지고 있다.

첫째 : 분포 지역이 광활하며 전 국토의 60% 이상 차지하고 있다.

둘째 : 비교적 적은 규모의 집단을 제외하고는 전국 각 지역에 흩어져 거주한다. 예를 들어 800만 명의 회족 중 영하회족자치주

에는 겨우 100만 명 정도만 거주하고 나머지 700만 명이 전국 각 지역에 흩어져 거주한다.

  셋째 : 대다수의 소수민족 자치지역은 변방의 광활한 고원 산맥이나 초원 삼림지대로 지하자원이 많고, 또한 목축업이 발달했다.

  넷째 : 대다수 소수 민족 자치지역들은 변방 지역이므로 인구가 적고 경제·문화적 수준이 비교적 낮다. 소수 민족 자치지역은 주변의 인접 국가와 접해 있어 국방 및 국제 관계에서 중요한 지리적 위치를 차지하고 있다.

  다섯째 : 몇몇 소수 민족들은 나름대로의 고유 언어와 문자를 가지고 있으나 학교에서는 표준말을 배우고 있다. 또한 이들 소수 민족은 대개 자신들의 종교를 가지고 있는데, 그 중 큰 것이 회교와 티벳교라고 할 수 있다. 이외에도 그들이 믿는 각종 민간 신앙이 아직도 존재하고 있으며 많은 풍속을 보존하고 있다.

중국 역대 권력의 성공적 소수민족정책

  중국 공산당시절 소수민족 정책은 지배계급이 인민을 압박 착취하고, 통치 민족이 피통치 민족을 압박하는 지옥이었다.

  그것은 첫째, 생산 수단 공유제와 착취계급의 출현으로, 민족 간 강자의 논리에 근거, 억압하는 현상이 나타났다. 세력이 비슷할 때에는 서로 무력을 행사했고, 관계와 모순이 완화되었을 땐 상호간 수요에 의해 경제·문화거래와 교역을 진행했으며, 약자는 강자의 종으로 복종해야 했다. 소수민족이 강대해졌을 때에는 또한 한족 정권이 그들의 종복이 되었다. 예를 들어 송나라가 이민족 국가인 금나라의 지배를 받았던 적이 그러했다. 이를테면 잡거 민족에 대한 강제적인 동화同化가 있었는가 하면, 자연적인 동화도 있었다. 수천 년이 되는 중국의 역사에는 한족이 여러 소수 민족을 압박하지 않으면 한족 지역에 건립한 소수 민족 정권이 한족과 다른 소수 민족을 압박하였다.

둘째, 봉건 왕조인 청나라는 만족滿族이 건립한 국가로 중국을 통치하면서 268년간 기타 민족에 대한 차별정책을 폈다. 청나라 조정에서는 몽골민족의 한족과 통혼, 왕래, 한어·한문 학습을 금지했으며, 소수 민족이 과거시험에 참가하는 것도 불허했다. 소송시엔 한족을 지지하고 끊임없이 민족간에 반목이 생기도록 했으며, 소수 민족에 대해 강압적이었다. 청나라는 한족, 만족, 회족, 장족을 제외한 기타 민족의 존재를 인정하지 않았다.

셋째, 청왕조를 뒤엎고 중화민국을 건립한 장개석 통치시기에는 보다 광범위하게 파시스트 정책을 실시했다. 장개석 정권은 한족 이외의 다른 민족은 단지 부동한 '종족'일뿐이라고 공공연히 표방했다. 그 결과 중국의 소수 민족 가운데 39개 민족이 자기의 문자를 소유할 수 없었다. 또한 경제가 어려워 병이 발생해도 치료를 받지 못해 인구는 해마다 감소되었다.

중국 공산당은 1921년 창당강령에서 소수민족의 공농工農 간부가 국가의 관리를 담당해야 하며, 모든 한족주의 경향을 단호히 척결해야 한다고 했다.

제1차, 제2차 국내 혁명전쟁시 중국 공산당은 민족의 자결권을 강조하고 연방제를 실시할 것을 주장했다.

1938년 9월, 모택동은 국내 민족 문제를 해결하는 기본 강령과 정책을 다음과 같이 상세히 제정했다.

첫째 : '몽골족, 장족, 묘족, 요족, 이족 등 여러 민족과 한족은 평등한 권리가 있으며, 공동대일共同對日의 원칙 하에서 자기 스스로 관리할 권리가 있다. 아울러 한족과 함께 통일국가를 건립한다.'고 선언했다.

둘째 : 여러 소수 민족과 한족이 섞여 거주하는 지방에서는 한족과 소수 민족으로 구성된 위원회를 성, 현에 한 개 부처로 설립하여 그들의 해당 사무를 관리하고 민족 사이의 관계를 조정하게 해야 한다'고 했다.

셋째 : 소수 민족의 문화, 종교, 습관을 존중하고 각 민족의 언어와 문자로 자체교육을 도모하도록 권장하였다.

넷째 : 한족주의를 시정하고 한족은 평등하게 여러 민족과 접촉하여 친선관계를 돈독히 하며, 그들을 모욕하고 경시하는 그 어떤 언어와 문자 및 행위를 금지시켰다.

이는 결과적으로 중국 공산당이 민족 자결권을 강조하던 때부터 통일된 국가 내에서의 민족 자치권을 강조한 것으로 민족정책을 크게 발전시켰다.

1941년 〈섬감영변구시정강령〉에는 '민족 평등원칙에 근거하여 몽골족, 회족과 한족은 정치, 경제, 문화상에서의 평등 권리를 실시하며 몽, 회 민족의 자치구를 건립한다.'고 규정했다.

1945년 〈평화건국강령초안〉에서는 '소수 민족 구역은 여러 민족의 평등 권리 및 자치권을 승인해야 한다.'고 규정했다.

1947년 중국에서 첫 번째 소수 민족 자치구인 내몽골 자치구를 설립했다.

민족 평등은 새로운 중국이 건립된 후에야 이루어질 수 있었다.

새로운 중국 건립직전인 1949년 9월 29일에 채택한「중국인민정치협상회의공동강령」은 '각 소수 민족 거주구역에 대해서는 민족구역 자치를 실시하며, 민족주거구역 인구의 다소와 지역의 대소에 따라 각각 각종 민족 자치 기관을 건립해야 한다.'고 규정했다.

중화인민공화국이 성립된 후 중국 공산당은 민족 평등 및 자치를 실시하기 위하여 각 소수 민족의 3종 분포정황에 따라 다음과 같은 세 가지 조치를 실시했다.

그중 하나는 현縣, 기旗, 시市 이상 거주지역의 민족에 대해서는 민족구역 자치를 실시하는 것이었다.

민족구역 자치기관을 설립하다

민족구역자치의 핵심은 자치권문제이다. 〈민족구역자치법〉은 민족구역자치단체가 해당 민족의 정치, 경제와 문화특징에 따라 자치조례를 제정할 수 있다. 또 각 지방 실정에 따라 헌법과 법률에 위배되지 않는 원칙 하에서 정책과 조치를 취할 수 있다.

상급 국가기관의 결의, 결정, 명령과 지시가 만약 민족구역자치의 현실에 맞지 않을 경우 상급기관에 건의하여 인준을 받은 후 집행하거나 그 집행을 정지할 수 있다. 아울러 국가계획의 지도 아래 자주적으로 지방성 경제건설사업을 배치, 관리할 수 있다.

또, 지방재정을 관리할 자주권이 있다. 그리고 자주적으로 각 지방의 교육, 과학, 문화, 위생, 체육사업을 관리한다.

국가의 군사제도와 현지의 실제 수요에 따라 국무원의 비준을 거쳐 각 지방의 치안을 유지하는 공안부대를 조직할 수 있고, 그 직무를 수행할 경우 현지에서 통용되는 언어와 문자를 사용한다.

민족구역자치의 중대한 의의는 소수민족들이 거주구역 내에 자치지역을 건립해 자체적으로 내부 사무를 관리할 수 있게 하는 것이다. 때문에 반드시 자치기관의 민족화를 실현해야 한다. 그 주요 내용을 살펴보면, 자기 민족의 간부를 활용하고, 자기 민족의 언어문자를 사용하며, 자기 민족의 전통문화 형식을 그대로 따른다. 이 세 가지는 민족구역의 자치를 실행하는 3대 원칙이다.

민족구역자치의 관건은 간부이다. 민족구역의 자치기관은 각종 조치를 통해 현지 민족 가운데 각급 간부와 각종 과학기술, 경영관리 등, 전문 인재와 기술 일꾼을 양성해 그들의 역할을 충분히 발휘해야 하며 또한 민족 거주지역에 민족자치를 실시해 각 민족의 행정을 자주적으로 관리하는 것이다.

그리고 향鄕급 규모의 주거지역의 소수 민족은 민족향을 건립해 민족 자치와 권리를 행사한다.

소수 민족 인구가 전 향인구의 30% 좌우되는 지방(개별적으로 특수한 정황이 있는 경우 상기 비율보다 낮게 함)에 이미 1,700여 개 민족향을 건립했고, 행정책임자인 향장은 민족향을 건립한 소수 민족 주민이 담당하고 현지에서 통용되는 언어와 문자를 사용할 수 있게 했다.

연변조선족의 한이 서린 혜란강가에 서 있는 정자. 왼편 다리의 크기로 알 수 있듯이 강폭은 그리 넓지 않다

또한 주로 한족지역의 도시에 분포돼 있는 소수 민족의 성분을 구분하여 권리와 일련의 정책을 제정했다. 그리고 권력기관에 소수 민족의 대표수를 확보하기 위해 법적 규정을 정했다.

총체적으로 소수 민족은 평등한 지위로 국가 사무와 지방 사무 관리에 참여하고, 또한 자주적으로 민족 내부의 사무도 관리한다.

1988년 말, 중국은 이미 민족자치지방을 159개 건립하였는데 그 중 자치구가 5개, 자치주가 30개, 자치현이 124개이며, 그 외 민족 자치 지방의 관할 하에 있는 현(기)이 465개로서 도합 589개 현(기)으로 중국 1,903개 현의 31%를 차지한다. 중국 55개 소수 민족 중 2,000여만 명이 비민족 자치지역에 살고 있다. 민족 자치지방 행정 구역의 총면적은 610여 만 km²로서 전국 총면적의 63.8%를 차지한다. 또 총인구는 1억 4,600만 명으로, 그중 소수민족 인구가 6,800만 명으로서 전국 소수 민족 인구의 77%이다. 1억이 넘는 소수민족 가운데 2,300만 명이 산속(그중 600여 만 명은 도시에 거주)에 거주하고 있다.

중국 1,700여 개 민족향(진)이 27개 성, 시, 구에 분포되어 있다. 1979년 전국 인민대표 대회에서 채택한〈중화인민공화국 전국 인민 대표대회(중국 공산당의 지도하에 있는 국가의 최고권력 기관. 헌법개정, 국가주석의 선출, 국민경제와 사회발전 계획의 심사 및 비준 등의 주요사항을 처리한다. 성, 자치구, 직할시, 군軍, 소수민족대표가 선출하는 대표로 구성) 및 지방 각급 인민 대표대회 선거법〉은 한 소수 민족의 인구가 중국 내 총인구의 10%가 안 될 때 1명의 대표가 대표하는 인구수는 현지 인민대표 대회인대의 인구수보다 적어도 되며, 인구가 아주 적은 민족도 대표가 1명 있어야 한다고 규정했다. 그리하여 소수 민족대표가 차지하는 비례는 일반적으로 전국의 인구비례 보다 높았다.

7기 인대의 소수 민족대표는 대표 총수의 15%가 되어 소수 민족이 전국 인구에서 차지하는 비례의 6.7%보다 배로 더 높았다. 인구가 4,000여 명밖에 안 되는 허저족赫哲族도 1명의 대표가 나왔다. 7기 전국 정협 소수 민족위원은 정협위원 총수의 10.66%를 차지하며, 전국 인대 상무위원회 가운데 100만 명 이상 인구를 가진 소수 민족은 모두 자기 민족의 대표가 있다.

신중국 창건 후 중국은 민족 구역을 포함하여 전면적인 민주개혁과 사회주의 개조를 완수했고, 각 민족 내부의 착취 제도를 폐지했다. 즉, 민족 대립을 형성할 수 있는 계급을 없앴고, 중국의 민족 관계는 평등, 단결, 호혜, 합작, 공동 번영의 새로운 단계로 발전했다.

소수민족의 불만해소를 위한 서부 대개발

경제와 문화 발전 수준이 평등을 이루어야 진정한 사실상의 민족 평등을 이룩했다고 말할 수 있다. 등소평은,

"민족구역 자치를 실시함에 있어 재정확립 없이는 큰 의미가 없다. 그런데 소수 민족들은 자치 구역 내에서 이득을 챙기려하고 있다. 그럴 경우 일련의 경제 문제를 해결하지 않으면 분쟁이 일어나게 된다."고 말했다.

소수 민족의 문제를 해결하자면 국가가 소수 민족지역의 경제 발전의 장기적 전망 계획을 수립하고 법률적인 방식으로 고정시켜 전문기구를 설치해 실시되도록 해야 한다.

중국은 1978년 개혁 개방을 실시한 이후로 소수 민족지역에 대한 정책을 새로 제정하고 소수 민족 경제를 발전시키기 위해 많은 노력을 경주했다.

1992년 3월 국무원은 흑하, 수분하, 훈춘, 만주리 등 4개 국경도시를 정식 개방한다고 선포했다. 뒤이어 동흥 등 9개 국경 시·현·진을 개방했으며, 같은 해 국무원은 11개 내륙지역의 소재지에 대해 연해 도시와 동등한 정책을 실시한다고 선포했다.

소수 민족지역은 개방을 거쳐 보다 많은 혜택을 입었다. 중국의 육지 국경선은 2.2만km데, 그중 1.8만km가 소수 민족구역에 속해 있다. 중국의 138개 국경 인접 현縣 가운데 112개가 소수 민족 자치지역에 속해 있다. 또한 43개 국가급 통상구, 200개 지방급 통상

구 가운데 90% 이상이 소수 민족구역에 속해 있다.

국경 도시의 개방은 소수 민족들로 하여금 대외 개방의 진지로 나서게 했다. 그들은 지역적 혈연적 이점을 살려 변경무역을 적극 벌여 현지의 경제를 발전시켰다.

1995년 말, 신강의 국경 무역액은 6.95억 달러로 신강 대외무역 총액의 절반을 차지했다. 내몽골 만주리시는 1988년~1991년 사이 변강 무역 거래액이 18,873만 달러로 연 평균 216.3%씩 성장했다. 1992~1994년 사이 국경 거래 무역액은 85,429만 달러로 4년 전의 4.5배에 달했다. 따라서 주민들의 소득도 크게 늘어 주민들의 저축액이 6.9억 위안, 종업원들의 임금도 4,429위안으로서 몇 해 전에 비해 크게 늘어났다.

960만㎢의 면적 가운데 한족의 주요 거주구역인 동부지역은 40%, 소수 민족의 주요 주거구역인 중서부지역은 60%를 차지한다. 53%에 달하는 소수 민족이 전 중국의 절반을 차지하는 서부지역에 살고 있으며 기타 47%는 중부지역과 북부, 동부지역 중남부에 살고 있다.

소수 민족 주거구역의 GDP를 종횡으로 비교하면 1990년의 총생산액은 1952년에 비해 10배 증가했으나 횡적으로 비교하면 인구별로나 총량으로나 동부지역에 비해 많이 뒤떨어지고 있다. 1979~1999년 사이 동부지역은 연 평균 12.8% 성장했으나 서부는 8.7% 성장해 동부지역보다 4.1포인트 낮았다. 세계은행의 〈1999~2000년 세계 발전 보고〉에는 중국 동부지역의 1998년도의 인구별 생산 총액은 1150달러(9,510위안)였으나 서부지역은 487달러(5,243위안)

밖에 안 되었다. 인구당 소득도 동부지역은 3,600위안이었으나 서부지역은 1,200위안이었다.

'80년대 들어서부터 지금까지 중국 정부는 국가 총투자 중 60%를 동부지역에 투자했고, 중부와 서부지역은 각각 20%씩 투자했다. 국가와 기업이 동부지역에 투자한 것이 서부의 9.27배 되며 개인이 동부에 투자한 것이 서부의 18.9배 된다. 상해는 1999년의 인구별 GNP가 3,720달러로 50년 앞당겨 중등 국가의 대열에 들어섰다.

이상의 통계에서 알 수 있듯이, 동서부의 경제적 격차는 곧 한족과 소수 민족간의 경제적 불평등이기도 하다. 때문에 서부 대개발은 소수 민족의 경제적 평등을 실현함에 있어서 중대한 의의가 있다.

중국은 1999년부터 서부지역을 개발하기 시작했다. 이제 21세기는 중국의 중부, 서부지역의 발전이 가속화되어 중화민족의 공동 번영을 실현하는 세기가 될 것이다.

중국 각 민족의 번영은 주로 경제상의 번영, 인민 생활수준의 제고, 문화 교육의 보급과 발전, 민족 자질의 제고를 통해 실현될 수 있다. 그러자면 각 민족은 여러 유형의 인재를 부단히 발굴하여야 한다. 또한 당당하게 나라의 주인이 되는 능력을 키우고, 각 민족의 전통문화를 보다 높은 차원으로 발전시켜야 한다. 그래야만 중화문명의 중심에 있는 한족 못지않게 소수민족들도 그 위상이 설 것이다.

중국 정부의 야심찬 서부 대개발은 한족과 소수민족의 발전관계

연변 조선족 자치주 수도 연길시에 건립된 조선족도서관 장서가 별로 많지 않아 안타까웠다

를 균등하게 성장시키며 지역별 경제성장을 통해 갈등을 해소하려는 노력의 일환이기도 하다.

  여기에 조선족은 동북부에 많이 살고 있어 또다른 문제가 제기되기도 한다.

제3부 재중동포 조선족의 어제와 오늘

월경越境민족 조선족

중국의 조선족은 한반도에서 이주한 월경민족으로 이주역사는 6단계로 나눌 수 있다.

- 제1단계 : 1620년부터 1677년까지의 명말 청초明末 淸初시기

이 단계를 청왕조 통치세력에 의한 '강제 이민시기'라고 한다. 이 시기에 비록 다른 원인으로 인해 동북으로 이주한 조선인도 있었지만, 절대 다수의 이주민들은 1619년에 명왕조를 지원하여 후금의 누르하치 군대를 치기 위해 파견된 1만 2,000여 명의 조선왕조군대 중 후금과의 전쟁에서 살아남은 군사로써 그 수가 수천에 달했다. 또한 1627년의 정묘호란丁卯胡亂과 1636년의 병자호란丙子

胡亂, 2차에 걸쳐 조선을 침공한 청나라 군인들이 납치해간 수만 명의 조선군대와 백성들이 있었다. 이들의 일부분은 강제로 청나라 팔기군에 편입되고 대부분은 청왕조 귀족들의 전리품으로 끌려가 농노 혹은 가내 노예로 전락되었다.

현재 200만 재중 조선족 가운데 5천여 명은 17세기 초 만청滿淸이 관내로 진주하기 전에 조선을 2차례나 침입, 그 당시 포로로 농장에서 복역하던 농노의 후예로서 하북성과 요녕성의 박가촌에 거주하고 있다. 그들은 민족의 뿌리를 되찾고자 50년대에 만족으로부터 조선족으로 개명 등록할 것을 정부에 제기했었다.

- 제2단계 : 1677년부터 1881년까지의 시기

이 단계를 '범월 잠입犯越潛入시기'라고 한다.

당시 동북에 대한 청나라의 '봉금정책'에 따라 압록강과 두만강 이북 지역에서 백성들의 거주, 경작은 엄하게 금지되었다. 그러나 빈곤에 시달리던 조선 북부의 농민들도 살길을 찾아 청왕조의 봉금(封禁;그 지역 안에 들어오지 못한다는 뜻. 조선족이 거주하지 못하게 제한한 조치)이나 조선 왕조의 '쇄국령'을 위반하고 불법적으로 월경하여 깊은 산속에 숨어 농사를 짓거나 만족이나 한족의 부자들 집에 끼어 살아가면서 점차 정착하였다.

1840년 이후 청나라의 봉금이 해이해지고, 또한 조선 북부에 자연 재해가 심하게 들어 살아가기 어렵게 된 농민들은 불법 월경하여 압록강과 두만강 북안에 자리 잡았고 많은 촌락을 이루었다.

■ 제3단계 : 1882년부터 1910년까지의 시기

이 단계를 '이민초간移民招墾'시기라 한다. 1875년 청나라는 간도 지역의 간황지에서 이미 수십만 한족 이주민들이 정착을 승인한 동시에 일찍부터 이곳에 이주하여 온 조선 빈민들이 거주하고 있는 것도 묵인하였다.

그리하여 조선 북부의 새 이주민들이 간도 지역으로 앞 다투어 모여들었다. 1897년의 통계에 따르면 당시 간도 일대의 조선 이주민 수는 이미 3만 7천여 명으로 증가되었다.

다른 한편, 청나라 정부는 러시아의 침략을 방지하기 위해 1881년에 두만강 북안, 즉 지금의 연변지대의 봉금정책을 취소하고 이민실변 정책을 실시하였다. 청나라 정부는 연변을 개간하고 지방 재정수입을 늘여 군대의 양식문제를 해결하려는 목적으로 훈춘에 초간총국을 세우고 많은 이주민을 받아들였다.

특히 1885년 연변을 조선족의 '전문 개간지역'으로 확정함으로써 많은 조선 이주민들이 연변으로 오게 하여 연변이 조선족 집단 거주지역이 되게 하였다. 1894년의 통계에 따르면 당시 두만강 북안 4개 보에만 하여도 5,990세대의 조선족이 정착하여 살았다.

또한 1897년 청나라는 러

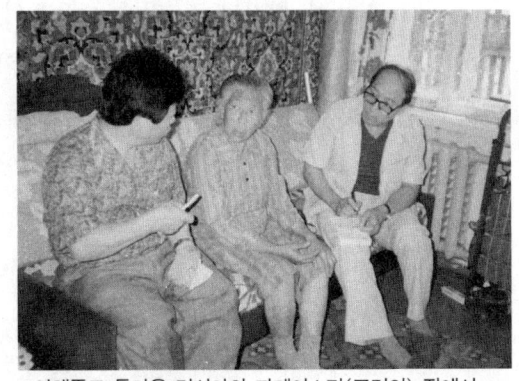

연해주로 돌아온 러시아의 까레이스키(고려인) 집에서 서울대 이광규 교수와 함께

시아와 '중동철도부설협정'을 맺은 후 1903년에 통행하게 하였는데, 철도 부설시 조선 북부에서 연해주로 이주한 조선인을 대량으로 고용했다. 철도가 부설된 후 적지 않은 조선인이 철도 주변에 정착해 농사를 짓거나 기타 노역을 했다.

■ 제4단계 : 1911년부터 1920년까지의 시기

이 단계를 '자유 이민시기'라고 한다. 1910년에 일제가 조선을 합병한 후 일제의 '환위이민換位移民'정책으로 말미암아 파산된 조선 농민과 매국노가 되기를 원치 않는 조선인들이 대대적으로 동북에 들어왔다. 통계에 따르면 1922년 동북의 조선족 인구는 도합 51만 5,865명으로 증가하였다.

■ 제5단계 : 1921년부터 1931년 9·18사변까지의 시기

이 단계를 '이민제한시기'라고 한다. 1915년 중국과 일본과의 '21개 조약'이 체결된 후 일제는 동북의 조선족에 대해 '통제와 이용정책'을 실시하면서 조선족에 대한 '치외법권'을 떠들어댔다.

그리하여 중국 정부에서는 일제가 '조선인 보호'를 구실로 영토와 주권을 침범하는 것을 방지하기 위해 조선족들에게 귀화 입적할 것을 강요하는 동시에 일제의 압박을 받는 조선족에 대해 '박해-구축정책'을 실시하면서 조선 이주민을 제한하고 이미 정착한 조선족들에게는 박해를 가하기 시작했다.

중국정부의 이중정책의 실시는 1927년에 고조를 이루어 수많은 조선족들이 이미 개척한 땅을 버리고 조선으로 돌아가거나 북만주

지역으로 이주했다. 통계에 따르면 1931년 동북 조선족 인구는 63만 982명으로 그 증가폭은 크게 감소되었다.

■ 제6단계 : 1931년부터 1945년까지의 시기

이 단계를 일제에 의한 '강제 집단 이민시기'라고 한다. 이 단계를 3개 시기로 나눌 수 있다.

1931년부터 1936년까지는 '이민 통제시기'이다.

9·18 사변 후 일제는 동북에서의 식민통치가 아직 안정되지 못한 상황에 따라 먼저 이주한 조선족들에게 통제 및 안정정책을 실시했다. 동시에 집단 이민을 다그치면서 새 이주민은 조선총독부의 '이주민증'을 휴대하게 하고, 이주 후에는 집단부락에 거주케 했다. 1936년에 이르러 동북의 조선족 인구는 85만 4,411명에 달하였다.

1937년부터 1941년까지는 '집단이민시기'이다.

동북에서의 식민통치가 튼튼히 확립되었다고 인정한 일제는 동북을 대륙 침략의 병참기지로 건설하기 위하여 이민정책을 「3대 국책」의 하나로 삼았다. 일제는 20년 동안에 일본인 100만 세대를 중국에 이주시키되 그 보조적 수단으로 해마다 조선인 1만 세대를 이주시켜 동북의 토지개발에 투입시키려고 하였다.

그 결과, 연변과 간도, 길장 및 북만지역의 39개 현에 대량의 조선인을 이주시켜 1939년, 동북의 조선족인구는 106만 5,528명이나 되었다.

1941년부터 1945년까지는 '개척이민'시기이다.

일제는 침략 전쟁의 수요를 충족시키기 위하여 새 농지조성 계획을 실시하면서 조선 이주민도 '개척단 이민'으로 북만주와 서만주 지역에 강제로 이주시켰다. 그리하여 1945년 광복 직전까지의 재중 조선족 인구는 도합 215만 명에 달하였다.

1945년 8·15 광복으로 조국이 해방되자 일부 조선인들이 조국으로 돌아왔다. 그리하여 사회주의 중국이 창건될 때이던 1949년의 재중 조선족 인구는 약 120만 명으로 감소되었다.

9·18 사변 이전 중국의 조선민족은 통칭 〈한국인〉, 〈고려인〉으로 불렀으나 일제가 동북을 점령한 후에는 〈선계鮮系〉, 〈조선인〉, 〈반도인〉 등으로 불렀다. 뿐만 아니라, 동북에 거주하는 조선족들의 호적도 일제 식민지 〈조선〉과 〈만주국〉 두 곳으로 되어 있어 이중 국적을 가진 민족이 되었다.

조선족 역사상 처음 중국 소수 민족행렬에 든 사람은 양림(楊林 ; 동북조선독립운동사관학교 졸업, 운남강무당 졸업, 황포군관학교 및 북벌 군교관 역임) 인데, 그는 1932년 강서 중앙 근거지의 소수 민족 대표로 중앙소비에트 정부위원회 위원으로 선정되었었다.

모택동毛澤東은 1939년에 쓴 '중국 혁명과 중국 공산당'이란 글에서 중국에 거주하고 있는 조선족을 중국 소수민족 대열에 넣었다. 1945년 11월, 팽진彭眞을 서기로 한 중국 중앙동북국은 매하구에서 열린 회의에서 국민당이 동북에 거주하고 있는 조선족에 대해 교민으로 규정하려는 데 비추어 동북 조선인민은 토지를 분배받을 권리가 있고, 민족 학교를 개설하며 자체 치안을 조직해 운영할 수 있게 해줄 것을 요구했다. 그 결과 동북에 거주하는 110만 조선족이 토지개혁을 하고, 학교를 개설하며, 참전하는데 기틀을 제공해 주었다. 하지만 당시 역사적인 상황에서 조선족이란 특성을 전 중국 내에서 승인을 얻지는 못했다.

중국 소수 민족으로서의 조선족이 진정으로 세인들에게 이해되고 인정을 받은 것은 공산당정권의 중국이 창립된 후였다. 1949년에 제정한 〈중국인민정치협상회의 공동강령〉에 근거해 1952년 중국 내 조선족이 가장 많이 집결해 거주하고 있는 길림성 연변에 연변 조선족 자치주를 설립했다. 이때로부터 새로운 뜻이 내포된 〈조선족〉이란 명칭이 나타나게 되었다. 아울러 1954년 중화인민공화국 헌법 선포 이후 조선족은 중국 각 민족과 함께 중국 내에서 중화인민공화국 공민 신분으로 공산당이 중국의 역사 무대에 등장하게 되었다.

조선족들은 중국 동북에 이주한 후 청나라가 200여 년간이나 봉금封禁했던 두만강, 압록강 북쪽의 황무지를 개간했다. 또한 반제, 반봉건, 반관료 자본 및 민족 압박을 반대하는 혁명투쟁에 뛰어들어 사회주의 중국을 창건하는데 기여하지 않을 수 없었다.

세계 최초로 고위도高緯度지역에서 벼농사를 성공한 조선족

천재天災, 인재人災를 받을 대로 받은 두만강, 압록강 남부의 빈민들은 남부여대男負女戴하며 강북으로 건너 가 청나라 정부로부터 200여 년 동안 금지되었던 황무지를 피와 땀을 흘리며 개간해 고위도高緯度에서 논농사에 성공했다. 일제 강점에 대한 불만을 품은 사람이, 또는 일제의 강제 토지 조사에서 파산된 조선인들이 북쪽으로 탈주해 황무지 개발에 동참했다. 그리고 만주국에 집단부락을 형성해 온 사람들과 때를 같이해 대분산(大分散 : 연변 조선족 자치주, 장백자치현, 길림시, 흑룡강성, 요녕성, 내몽골자치구 등에 크게 나뉘어 사는 것), 소집거(小集居 : 조선족이 한족들이 사는 마을에 섞여 작게모여 사는 것)를 형성했다. 그들은 제방을 쌓아, 저수지를 구축하고, 도랑을 파 물을 끌어들여 고위도의 논을 도합 2,000만 무(1무 : 300㎡) 개발했다.

벼농사가 발달한 일본이 홋카이도 북위 45도의 지역에 벼를 재배한 것은 1929년이었다. 조선족이 내몽골 흥안맹 짜래트기에 위치한 북위 46도의 되는 곳에다 벼농사를 재배한 것은 1919년이었다. 그러니까 조선족은 고위도 지역에다 벼농사를 개발한 선구자였다. 동시에 우량품종인 '연변황소'와 별미의 과일로 불리는 사과배(사과와 배를 접목하여 개량한 연변지역에서만 생산되는 과일) 등을 심기도 했었다.

인구가 증가됨에 따라 제2·3산업으로 발전해 대, 중, 소도시로 이주하는 조선족도 늘었다. 이를테면, 요녕성의 조선족 인구는 도합 23만 명인데, 그중 60%가 147개 조선족 마을과 12개 조선족향(진), 4개 혼합 민족향에 살고 있다. 또한 40%가 14개 대, 중 도시와 100개 현(시)에 살고 있다. 내몽골에 거주하는 2, 3만 명의 조선족은 동부에서는 집단거주하고, 중·서부에서는 분산거주 형태로 내몽골 전역에 분포되어 있다고 하겠다.

중국은 공산당11기당대회 이후 개혁 개방을 단행했다. 개혁 개방 이전에는 연변 조선족 자치주의 90% 이상의 조선족이 벼농사를 위주로 한 생업에 종사했다.

그러나 인구당 경작지가 적어 10% 만이 농사를 지었다. 또한 과학기술 수준이 낮은 데다 농촌에서 개발해 이용할 수 있는 자원이 적었으며, 벼농사 비용이 오르고 알곡 값은 떨어져 어려움을 겪기도 했다. 시장경제가 발전됨에 따라 농촌의 많은 잉여노동 인구가 도시로 진출했던 것이다.

이를테면, 내몽골의 25개 조선족 주거촌의 하나인 울란바트로시 교외의 삼합촌의 982명 인구 중 4분의 1이 외지에 나가 일을 하거나 국외로 일자리를 찾아 나갔다. 연변 자치주 내에서 농촌을 떠나 도시에 진출해 사는 조선족이 총인구의 4분의 1을 차지한다. 또한 연 30만 명이 취업을 위해 이동하다 보니 농촌의 경작지가 적정하게 배분되어 농촌을 내실 있게 발전시켰고, 농민들의 소득을 증가시키는 요인이 되었다. 또 도시의 서비스업이나 건축업을 발전시켰고 연변의 제1, 2, 3산업에 재분배가 이루어졌다.

민족 자치 권리를 행사하는 연변 조선족 자치주의 80만 조선족은 이제 두만강 하류지역인 동북아 금삼각주를 동방의 로테르담으로 건설하고 있다. 즉, 국제물류, 정보산업, 금융가, 관광업의 중심지로 건설하기 위해 노력하고 있다.

연변 훈춘 국경경제합작구역에서 70㎞ 떨어진 방천촌防川村은 북한·중국·러시아 3국이 인접한 황금 삼각지대로서 동해와 불과 15㎞ 떨어진 가까운 곳에 있으며, 중국이 직접 동해로 진출하는 유일한 통로이다.

또한 중국이 수로로 한국 동해안, 러시아, 일본 북해안, 더 나아가서는 북미주에 이르는 가장 가까운 곳이다. 역사상 중국은 줄곧 두만강에 대한 출해권을 소유하고 있었다. 연변은 관련 국가와 유구한 왕래가 있었으며 1938년 7월 일본과 러시아 사이에 국경을 문제로 국지전이 벌어져 장고봉 전역이 파괴된 후 일본이 두만강 입구를 봉쇄하는 바람에 중국이 두만강을 경유해 동해로 들어가는 것이 정지되었다.

개혁 개방 후, 중국 동북 3성의 도시와 농촌의 조선족들은 인근 도시와 대, 중·도시로 이동해 제3산업에 종사하고 있다. 송화강 변에서 주강 3각주까지, 동해안에서 파미르고원에 이르는 도시에까지, 과거 동북 3성과 내몽골 및 북경·상해·광주 등지에 살던 조선족들이 지금은 대만을 제외한 중국의 모든 도시에 거주하면서 건설이나 생산 산업에 종사하고 있다.

그러나 새로 일어서고 있는 조선족 주거구역에서는 코리아타운 건설을 활발히 추진하고 있다. 이를테면, 장춘시 녹원구 조선족소학교와 이도하자구 조선족소학교의 절대 다수 학생들은 도시에 들어가 직장생활을 하는 가정의 자녀들이다. 대련시는 개혁 개방 전에는 조선족소학교가 없었으나 개혁 개방 후 비즈니스를 하는 조선족 자녀들의 민족교육의 필요성에 순응해 대련시 정부는 조선족소학교를 〈조선족학교〉로 개칭한 후 증개축하여 중학교 편제까지 넣었다.

1990년 북경시의 조선족 인구는 7천여 명밖에 안 되었으나 현재는 5만여 명으로 늘어났다. 그들 대다수가 제3산업에 종사하고 있다. 북경시 정부는 북경에 진주해 비즈니스를 하는 조선족들을 위

동북 항일연군의
역사박물관 앞에
선 필자
일제시대 항일독립군들의
기록이 소박하게
전시되어 있다

해 조선족소학교를 설립했으며, 중앙민족대학은 교내에 조선어학과를 증설함과 아울러 해남, 산동, 하북, 내몽골, 요녕, 길림, 흑룡강 등, 성과 지방에 분교를 설치했다.

산동성, 청도시 등의 지역에도 새로운 조선족 타운이 형성되고 있다. 요컨대 조선족의 인구 유동은 천진, 청도, 위해, 연대 등, 중국의 일부 도시에 조선족의 상업과 교육이 일체화된 새로운 타운이 형성되고 있다. 뿐만 아니라, 바다를 건너 한국·일본·미국·캐나다·호주의 국가로 진출해 공사현장 작업부, 비즈니스에 종사해 많은 소득을 올리고 있으며, 영향력도 증대되고 있다.

시장경제가 발전됨에 따라 조선족은 전 중국으로 확산되고 있으며, 거주 분포도 운집거주구역, 분산거주구역, 혼합거주구역 등, 다양해지고 있다. 대개 혼합거주 구역이 증가되고 단일민족 거주구역이 감소되는 것은 시대적 변화의 단면을 보여준다 하겠다.

격랑을 헤치며 민족 자치를 실현하고

재중 조선족의 제1세대는 착취와 압박을 받았던 하층민들이었다. 일찍이 조선 민족주의자의 영향과 지도를 받아 항일투쟁을 벌였고 1920년대 상반기에는 공산당의 영향을 받아 항일과 반봉건 투쟁에 동원되기도 했다.

1928년부터는 중국 공산당의 통제 아래 반제, 반봉건, 반민족, 반압박 투쟁에 투입되어 황포군관학교, 북벌전쟁, 광주봉기, 추수폭동, 토지혁명전쟁, 2만 5천리 장정, 항일전쟁, 인민해방전쟁과 사회주의개조운동에 참여했었다. 또, 동북 항일연군 초기 빨치산의 장병들 대부분이 조선족으로 이루어졌었다. 후기에는 김일성과 최용건을 포함하여 절반이나 되는 군관과 병사가 조선족이었다.

인민해방 전쟁 때문에 4~6만 명이나 되는 조선족 청년(당시 110만 조선족 인구의 6% 차지)이 참군하여 장백산 기슭에서 아미산, 송화강변에서 해남도에 이르기까지 전선을 형성하고 싸웠다. 그 결과 4,600여 명의 장병이 전쟁에서 희생되었다. 연변 조선족의 전체 전사자는 1만 3,048명이나 되며, 길림성의 여성 전사 중 95%가 조선족이었다.

연변의 '산마다 진달래, 마을마다 열사비'란 시구도 여기서 나온 것이다. 아무튼 조선족은 중화인민공화국 창립을 위해 큰 기여를 했었다.

민족은 발전도에 따라 선진과 후진이 있을 뿐, 우등 민족과 열등 민족의 구분은 없는 것이다. 각 민족은 모두 평등해야 한다.

중국은 사회주의 중국 창건 때에 인구의 다소, 지역의 대소, 사회 발전의 고저와 중국내 거주 여부를 불문하고 중국 역사 속에 경제생활, 언어문자, 의복, 습관, 민족의식 등에서 뚜렷한 특징이 있을 경우, '부족部族'이라고 하지 않고 모두 '민족'으로 불러야 한다고 규정했다.

러시아가 해체될 당시 70여 년 역사를 가진 소련이지만, 소련 영토에는 26개 족체族体가 있었으나 그들을 사회주의 부족이라 불렀을 뿐 민족으로까지는 인정하지 않았다.

중국 국토내에 155개 소수민족 자치지역을 건립했는데, 그 구성을 보면 5개 자치구, 30개 자치주, 120개 자치현(기)이었다. 재중 조선족은 헌법에 근거해 연변 조선족 자치주와 장백 조선족 자치현 및 49개 조선족민족향(진)을 두고 있다.

연변 조선족 자치주는 '60년대에 벌써 국내 30개 자치주 중 경제, 문화, 교육, 체육 등의 분야에서 가장 훌륭한 자치주로 선정되었다. 또한 1994년과 1997년에는 국무원으로부터 〈전국 민족단결 진보 모범주〉로 선정되어 중국 내의 모범 자치주의 전형이 되었다.

하지만 일부 사람들은 연변의 장래에 대해 근심하고 있다. 현재 연변 자치주의 조선족 인구의 감소와 많은 유출 현상으로 말미암아 조선족이 차지하는 비례는 자치주 건립 초기의 62%에서 39.8%로 감소했다. 이런 속도로 가다가는 얼마 안가 20%~10%까지 감소할 가능성이 높아 언젠가는 연변 조선족 자치주가 취소될 것이라는 우려도 있다.

러시아는 인구 감소가 너무 심해 그냥 놔두면 지구상에서 러시아 민족이 소멸될 것이라고 푸틴 대통령이 경고한 적이 있다. 현재 러시아의 가장 중대한 문제는 인구의 급감소로 인한 민족의 존폐 위기가 다가오고 있다는 점이다.

1999년 러시아의 인구 출생률은 12.9%였으나, 연변 조선족 인구의 출생률은 4.42%밖에 안 되었다. 때문에 소학교, 고등학교, 대학교 등을 육성하기 어렵게 되었다. 그 원인은 결혼적령 여성들이 고향을 떠나 도시로 진출하거나 국외 나들이를 하면서 돈벌이에 여념이 없기 때문이다. 하지만 그보다 더 중요한 원인은 연변의 경제 발전이 더디어 경제가 인력을 수용하지 못한데도 원인이 있다고 보겠다.

그러기에 비약적인 경제발전조치를 취하고, 인구확충발전기금회 같은 단체를 설립해 두 아이를 낳도록 권장하며, 조선족 남성들이 다른 민족 여성과 결혼하는 것을 장려해 나가야 할 것이다.

민족 자치제도는 국가 헌법과 민족 자치법으로 규정하여 중국의 민족 문제를 해결하는 중국특유의 제도이다. 등소평은,
"민족 자치제도는 우리 사회에서 절대로 포기해서는 안된다."고 말했다.

사회주의 중국이 건국된 후 중국 정부는 민족 인구 비례가 감소되어도 민족자치를 취소한 적이 없다. 민족 거주구역을 토대로 구역 자치를 실시하는 지방은 여러 요인에 의해 결정되며, 단순히 민족 인구 비례에 근거한 것은 아니다. 내몽골자치구는 몽골족이 전 인구의 15.7%밖에 안 되며, 장백 조선족 자치현의 조선족 인

구는 전 인구의 16.7%밖에 안 된다. 모택동은,

"우선 계급이 소멸되어야 다음으로 국가가 소멸되며, 그 다음에야 민족이 소멸된다."고 말한 적이 있다. 연변 조선족 자치주도 국가가 소멸되기 전에는 소멸되지 않을 것이다.

이제 한漢족 지역에 분산되어 사는 조선족들은 근 100만이 가깝다. 그들은 법률적으로 평등한 대우를 받고 있으며, 나라의 주인으로 모든 생활환경에 적응해 가고 있다고 본다.

한민족韓民族의 전통을 계승한 조선족 문화

전통문화의 향기를 지켜온 재중 조선족

중국의 조선족은 처음 이주부터 지금의 개혁 개방에 이르기까지 줄곧 대분산, 소집단거주의 형식으로 거주지를 만들며 살아왔다. 그러면서 민족의 학교를 건립하고, 민족의 언어·문자를 사용하고, 민족의 풍속·습관을 보존하며, 민족의 전통문화를 계승해 왔다. 그래서 다른 민족으로부터 문명한 민족, 위생이 깨끗한 민족, 체육과 예술을 즐기는 민족, 늙은이를 존경하고 어린이를 사랑하는 민족, 예의를 중히 여기는 민족 등의 찬사를 받아왔다. 개방 이후 연변에 관광을 온 해외 동포들은 이구동성으로 재중 조선이 한반도를 제외한 140여 개 나라에 분포되어 있는 재외동포들 가운데 우리 민족의 언어와 문자, 풍속 습관을 가장 잘 보전하여 민족

정체성을 완벽하게 확립하고 있다고 찬양했다.

연변 같은 큰 조선족 자치구에서는 한국어와 한글이 공영화 되어 있어 그것을 감독하고, 집행하는 기구까지 설치되어 있다. 우리 민족의 언어와 문자로 방송되는 TV, 신문들이 합법적으로 운영되고 있으며, 민족학교에서는 언어와 문자를 소중히 배우고 있다.

통계에 의하면, 중국에서 출판되는 한국어 신문이 10여 종이다. 성省급 이상의 한국어 방송국도 5개이며, 대·중·소학교에서 우리 민족의 말과 글을 가르치고 있는 교사만 해도 1,800여 명이나 된다. 그리하여 오늘의 재중 조선족의 대다수는 여전히 우리 말, 우리 글, 우리 문화를 고스란히 간직하고 있다.

중국은 한족이 92%를 차지하는 13억 명의 인구를 가지고 있다. 우리 조선족은 그 중에서 65분의 1을 차지하고 있다. 그런데 한족과 기타 소수 민족과 아주 친밀한 관계를 유지하고 있기 때문에 자연스럽게 그들 문화에 동화되어가는 부분도 있다. 그런 이유로 한국이나 북한에 비해 언어·예술·음식·복장·문학이 다소 구별

중국 공산당 청년연합
왕혜초 회장과
청소년 문제에 대해
토의하는 필자(왼쪽)

되기도 한다.

그래서 우리 민족문화를 두고 '3대 유형'이 있다고 한다. 그 하나는 서울을 대표로 한 문화이고, 다른 하나는 평양을 대표로 하는 문화이며, 또 다른 하나는 연길을 대표로 하는 중국 특색을 띤 조선족 문화이다.

조선족의 걸출한 인재들

한 민족이 선진이냐, 후진이냐 하는 평가는 그 민족의 엘리트들이 얼마나 되는가와도 관계가 있다.

시대가 영웅을 만든다고 했다. 항일전쟁, 해방전쟁 등, 혁명과 건설에서 많은 민족 엘리트들이 육성, 출현했다. 홍범도, 양세봉은 민족주의자요, 항일영웅이다. 체제의 제도권 내에서 어찌되었거나 두각을 나타낸 양림(중국 2만 5,000리 장정시 중앙간부단 단장, 동정사 부사장 겸 참모장), 무정(팔로군 제1포병대 단장, 조선 의용군 사령관), 이홍광(항일 독립군 제1군 참모장 겸 제1군 제1사 사장), 이철부(중공 중앙위원), 정율성(중국 인민해방군군가 작곡), 한낙연(신강 고대미술 보물고를 정리한 미술가), 주덕해(중공 중앙후보위원, 길림성 부성장, 중공 연변주 위서기 겸 연변 자치주 주장), 조남기(중국 인민정치협상회의 전국위원회 부주석, 중국인민해방군 상장), 이영태(중국 인민해방군 중장, 중국 인민해방군 공군 부사령원), 이덕수(중공 중앙위원, 국가민족사무위원회 주임, 중공 중앙통전부 부부장), 전철수(중공중앙후보위원, 길림성 부성장), 강경산(대공간 과학영역에서 특별한 기여를 한 중국과학원 원사), 김현택(암치료 전문가), 안태상(중국 아형석연구 창시인 중의 한 사람 북경대학 지질학부 주임), 백원근(직접회로 기술영역 및 미크로전자재료 설계제작에 크게 기여한 섬서성 전자품질협회 이사장), 김일광(고분자물리화학과 화학공정학의 이론을 정립한 중국 정협 상무위원), 이상영(상해 항천국 모 연구소 소장, 장정4호 로켓 설계로 항천공업부 과학기술 진보 1등상 수상), 김종철(중국 건축재료과학원 학위위원회 주임, 중국 공정원원사 입후보자로 선정) 등, 북경에서만 해도 자연과학 기술사업에 종사하는 위직에 있는 조선족이 200명이 넘는다. 요녕성도 국가급과 성급 장려를 받은 부교수 이상의 학자도 100명이 넘는다. 그들은 중국 200만 조선족 중 10만 명을 차지하는 높은 수준의 걸출한 인재들이다.

지식경제와 생명과학, 첨단기술시대에 진입하려면 수준 높은 과학 정보와 그런 기술인재가 많아야 한다. 중국에서 문화 수준이 제일 높다는 조선족은 그러한 영예를 쌓으며 긍지를 갖고 살아가고 있다.

한반도와 만주국은 한 때 일본 제국주의의 식민지와 괴뢰국이었다. 그래서 조선족들은 고향과 왕래하는 데에 제한을 받지 않았었다. 해방 후에도 조선족과 당시의 조선인들은 출입수속만 하면 왕래가 가능했으나 6·25 사변 후 한국과는 국교가 단절되었다.

1980년대에 진입해 중국은 개혁·개방을 실시하고 1990년대 초 한국과 수교가 이루어지자 재중 조선족과 한국은 비로소 왕래가 이루어졌다. 연변은 한국 자금을 도입해 연길시에 첫 과학기술대학(이미 연변대학과 합병)과 문학원을 세웠다. 연변의 600여 개 합자기업 중 75.6%가 한국과 합자한 기업이다. 또한 연변은 매년 백두산을 오르는 한국 관광객을 10만 명 이상 맞이하고 있다. 2000년 연변의 인력 송출 소득은 2.4억 달러로 주 전체의 재정 수입을 능가했는 바, 그중 대부분은 한국에서 온 것이다. 흑룡강성 정부의 통계에 의하면, 1995년 조선족 농민의 인력 송출 소득이 당년 총 소득의 17.3%를 차지했다. 그중 해림시가 1억 위안, 오상시가 3억 위안이었으며, 어떤 조선족촌은 당년의 총 소득보다 높았다.

재중 조선족은 한국과 북한 그리고 140여 개 나라와 지역에 분포되어 살고 있는 600만여 명의 동포와 동일 문자와 언어의 협력 관계를 유지하고 있다. 그러면서 기술·자금·인재를 유치해 근로·비즈니스 등의 실무를 익히고 있다. 동시에 이런 민족적 경제, 문화권을 통해 세계 각국의 지역과 문화 교류 유대를 굳건하게 형성하고 있다. 이는 200만 명의 재중 조선족이 21세기에는 새로운 두각을 나타낼 수 있는 가능성을 증명하는 것이다.

재중 조선족의 교육과 새로운 문제

재중 조선족은 교육을 중요시하는 민족 전통을 더욱 발휘하고 있다. 일제 통치하에서 적지 않은 사람들은 기아에 허덕이면서도 품을 팔아서라도 자식 공부만은 시켰다. 마을마다 민영학교와 사숙私塾을 세워 자녀들로 하여금 그곳에서 공부하게 했다. 연변은 1950년대 중국내에서 처음으로 소학교(초등학교)의무교육을 실현했으며, 1960년대에는 초등교육의 보급을 실현하고, 1970년대에는 고중(고등)교육을 보급해 수많은 고·중 졸업생들이 연변대학과 전국 일류대학에 진학했다. 1980년대에 이르러 조선족 대학생은 인구비례로 한족의 3.33배에 달했으며, 기타 소수민족의 5배나 되어 중국 내 56개 민족 중 교육수준이 가장 높은 민족으로 꼽혔다.

1990년 통계에 의하면, 재중 조선족의 중·소학교는 1651개 교이다. 그중 중학교가 288개, 소학교가 1,363개 교로 학생 총수는 35만 5천여 명이다. 그리고 연변대학, 연변의학원, 연변농학원, 길림예술학원, 연변분원 등, 민족 대학이 설립되어 해마다 1,000여 명의 조선족 고급 인재들을 배출하고 있다.

재중 조선족들은 다년간의 노력을 거쳐 유치원부터 대학교에 이르기까지 하나의 민족교육체제를 세우는데 성공했다. 마을마다 민족 유치원이 있고, 촌마다 민족 소학교가 있다. 또한 민족학교 교사의 자질향상을 위한 교사 연수학원만 해도 10개나 된다. 요녕·길림·흑룡강 성에 각 민족 사범학교를 설립했으며, 각종 민족 전문기술학교도 수십 개나 된다. 각 성·현마다 재중 조선족이 있는 곳에는 민족 교육관리부가 있으며, 통일적인 교과서 편집부와 출판사가 있어 자체적으로 교과서를 편찬하고 있다.

그러나 현재 재중 조선족의 교육에는 문제점도 적지 않다. 오늘까지 많은 경우에는 국가의 힘으로 유지되던 조선족문화 교육사업이 시장경제의 충격으로 적지 않은 애로에 부딪치고 있다.

개혁·개방 후 조선족 교육은 새로운 도전에 직면하고 있다. 인구의 도시이동이 빈번해져 많은 농촌 중·소학교는 감축되고 폐쇄의 위기에 이르렀다. 또 어떤 학교는 합병을 했다. 하지만 도시의 중·소학교는 도리어 기형적으로 커지거나 새로운 네트워크를 형성하고 있다. 그러나 조선족 학교의 새로운 변화는 전통적인 조선족 학교의 관리 체계와 교육 관리 체계와의 사이에 모순이 발생하고 있다.

학교는 시대적 변화에 따라 소학교 때부터 기숙사 제도를 실시해야 하기에 학부형들에게 경제적 부담을 가중시킨다. 또 중국 정부의 하나만 낳기 운동으로 조선족들의 출산율이 떨어지는 중요한 원인의 하나가 된다.

조선족이 생존하고 발전하려면 단일한 산업구조를 개편해 1차 산업에서 벗어나 2차 산업을 발전시켜야 한다. 또, 폐쇄적이고 보수적인 생활태도에서 벗어나 대담하게 시장경제의 물결에 뛰어들어야 한다. 중국 내에서 통용되는 언어는 말할나위 없이 중국의 주체언어인 한어漢語이다. 오직 한어를 잘해야 만이 보다 많은 지식과 정보를 얻을 수 있고, 또한 중국내에서 새로운 대열에 설 수 있다. 하지만 조선족의 교육은 생존에 관계되는 한어 문제를 아직까지 해결하지 못하고 있다.

현 사회는 개방적이고 경쟁적이며 지식화한 사회일 뿐만 아니라 국제화 사회이기도 하다. 이러한 사회에 적응하려면 한어뿐만 아니라 영어도 잘해야 한다. 하지만 조선족의 대다수 학교들에서는 일어만 고집하면서 영어는 소극적으로 가르치고 있다.

조선족이 발전하려면 고급 과학기술 인재를 양성해야 할 뿐만 아니라 시장경제에 부응하는 숙련된 노동력을 많이 육성하고, 그들의 일자리를 부단히 개척해야 한다. 하지만 조선족의 직업기술 교육은 아주 미비하며 입시교육에만 열중하고 있는 실정이다.

조선족 학교의 교사 역량과 교수의 질도 낮다. 근년 들어 도시로 진출하거나 한국으로 인력송출이 급증하면서 조선족 학교의 교사 지망생이 대폭 줄어들었다. 현재 길림, 흑룡강, 요녕성은 모두 사범학교를 두고 있으나 조선족 학교규모가 위축되고 교사들의 수요량이 줄어 사범학교 운영도 어려운 실정이다. 그러기에 조선족 교육은 현재 불안한 상태에 처해 있어 앞으로의 미래가 불투명하다. 때문에 조선족 사범교육의 전망은 어둡고 우왕좌왕하는 처지에 놓여 있다.

문제는 조선족 학교에 다니는 학생들의 학습 수준이 한족 학교보다 점차 낮아지고 있는 데에 있다. 근년에 도시로 진출했거나 한국으로 인력 송출이 급증하면서 조선족 학교의 교사들이 대폭 줄어들었다. 그런 이유로 모자라는 자리를 대학을 나오지 않은 못한 사람이나, 혹은 사범교육을 받지 않은 초중 졸업생이 교원으로 채용되는 현상이 발생하고 있다. 조선족 학교의 교육수준이 낮아지면 자연히 그런 학교에 다니는 학생이 줄어들기 마련이다.

때문에 시간이 흐를수록 민족 언어 사용 기회가 점차 축소되고, 우리 언어에 대한 애정이 약해져, 심지어는 우리 말과 글을 잊어버리는 현상이 나타나고 있다. 연변 자치구역에서는 우리말 사용 기회가 많아 어느 정도 괜찮지만 여기저기 흩어져 사는 지역에서는 그렇지 않다. 흩어진 지역의 일부 학생들은 조선족 학교에 들어가 우리 말을 배우고 있지만 습득력이 약해 공개적인 장소에서의 사용을 아예 포기해 버린다.

통계에 의하면, 북경·하얼빈·심양·장춘 같은 큰 도시에 산재한 조선족 청년들 가운데서 이처럼 우리말 사용을 포기해 버린 비율은 조선족 청년 총수의 60% 이상을 차지한다.

상술한 바와 같이 폐쇄적이고 보수적이며, 또한 학교의 규모가 작거나 인구분포가 분산되어 교육경비가 빈약하여 교육의 질이 뒤떨어지는 조선족 학교에서는 고급 과학기술인재를 양성하기가 어렵다. 따라서 언어와 문자, 정보, 기능, 상품의 질 등, 시장경제에 경쟁 능력을 갖춘 노동인구를 양성하는 것 또한 힘들다. 그 결과 조선족학교 학생들의 부실을 막을 수 없게 된 것이다. 어떤 학교의 학생은 한족 학교에 전학하는가 하면, 어떤 학생은 초중학교를 졸업하지 못한 채 도시에 들어가 일자리를 찾는다.

특히 한국으로의 인력 송출 등, 국제적인 유동인구 증가는 조선족의 문화생활을 풍부히 한 것은 사실이지만, 부작용 또한 따르고 있어 외국의 일부 퇴폐문화와 사상이 조선족의 생활에 침투되고 있다.

이런 현상은 불가피하게 조선족의 교육에 영향을 준다. 그러기에 일부 지방 학교에는 배금주의와 이기주의, 기복주의, 심지어 미신 활동에까지 잠식되고 있는 실정이다.

달라져야 하는 교육

향후 조선족의 거주 분포는 필연적으로 다양화될 것이다. 이를테면, 집단거주구역・분산거주구역과 조선족・한족의 혼합거주구역 등이 이루어질 것이다. 하여튼 집단거주구역도 좋고 분산거주구역도 좋다. 그러나 단일민족으로 이루어진 구역은 필연적으로 점차 줄어들 것이다. 때문에 조선족학교 운영방식도 다각도로 발전되어야 한다. 조선족 집단거주구역은 소학교부터 고중학교에 이르는 교육체계가 그대로 유지되어야하며 분산거주구역의 촌・향・현은 연합하여 학교를 꾸려나가야 할 것이다. 또, 한족 학교에도 민족교육학급의 설치를 늘려야 한다. 동시에 기숙사 제도도 실시하여 연해지역과 내륙지역 및 일부 대도시의 조선족 학생은 한족 학교에서 공부할 수 있게 하고, 농촌의 조선족 학생들도 부근의 한족 학교에 입학할 수 있게 해야 한다.

그러기에 조선족이 유아교육에서 대학교 교육에 이르기까지, 보통교육에서 직업교육에 이르기까지, 정규교육에서 비정규교육에 이르기까지, 지속적으로 이루어져야 한다. 앞으로는 단일 민족으로 구성된 교육체제는 점차적으로 약화되고 성인 기술교육, 직업교육, 재취업 훈련 등은 어차피 한족과 함께 교육과 훈련을 받게 될 것이므로 이에 대비해야 한다.

이제 한글 교육과 언어수업 등에서 큰 변화가 일어날 것이다. 언어수업은 고・중학교와 직업학교부터 시작해 점차 초중학교에서 소학교로 내려가며 한국어에서 점차 중국어로 변화될 것이다. 조선족 학교에서의 언어수업은 단계별로 달리하는 수업 형태가 될 전망이다. 처음 한국어 수업을 할 때에는 중국어 수업을 병행하고, 한어수업을 할 때에는 조선어를 병행한다. 그렇게 되면 조선족 거주구역인 연변이나 목단강, 통화 지역은 좀 늦어질 수 있지만, 분산거주지역은 빨리 변천될 것이다.

  물론 이런 변화는 너무 성급하게 이루려 하지 말고 조선족들의 의지에 따라, 그리고 현지실정에 따라 변화되어야하고, 인위적으로 성사시키려 해서는 안 된다. 여기에는 교과서나, 교사수준 등, 일련의 문제가 따르기에 오랜 과도기간을 거치게 될 것이다. 하지만 언어수업에서 어떤 변화가 있든 간에 민족의 문화와 언어를 보존하는 민족의식은 실제 생활에서 쉽게 변화되지는 않을 것이다. 어찌되었거나 우리는 한국어학습이나 학원 등을 꾸려 우리 말, 우리 글이 소멸되는 것을 막아야 한다.

  현재의 조선족 사범학교는 이미 그 기초가 상당한 정도에 이르렀다. 그러므로 교재를 잘 이용해 조선족의 교육을 발전시키는 데 응분의 역할을 해야 한다. 이를테면, 사범학교는 조선족의 교사들을 훌륭히 양성하는 외에도 일부 직업 기술반이나 성인 재취업 훈련반을 구성하여 조선족 청장년들의 취업의 길을 열어줄 수 있어야 한다. 또한 조선족 농촌의 산업화를 위한 인재도 양성해야 할 것이다.

  요컨대 조선족 교육의 변화와 발전은 일부 사람들의 주장에 의해 좌우되지 않는 객관적 추세이어야 한다. 그것은 또한 몽골 등 다른 소수 민족이 이미 걷고 있는 길이기도 하며, 여러 민족이 공동으로 교육을 발전시키는 계기이기도 하다.

과학기술 분야에서 우뚝 선 조선족

오늘의 세계는 바야흐로 정보화 시대에 깊숙이 들어와 있다. 과학기술은 이미 경제발전을 추진하는 강력한 원동력이 된 지 오래다. 정보는 곧 물질을 상품화하는 과학기술의 경쟁력이기도 하다. 과학기술을 장악하고 운용하는 것, 다시 말하면, 첨단기술을 개발하고 운용하는 능력이 한 국가와 한 민족의 미래를 가늠하는 징표가 된다. 과학기술 분야에 과감히 도전하여 발전시키는 것은 나라의 부강을 가속화하는 것이다. 그러므로 재중 조선족의 장래를 보장하는 필연적인 선택이 된다.

중국 과학기술의 발전은 재중 조선족의 과학기술을 발전하게 하는 주요한 원천이다. 중국 과학기술의 토대에는 조선족들의 총명한 재능과 근면한 노동력이 축적되어 있다.

현재 재중 조선족 전문기술 종사자는 약 7만여 명으로 그중 고급 전문기술 종사자는 8,000여 명이나 된다. 과학기술 인재의 밀도(과학기술 인재 총수/종업원 총수)와 과학기술 인재 할당량(연구생 총수×2+본과생 총수+단과대학생 총수×0.6+중등전문학교졸업생 총수×0.2/종업원 총수)는 전국의 평균 수치(8.85~4.43%)보다 높다. 90년대 중반의 통계에 의하면, 연변 조선족 자치주의 여러 유형의 전문기술 종사자는 11만 615명에 달하는 바, 그중 조선족이 5만 2,238명으로서, 47.2%를 차지했다. 본 자치주의 1만 명당 과학기술 종사자는 517명이며, 그중 자연과학 기술 종사자 319명, 사회과학 기술 종사자 198명으로 전국 평균 수치보다 훨씬 높다.

재중 조선족 과학기술 종사자는 전국의 각 대학교, 과학기술연구원, 농업, 임업, 의료 위생, 공업, 광산기업, 국방과학연구 등의 영역에서 국가의 중점 프로젝트와 개발에서 기간 역할을 하고 있다. 로켓 발사 기술권위자 이상영(상해), 지질 고생물 전문가 안태상 교수(북경대학, 작고), 고분자 물리연구 전문가 김일광 교수(북경화공대학), 화학공업 전문가 강태만 교수(천진화공연구원), 병독 전문가 방량 교수(서안의과대학), 자동 원격기술 전문가 계덕수 연구원(북경원자에너지 연구원), 수학자 최명근 교수(하얼빈공업대학), 계산기 수학 전문가 박치순 교수(중국 과학원 심양 계산기 기술연구원), 자석학 전문가 전한민 교수(길림대학), 광학결정체 재료 전문가 최봉주 교수(중국 과학원 장춘 광학정밀기계 연구소), 고분자 현상광파 전문가(高分辨成像光譜) 우병희 연구원(중국 과학원 장춘 광학기계 연구소), 핵 자석 공진 전문가 배봉규 연구원(중국 과학원 장춘 응용화학 연구소), 액체 정체현시 기술전문가 황석민 연구원(중국 과학원 장춘 물리연구소), 계산기 통제 다기능 성형기발명가 이명철 교수(길림대학), 광물 암석 지구화학가 임강 교수(장춘 과학기술대학), 중의 권위자 중약전문가 남정 교수(장춘 중의학원), 신경외과 전문가 임호근 교수(길림시 중심병원), 유기화학 권위자 강귀길 교수(연변대학), 종양생화(腫瘤生化)전문가 윤종주 교수(연변대학 의학원), 옥수수 유전육종 전문가 장기건 교수(연변대학 농학원), 벼 재배기술 전문가 최죽송 연구원(연변, 작고), 세계 특산 사과배 개발창시자 최창호(연변, 작고), 비뇨계통 연구에서 뛰어난 기여를 한 노기순 교수(연변의학원, 작고), 배열(配位)화학 전문가 김두만 교수(하남성 화학연구원), 해양지질 전문가 허동우 연구원(국토부 해양지질연구소), 옥수

중국청년보와
세계일보의 자매결연장에서
- 필자가 세계일보 사장
재직 시절
서축경 사장과 함께

수 육종 전문가 문정순 연구원(사평시 농업과학 연구원), 중국 인민해방군 모부대 특설주임 이광남 대좌, 어뢰설계 전문가 유영철 교수(중국 선박공업공사), 하얼빈의 신기술 발명가 유순식, 국가과학기술진보 특등상 수상자 정재력 교수(하얼빈공업대학), 전자계산기 초고속 병행 계산법의 국제 선진 기술수준에 이른 홍병용 교수(하얼빈공업대학), 고강도 마씨슈시효 철강연구에서 세계 제1류의 성과를 따낸 윤종대 부교수, 석유 채굴기술의 새 발명자 김동명 고급기사(대경유전), 세계 선진 수준에 이르는 베아링을 연구 제작한 할빈의 황철규 고급기사, 눈병 치료에 뛰어난 기여를 한 흑룡강성 눈병방지소 소장 이준수 교수, 벼 재배 선진기술 보급에서 중대한 기여를 한 흑룡강성의 김철부 연구원과 김원식 농예사 등은 과학기술에 크나큰 성과를 올린 인재들이다. 그들은 한결같이 높은 명성으로 민족의 긍지를 굳건히 갖게 해준다.

개혁·개방 이래 재중 조선족은 과학기술면에서 커다란 발전을 가져왔다. 연변 조선족 자치주를 예로 들더라도 1952년부터 1996년 사이 전체 과학연구 성과가 1,022건이며, 그중 각급 과학기술 성과상을 수여받은 것이 459건이나 된다. 이런 성과를 생산력으로 전환시켜 본 자치주의 경제를 크게 발전시켰다.

이렇듯 연변 자치주가 발달한 이면에는 〈조선족과학기술종사자협회〉가 있다. 중국도 국가급 〈조선족과학기술종사자협회〉로 승인했다. 이는 중국 56개 소수 민족 중 유일하게 단일민족으로 이루어진 민간 학술단체이다.

〈조선족과학기술종사자협회〉는 1989년 7월 21일 길림성 연길시에서 정식 설립되어 1994년 2월 18일 정부의 비준을 거쳐 등록된 국가급 학술 사회단체 조직이다. 이 협회의 1, 2회 이사장 겸 법정대표는 연변대학의 강귀길 교수였다. 현재 이 협회의 회원은 2,000여 명이다. 회원은 전국 각지에 다 분포되어 있다. 협회 내에는 수학, 물리, 화학 화공, 농업 임업, 의약, 자원환경, 전자계산기, 전기자동화, 항공, 에너지, 환경보호, 방직, 건축, 정보, 신재료, 체육, 과학기술 등, 17개 학술 전업위원회가 설치되어 있다.

또 〈조선족과학기술종사자협회〉는 이미 한국, 미국, 캐나다, 일본, CIS, 영국, 프랑스, 독일, 호주 등, 선진 국가의 우리 민족 과학자들과 정기 혹은 비정기적으로 국제학술회의를 개최하거나 참가하고 있다.

협회가 설립된 이래 이미 각종 국제 학술교류회를 10여 차례 갖은 바 있다. 그중 규모가 비교적 큰 것은 1991년 8월 20일부터 8월 23일까지 연길시에서 열린 「91국제과학기술학술세미나」이다. 한국, 미국, 캐나다, 일본, 북한 등, 외국학자 200명과 중국의 과학자 409명이 참석했다. 이 대회는 수학, 물리, 화학, 의학, 지질학,

농학, 등의 영역에서 382편의 학술논문을 접수했다. 이로써 조선족과학기술발전을 크게 추진할 수 있는 계기가 되었다.

본 협회는 상무이사와 이사장의 영도 아래 각 학술 분과위원회와 지역에서 다양한 학술교류 모임을 갖고 있다. 동시에 젊은 세대를 국외에 파견해 단기연수 혹은 장기적인 공동연구도 진행하고 있다. 이런 학술, 기술, 정보교류와 공동연구 모임을 통해 국내외 과학기술 정보를 즉각적으로 입수하여 첨단기술연구와 개발 방향을 명확히 할 수 있었다. 나아가 새로운 과학기술 연구 방법을 모색해 조선족 과학기술 인재의 자질을 더욱 높이고, 조선족 과학기술 사업의 미래를 밝게 했다. 지금까지 이렇게 큰 발전을 한 것은 사실이나 앞으로도 계속해서 '과학기술은 제1생산력'이라는 기치 아래 조선족의 과학기술 수준을 국제선진국 수준으로 끌어올려야 한다.

조선족 집단거주지역에서 시급히 해결해야 할 것은 전통산업에 대한 기술화와 첨단 기술 산업을 발전시키는 것이다. 즉, 당면 조선족 경제와 사회 발전에 기여할 수 있는 과학기술을 먼저 보급하고 그것을 생산력으로 전환시켜야 한다. 한편 외국의 선진 기술을 접목해 기술 도입과 신제품 개발에 박차를 가해 조선족 자체의 지적 소유권으로 만들어가고 있다.

기술 개발에서는 자원과 제품에 중점을 두고 선진 실용 기술을 접목해 부가가치와 시장 점유율 및 경제 효과성이 높은 유명 브랜드 제품을 생산하는데 박차를 가하고 있다.

또한 해외 과학자들과의 유대로 각종 학회와 민영 기업 등, 사회과학 기술단체를 통해 합작과 교류를 강화하고, 외국의 선진 기술과 정보를 이용해 조선족 과학기술을 빠른 시일에 국제화 궤도에 진입시켜 나가기 위해 노력을 하고 있다.

재중 조선족 과학기술 진흥의 전략 목표는 사회주의 시장경제 하에서 새로운 과학기술체제 수립이다. 이를 토대로 2010년쯤에는 과학기술 체계와 운영시스템이 보다 완벽해지고, 과학기술과 경제가 상호 이상적 조화를 이루어 선진국 수준까지 끌어올리기 위해 노력해 가고 있다.

조선족 문화의 현황

조선족 문화의 국제화

한 세기가 넘는 긴긴 세월 속에서도 재중 조선족은 자기 고유의 문화와 전통을 잊지 않고 고스란히 보존하고 발전시켜 왔다.

재중 조선족 문화의 '맹아(萌芽 : 식물의 싹, 사물의 시초가 되는 것)'는 1920년대부터 싹이 텄다. 1920년부터 건국 전(1949년)까지는 중국에서 자란 조선족 제1세대 문인들의 등단 시기이다. 그들은 예전의 문인들과는 달리 중국을 자기의 고향과 조국으로 보았고, 장기적인 거주의식이 강했다. 그래서 그들의 작품에서 묘사된 세계는 조선이 아닌 중국이었다.

항일전쟁시기에 중국 인민들에게 널리 알려진 작곡가 정율성은 조선에서 남경을 거쳐 연안에 정착해 음악 창작에 종사였으며, 또한 연안에서 〈팔로군 대합창(후에 중국 인민해방 국군가로 정함)〉을 창작하였다. 그 후 그는 태항산구에 파견되어 그곳에서 조선 의용군들에게 우리의 전통민요 아리랑, 도라지, 노들강변 등을 가르쳤다. 이런 노래는 그 후 중국의 광활한 대륙에 널리 유행되어 명곡으로 불려졌다. 지금도 이런 노래들은 재중 조선족들이 즐겨 부른다.

연변에서 출생하고 30년대 프랑스 파리로 가서 미술을 공부한 후 귀국해 항일미술전을 했고 그 후 신강지역에서 고대 중국 미술을 연구해 온 한낙연은 신강 고대미술 보물고를 정리한 첫 미술가이다. 일생동안 그는 상해 미술학교, 심양 파리미술학교, 서안, 우룸치 등의 지역에서 20여 회의 미술 전시회를 가진, 국내외에서 명망이 높은 미술가이다.

1950년대부터 1980년까지는 중국에서 조선족 문화가 싹이 튼 후 점점 전반적으로 발전한다.

1980년 이후 재중 조선족의 문화는 거족적인 발전을 했다. 또한 활동범위도 본 지역에서만 맴돌던 것이 전국적 범위로 넓혀졌다. 문학에서도 시가詩歌로부터 중, 장편소설, 장편 드라마, TV극, 영화 제작 등으로 발전했다. 무대예술도 과거와 단순한 가무에서 오페라, 뮤지컬, 교향악 등, 보다 높은 차원으로 발전했다.

예술 단체들의 국제 교류도 새로운 단계에 진입했다. 이를테면, 〈연변가무단〉은 미국, 러시아, 프랑스 등의 국가를 순회하면서 공연했다. TV극과 영화도 조선족 가정에 널리 보급어 지금은 방안에 앉아서 문화생활을 즐기고 있다.

조선족 소년·소녀의 예술 활동도 새롭게 발전했다. 연속 4회나 재중 조선족 소년예술제를 개최해 조선족 예술사업의 새로운 후계자를 양성했다. 연길시는 2000년 재중 조선족 민속박람회를 개최해 전통문화를 널리 홍보했었다.

재중 조선족은 문화 발전의 토대가 이미 형성되었고, 시대에 걸맞는 민족 특성의 우수한 작품과 종목들이 끊임없이 나오고 있다.

1953년 이후 연변, 하얼빈, 심양 등의 지역을 중심으로 문화예술연합회(문련)와 문화 사회단체 등이 설립되어 조선족만의 특색이 있는 문화를 발전시키는 데 기여하고 있다. 그로 인하여 조선족 작가, 예술가들이 속속 배출되었다.

연변 문련 산하에는 작가협회, 희곡작가협회, 음악가협회, 무용가협회, 곡예가협회, 미술가협회, 촬영가협회, 서예가협회, 민간문예가협회 등, 9개 협회가 조직되어 있으며, 조선족 회원이 2,000여 명이나 된다. 그중 전국 회원도 200여 명이나 되는데, 인구 비례로 따지면 전국 소수 민족 가운데 가장 앞서고 있다. 그리고 〈연변가무단〉, 〈연변화극단(구술단)〉 등, 예술단체가 창립되어 〈천지(현재 연변문학으로 개칭)〉, 〈장백산〉, 〈아리랑〉, 〈문학과 예술〉, 〈예술천지〉, 〈도라지〉, 〈압록강〉, 〈송화강〉, 〈은하수〉 등의 문예지가 발간되고 있다. 또한 북경민족출판사 한국어실, 연변인민출판사, 연변교육출판사, 흑룡강조선민족출판사, 요녕민족출판사, 연변대학출판사 등의 출판사도 설립됐다. 이런 출판사는 조선족 작가들이 창작한 시대성과 민족 특색이 짙은 우수한 작품들을 내놓았다.

우수작품으로는 〈해란강아, 말하라〉(김학철 저), 장편서사시 〈새별

전〉(김철), 〈장백산아 말하라〉(김성휘), 서정시집 〈진달래〉(임효원), 중편소설 〈고난의 연대〉(이근전), 〈장백소년〉(유원무), 단편소설 〈친척〉(임원춘), 장편 드라마 〈장백의 아들〉 등의 작품을 들 수 있다. 이밖에도 전국 도처에서 많은 작가들이 우수한 작품을 많이 내놓고 있다.

조선족의 전문 예술단체들이 창작한 무대공연 예술도 국내외에서 이름을 날리고 있다. 연변가무단이 공연한 민간무용 부채춤과 대합창곡 〈장백의 노래〉, 독창곡 〈처녀의 노래〉는 제5회, 제6회 세계청년제에서 각각 1등상과 은상을 수상했다.

조선족 무용계의 원로인 조득현이 연출·안무한 농악무는 1956년 북경서 공연할 때 주은래 총리가 관람한 후 "창작기교가 아주 높고 민족 특색이 아주 짙은 성공적인 작품"이라고 칭찬했다. 대형무극 〈춘향전〉, 가무극 〈아리랑〉은 각각 중국 문화계의 최고 영예인 '문화상'을 수상했다.

연변구술단은 중국 제1회 구술공연에서 고전 명작 〈춘향전〉을 공연해 1등상을 수상했다. 1991년에 공연한 희극 〈털 없는 개〉는 문화부의 우수 문화신극 공연상을 수상했다. 장춘시 최정수 작사, 최의광 작곡으로 된 〈고향의 정〉은 1998년 중앙 TV에서 거행한 전국 제8회 청년 가수 콩쿠르에서 은상을 수상했다. 1990년대 후 흑룡강성 조선족 문예작품은 성, 시급 이상 수상한 작품이 80여 건이나 된다.

미술·촬영 분야에서도 영향력이 있는 우수한 작품과 작가가 배출되었다.

조선족 회화계의 원로 석희만이 창작한 〈신문을 읽고 있는 노인〉을 비롯, 김홍태, 임천, 임무웅, 이부일, 장홍을, 권오송 등의 우수한 작품도 각각 국가급 가작상을 수상했다. 일부 조선족 화가는 일본, 한국, 홍콩 등지에서 개인전, 혹은 연합으로 미술전을 갖어 호평을 받았다. 지금도 새로운 발상, 새로운 기법을 가진 청년미술가들이 성장하고 있다.

촬영계는 50여 년 사이 도합 17회의 사진 전시회를 가졌고, 해외 전문인들로부터 우수한 작품으로 격찬을 받은 바 있다.

문학도 대단히 발전했다. 조선족 문예인들은 5,000여 편에 달하는 민속 이야기를 수집 정리하여 〈조선족 민간 이야기선〉(한문), 〈김덕순 이야기집〉, 〈황귀연 이야기집〉, 〈팔선녀〉, 〈연변민간문학 작품선〉 등, 30여 종의 소설을 출판했다.

국민들의 생활수준이 향상됨에 따라 재중 조선족들의 대중 문화 활동도 대단히 발전했다. 연변 조선족 자치주에는 전문 문예 종사자가 1만여 명이나 있다.

연변 자치주는 이미 주, 현(시)에 2급 대중 예술관이 만들어졌고, 향(진)문화소 106개와 1,000여 촌 문화소(실)가 세워져 대중문화가 활발히 발전하고 있다.

길림성은 장춘·길림·통화·사평 등의 지역에 지구급 조선족 대중 예술관을 세웠고, 장백·집안·매하구·교하·서란 등, 5개 현과 9개 조선족 향에 문화소를 세웠다.

흑룡강성은 시급 조선족 예술관이 3개, 현(시)급 조선족 문화관이 7개, 향(진)급 조선족 문화관이 19개나 된다. 요녕성의 심양·

대련·안산·무순·단동·영구·철령시는 이미 조선족 문화관(예술관)이나 혼합민족 문화궁과 민족문화궁을 건립했다. 또한 조선족 집단거주지역과 분산거주지역에서는 영화 방영팀, 해외 공연팀, 도서 열람회(실)를 창립했다. 이런 저변문화 토대는 조선족 사회와 조선족이 분산거주하는 지역의 학교와 유치원을 위해 다수의 교원을 양성해 조선족문화를 보급, 제고하며 대중문화를 풍부히 하는 데 크게 기여했다. 또 민속문화의 기틀을 이용해 건전하고 유익한 문화 이벤트를 벌여 대중문화를 널리 보급했다.

재중 조선족은 우리의 언어, 문자로 된 신문, 각종 간행물, 방송, TV, 출판 기구를 소유하고 있다. 이런 매스컴 기관과 문화기관은 조선족 지도층과 대중들에게 풍부한 정보와 지식을 제공하고 있어 민족의 전면적인 발전을 도모함에 큰 역할을 하고 있다. 연변은 〈연변일보〉, 〈중국조선족소년보〉 등, 10여종의 신문이 있다. 그 외에 방송국이 8개, TV국이 7개, TV지방중계소가 474개, 촬영소가 19개로써 케이블 TV 네트워크가 형성되어 있다. 흑룡강성은 〈흑룡강신문〉 외에도 〈흑룡강조선말방송국〉이 있고, 요녕성은 〈요녕조선문보〉 외에도 7개 출판사와 32개 잡지사가 있으며, 그중 절대 다수가 한국어 도서와 잡지를 출판하고 있다.

국외의 문화교류도 활성화되고 있다. 〈연변가무단〉은 설립된 이래 16차례나 북경에서 대형 공연에 참가했고, 여러 차례 국가 지도자와 외국 국가 원수, 친선 사절들을 위해 특별 공연을 했다. 또한 20여 개 성과 도시를 돌며 문화교류를 하기도 했다. 1956년 이래 연변 문화예술인은 지금까지 한국, 북한, 러시아, 동유럽 국가와 일본, 미국, 프랑스, 스웨덴 등의 나라와 교류·공연을 했다. 이로써 재중 조선족의 지명도를 높이고, 조선족 문화 번영에 공헌을 해오고 있다.

사회변동과 문예창작활동

사회주의경제에서 시장경제로 복귀하는 변동기에 처해 있는 중국의 조선족 문화사업은 일부 새로운 문제들이 나타나고 있다.

경제체제가 바뀌면서 대다수 문화사업 관련 단체들이 심한 자금난에 봉착하고 있다. 낡은 시설을 교체할 수 없어 날로 변모하는 사회의 수요에 부응하지 못하고 있다. 그러니 대중적인 문화 욕구에 만족을 줄 수 없게 되었다. 동북 3성의 조선족 신문, 방송, 출판 분야도 모두 자금난으로 운영하기 어려운 형편이다. 이는 시급히 해결해야 할 문제이다.

산업화와 정보화가 가속되면서 그 충격으로 문화가 불안정한 상태로 지속되고 있다. 조선족이 연해지역과 국외로 유출되면서 기존의 조선족 집단거주구역은 날로 작아지고 분산거주지역은 더 넓어졌으며, 조선족의 문화권도 그 범위가 날로 축소되고 있다. 이런 상황에서 조선족 문화 예술인들이 흩어지고 향·촌 문화 예술인들이 줄어 더이상 정상적인 문화활동을 전개할 수 없게 되었다. 또한 경제가 좋지 않아 문화사업에 대한 투자가 줄고 따라서 조선족 향(진)과 촌의 문화사업은 수요에 뒤떨어지고 있는 실정이다. 그런데도 문화생활이 궁핍·궁벽한 지역에 대한 근본적인 해결책이 아직 나오지 않고 있다. 이는 특별한 관리를 통해서 해결해야 할 과제이다.

중국은 사회주의식 시장 경제체제에 접어들어 초요(稍饒 ; 점점 배가

중국 장춘에서
동북아개발전략세미나를 마치고
- 오른쪽에서 세 번째가 필자

부름)사회에 접근하고 있으며, 현대화 건설에도 박차를 가하고 있다. 재중 조선족문화도 중국내 타 민족의 문화와 마찬가지로 새로운 발전과 도전에 직면하고 있다.

그러기에 중국의 조선족 문화는 기회와 도전이 병존하고 있는 상황에서 신세기의 야심찬 프로젝트를 다음과 같이 개발해야 할 것이다.

강렬한 문화의식을 갖고 역량을 집중하여 도시와 농촌의 문화시설 네트워크를 완벽하게 해야 한다. 향후 3~5년 사이 길림, 흑룡강, 요녕성의 조선족이 거주하는 도시에 중점적으로 현대화한 조선족 도서관, 박물관, 과학 기술관, 문화관, 오페라 극장 등을 건설하고 5년 내에 소도시와 현을 중점으로 다기능 종합 문화시설을

건설해 조선족들의 문화생활 욕구에 만족을 주어야 한다. 또 한편으로는 국가의 지원을 받아 압록강, 도문강, 흑룡강 주변에 문화시설을 건설해 국경지역 조선족들에게 문화창작활동 공간을 제공해 주어야 할 것이다.

도시사회 구조가 급변하고 소도시 건설이 가속화됨에 따라 이에 부응한 조선족 집단거주 도시에 문화센터를 건설해 광장문화, 명절문화, 기업문화 등, 대중문화 활동을 폭넓게 전개해야 한다. 그리고 지역문화와 소도시 문화를 융합해 도시와 농촌의 문화시장을 일원화해야 한다.

많은 조선족들이 연해지역과 대도시로 진출해 정착하면서 새로운 민족 거주구역을 형성하고 있다. 북경, 심양, 하얼빈, 장춘지역은 코리아타운이 형성되고 있고, 천진, 청도, 위해, 연대 등의 지역도 새로운 민족구역이 형성되고 있다. 대·중 도시에 코리아타운을 확대하고 새로운 민족 거주구역을 건설하는 것은 민족의 존속과 발전에 관계되는 일이다. 또한 새로운 민족 거주구역에 학교와 민족문화 기지를 건설해야 한다.

흑룡강성의 조선족 거주구와 산동성 청도의 조선족 집단거주구에 의하면 보급 효과가 가장 좋은 것은 협회성協會性을 띤 문화이다. 노인협회, 부녀협회, 청년문화협회, 기업가협회 등, 여러 유형의 협회는 재중 조선족의 새로운 대중문화 현상으로써 미팅, 흡인력, 홍보 속도가 빠른 특징을 갖고 있다. 5년이나 10년 후에는 연해지역에 새로운 조선족 자체의 민족문화 시스템을 구축할 수 있을 것이다.

그러면 향후 조선족의 각종 문화예술을 발전시키기 위한 대책은 무엇인가?

먼저 조선족의 신문, 출판, 방송, TV, 영화 등, 각종 미디어 사업을 발전시켜야 한다.

재중 조선족의 언론계는 상당한 규모를 갖추고 있으며, 그들의 생활에 유익한 동반자가 되고 있다. 이를 기반으로 3년~5년 내에 조선족 신문이나 간행물을 업그레이드하여 서로가 네트워크화를 실현 하도록 해야 한다. 〈길림신문〉과 〈요녕조선문보〉를 일간지로 만들고, 〈연변일보〉와 〈흑룡강신문〉은 8면으로 늘려야 한다. 신문, 영화, TV 연구소를 설립하고 여러 가지 계간지나 신문, 영화, TV 월간지를 창간해야 한다.

5년~10년 사이에 조선족 영화사와 TV 센터를 건설하고, 연변 TV국이나 방송국을 점차 조선족의 고급문화센터나 시설이 되도록 해야 한다. 또한 유능한 MC를 육성하고 참신한 프로그램도 개발해야 한다. 향후 디지털 시스템으로 모든 TV의 취재와 편집, 녹화, 제작 등의 설비를 갖추도록 하면 더욱 좋을 것이다. 3~5년 내에 위성 TV 방송과 인터넷 방송을 개설하여 재중 조선족의 TV 방송을 중심한 한, 영, 일, 러시아어 등으로 된 프로그램을 제작해 동북아지역에 전파되도록 해야 한다. 이렇게 함으로써 재중 조선족 사회의 문화가 동북아에 전이되도록 한다.

또한 조선족 자체의 영화 제작소를 세우고 대형 영화 촬영 기지를 건설하여 그룹 영상회사, 컴퓨터 영상회사, 애니메이션 영상, 디지털 촬영소, 촬영연구소, 인터넷뱅킹, 영상 소프트웨어 연구

개발회사 등, 문화산업을 발전시켜야 한다. 또한 조선족을 위해 보다 많은 문화예술, 과학기술, 역사서적 등, 저작과 간행물을 출판해야 한다. 신문, 방송, TV, 간행물은 표준화된 한국 문자를 사용해 사회적으로 편리한 언어 문자 환경을 조성하도록 해야 한다.

예술 창작활동을 진작시킨다. 3~5년 내에 각 지방 실정에 맞은 대책을 강구해 연변, 하얼빈, 장춘, 심양 등의 지역에 예술 창작센터와 무대예술 센터를 건설하고 이에 따른 전문평가기구를 설립해 조선족의 문예진흥 활동과 보급을 원활하게 해야 할 것이다.

또한 중문과 영문의 번역사업을 강화하여 조선족의 우수한 작품을 번역해 제공해 줌으로써 재중조선족의 문화를 널리 알리도록 해야 한다.

시장경제에 부응하는 문화산업을 발전시켜야 한다. 연길, 북경, 하얼빈, 심양, 장춘 등, 대·중 도시는 물론 소도시도 마찬가지로 문화, 오락, 휴식, 스포츠, 관광, 민속 등 문화산업을 발전시켜 조선족들의 문화 욕구를 만족시키고 소득도 증대시켜 지역 경제 발전의 새로운 이정표가 되도록 해야 한다.

대외 문화교류를 적극 전개시켜야 한다. 3~5년 내에 국제예술제, 민속박람회, 장백산 관광제 등의 대형 문화이벤트를 통해 재중 조선족을 세계에 알려야 한다. 한편, 한국 서울에 세워지는 중국 문화센터와 연계를 강화해 재중 조선족 해외 문화기지를 병설할 수 있도록 조정하면 좋을 것이다.

또, 지금 한창 중국과 동남아 일대에 불고 있는 한류韓流를 적극 접목하여 조선족 문화의 질을 높여야 할 것이다.

한민족의 얼이 담긴 풍속과 민속

유래와 특징

풍속은 지역문화의 중요한 구성요소이며, 한 민족이 다른 민족과 구별되는 중요한 특징을 지니기도 하다.

재중 조선족의 선대가 중국으로 이주해 오기 전, 조선의 조상들은 대대로 농민이었다. 때문에 그들이 가져온 풍속은 조선왕조시대의 빈곤한 서민계층의 풍속으로 단순하고 순박한 것이 특징이다.

재중 조선족은 어느 한 곳에서만 이주해 온 것이 아니라 조선 8도에서 모두 이주해 왔기에 그 풍속 또한 각양각색이며, 지방 특색이 아주 짙은 것이 특징이다.

연변지역은 주로 한반도 북동부, 함경도 풍속을 답습한 유형이며, 압록강과 훈강 연안은 평안도 유형의 풍속이다. 또한 요녕성의 동부, 길림성의 길림지역, 흑룡강성의 중부와 북부는 조선남부, 경상도 풍속이 주류를 이루고 있다. 동시에 조선족은 오랫동안 한족, 만족 등, 여러 민족의 영향을 받아 각 지방의 조선족 풍속 중에는 조금씩 변형된 풍속이 있기도 하다.

재중 조선족 풍속의 발전은 대체로 중화인민공화국의 창건을 전후로 해 크게 두 부분으로 나누어진다.

중화인민공화국 수립 이전의 재중 조선족의 풍속은 기본적으로 동시기의 한반도 풍속과 같았다.

중화인민공화국 수립 이후의 풍속은 건국 초기, 10년 동란시기, 개혁·개방 시기 등 3단계로 나눌 수 있다.

- 건국초기 : 1949년 10월, 중화인민공화국이 성립된 후 조선족은 정치, 경제, 사상, 문화 등, 여러 방면에서 현저한 변화가 일어나 풍속이나 습관에서도 새로운 변화를 가져왔다. 그중 가장 뚜렷한 것은 민속적 미신사상이 사회적으로 비판을 받게 되어 무당 활동과 점술이 금지되고 부락 제사, 기우제 등의 집단적인 민간 활동도 뒤따라 꼬리를 감추었다.

- 10년 동란시기(문화대혁명시기) : 이 시기는 극좌사상의 영향으로 조선족 가운데 대부분의 풍속이 봉건적인 낡은 습관으로 취급돼 폐지당하거나 기형적인 것으로 변했다. 민속명절, 회갑, 상례 등의 애경사가 폐지되고 혼례도 혁명화 했다. 신랑은 홍위병 복장을 하고 〈모택동선집〉, 〈모주석어록〉 등, 붉은 사상서와 낫, 호미 등, 생산 도구를 신부에게 혼숫감으로 선사했다. 이 시기 조선족의 전통 풍습은 대부분 전승(傳承)되지 못하고 한 세대가 끊어져 많은 청소년들이 조선족의 풍속을 모르고 살았다.

- 개혁·개방 시기 : 1978년 12월, 중국 공산당 11기 3중전원(개혁·개방을 선언했음. 3중전 정신 : 균형발전, 혼합소유제, 통일시장 구축.) 이후 중국의 개혁·개방 새로운 시기에 들어섰다. 10년 동란시기에 실시했던 그릇된 민족 정책이 시정되고, 한동안 폐지되었던 민족 전통 풍속도 다시 살아나게 되었다. 또한 이 시기 사람들의 생활수준이

향상되고 사상이 해방되었으며, 외국과의 문화 교류가 전례 없이 빈번해짐에 따라 조선족의 풍속도 새로운 변화를 가져왔다.

생활문화의 변화

음식은 각종 곡류를 주식으로 하고 어류, 육류, 야채나 나물을 부식으로 하는 식생활을 하고 있다. 일상생활에서는 밥을 위주로, 된장찌개, 김치, 짠지, 젓갈 등을 주요 부식으로 한다. 80년대 이후 조선족의 음식생활은 과거의 만복형滿腹型으로부터 영양형營養型으로 바뀌었다. 21세기에 들어서서 사람들의 생활수준이 한층 향상되면서 음식구조도 새롭게 변화하고 있다. 전통적인 음식에 국한하지 않고 영양가가 높으며 건강·장수에 유익한 음식이 새로운 주류를 이룬다.

복장을 살펴보면 1950년대 이전 조선족은 삼베와 면직물을 주요 원단으로 사용했다. 조선족 절대 다수의 농민들이 보편적으로 한복을 입었다. 80년대 이후 인조 섬유인 혼합 방직물, 실크 비단, 피혁 의복을 입는 큰 변화가 왔다. 인류사회의 부단한 발전과 함께 각 민족의 문화도 발전하였다. 이런 경향은 복장문화에서 보다 뚜렷하게 나타났다. 80년대 이후 조선족의 복장문화도 점차 유행에 따르는 새로운 발전을 가져왔다. 전통복장 가운데 아동복과 여성복(한복)은 앞으로도 많은 사람들의 사랑을 받을 것이다.

주택 또한 연변지역, 흑룡강성, 목단강 등, 동부지역 및 압록강과 훈강 유역에 사는 조선족들은 일반적으로 전통적인 조선족 주택에서 살고 있다. 기타 지역에 사는 조선족들은 대개가 만족滿族의 3간식三間式 주택에서 살고 있다. 이런 주택의 중간은 주방이고 양측은 침실이다. 동북지역 사람들은 광복 이전 절대 다수가 흙으로 지은 초가집에서 살았다.

지금의 중국이 성립된 후 점차 벽돌로 지은 주택이 나타났다. 조선족 전통의 주택은 흙으로 된 벽에 지붕에다 조선기와를 얹는 것이었다. '80년대 이후 점차 벽돌로 된 벽과 기와지붕 주택이 늘기 시작했다. 기와는 보통으로 쓰이는 시멘트 기와였다. 실내 구조도 전통적인 양식을 타파해 다양해졌다. 21세기 중반 이후에는 초가집이 흔적을 감추게 되고 단층주택도 고층으로 대형화 될 전망이다. 주택을 지을 때도 현재보다 미학적인 가치를 높여 아름답고 쾌적한 질을 추구하게 될 것이다.

혼인제도 역시 50년대 이전 조선족의 혼례는 반친영半親迎과 친영親迎 2가지였다. 반친영이란 신부의 집에서 혼례를 치른 후 신부의 집에서 2~3일 묵은 다음 신랑의 집으로 가는 것을 말한다. 친영은 결혼 당일 날 신랑의 집으로 간다. 전통적인 혼례는 전안례奠雁禮, 교배례交拜禮, 합근례合巹禮, 큰상받기婚席 등의 순서로 진행된다. 50년대 이후에는 대부분 친영 방식으로 한다. 오늘날의 혼례도 과거와 마찬가지로 통상 의혼議婚, 대례大禮, 후례后禮 등 3단계로 나누어 진행한다. 그러나 현재의 혼인은 결혼식장이 혼잡하고, 결혼 비용이 많으며, 금전을 중요시하는 등, 폐단이 있다. 21세기는 경제의 발전과 함께 결혼에서도 남여 쌍방의 생활, 감정, 인격, 재능을 중히 여기는 흐름으로 갈 것이다. 혼례 방식도 전통 방식에

묘향산의 흐르는 계곡 앞에서 잠시 조국통일의 그날을 생각하며

얽매이지 않고 간단하면서도 다양해질 것이다.

어린이들의 생육을 보면 60년대 이전 조선족 여성은 일반적으로 시집이나 친정집에서 아이를 낳았다. 그러나 산후조리에 음식 조건이 나쁘고 충분하게 휴식을 할 수가 없었다. 60년대 이후 각지에서는 여성보건소와 여성·아동병원을 건립함으로써 여성들의 출산조건은 점차 개선되었다. 지난 세기는 의료시설이 빈약한 데다 여성들에게 이런저런 금기사항이 많았으나 지금은 많이 좋아졌다. 출산도 한 부부가 아이를 둘 낳게 권장하고 있지만 조선족은 대부분이 하나밖에 낳지 않고 있다. 예전에 조선족은 남존여비 관념이 강했으나 90년대에 이르러 그런 관념은 많이 타파되었다. 그래서 아들보다 딸을 더 귀여워하고 좋아하는 현상이 나타났다. 21세기는 혈통주의와 남존여비 관념이 철저히 타파되고 민족을 초월하는 평등 관념이 뿌리내릴 것으로 예상된다.

현재 조선족의 의례를 보면 첫돌잔치, 혼례, 회갑연, 진갑잔치, 구갑九甲잔치, 장례 등이 있다. 한 부부가 어린애를 한둘밖에 낳지 않기에 돌잔치는 여전히 중시한다. 또한 사람들의 수명이 연장되고 생활수준이 향상됨에 따라 희수, 미수, 백수 잔치도 점차 많이 치러지고 있다. 시대와 경제가 발전함에 따라 각종 잔치의 내용도

보다 다채로워 질 전망이다.

　상례喪禮풍습에서 60년대 이전에는 특수한 상황을 제외하고는 일반적으로 매장을 했다. 현재는 산간지역 외 대부분 지역에서는 화장을 하는데 일반적으로 2일장으로 치른다. 상례에는 초혼, 검관, 출상, 화장 등의 절차가 있다. 21세기는 화장과 납골당 등, 형식이 일층 보급될 전망이다.

　조선족 전통의 제사는 그 종류가 많고 순서도 복잡하다. 현재 제사는 주로 우제虞祭, 소상小祥, 대상大祥, 일반제사, 명절제사 등이 있다. 제사 절차도 과거보다 간소화해졌다. 제사는 고인을 그리는 예의로서 21세기에도 여전히 계승될 것이다.

　그밖에 조선족 전통명절은 구정, 정월 대보름, 한식寒食, 단오, 추석, 동지 등이 있다. 현재 살아가는 전통명절은 주로 구정, 정월 대보름, 청명, 추석 등이다. 그 가운데 가장 중요시 되고 있는 것은 구정과 정월 대보름이다. 단오절은 조선족의 전통명절 중 민속활동이 가장 활발히 행사되는 명절이다. 때문에 21세기에도 단오절은 조선족들의 전통 민속절로 계속 지켜질 것이다. 80년대에 들어 위의 전통명절 외에도 아동절, 노인절, 민속절(양력 9월 3일)은 조선족 중요한 명절이 되었으며, 21세기에도 여전히 중요한 연중행사로 지켜질 것이다.

　민속놀이 또한 조선족의 전통적인 민속놀이에는 장기, 바둑, 우자(尤芡 : 윷놀이), 농악, 씨름, 그네, 줄다리기 등이 있다. 21세기에는 이런 전통 민속놀이가 다소 변화할 것으로 예상되나 그렇다고 전통적 민속놀이가 그렇게 훼손될 것 같지는 않다.

조선의약(朝醫)을 개발하고

주역 계사전周易. 系辭傳에 이르기를 '역易은 태극太極이 있어 음과 양을 생성하고 양의는 사상四象을 생성한다.'고 했다. 이 개념이 조선족 약학의 토대인 "사유(四維 ; ①건乾, 곤坤, 간艮, 손巽 즉, 서북, 서남, 동북, 동남의 네 방위. ②나라를 유지하는 데 필요한 네 가지 수칙. 즉 예禮, 의義, 염廉, 치恥)는 사상(四象 ; ①일월성신의 총칭. ②음양의 네 가지 상징. 즉 태양太陽, 소양小陽, 태음太陰, 소음小陰)이다."라는 이론을 낳게 했다.

조선족 의약은 1920년대에 개발되기 시작하여 40년대에 보급되기에 이르렀고 해방초기엔 크게 번창했다.

연변 조선족 인구는 1881년 1만여 명이었으나 1920년대에는 30만 명으로 늘어났다. 그런데 조선족 동양의학의 전파는 주로 그지역 주민들을 대상으로 하여 의료 종사자들을 양성해 낸 것이 특징이다. 이 시기 이미 조선에서 적지 않은 의학 서적이 반입 되었다. 이를테면 〈동의보감〉, 〈동의수세보원〉 등, 〈동의경전〉과 〈의방활투醫方活套〉 등의 민간의학 서적과, 〈백증부百症賦〉 등, 침구 수사본이 그것이다. 그 무렵에는 민족 의료의 흐름과 방향이 점차 형성되기 시작했다. 1950년, 연변 행정 위생과의 의사등록표에 의하면 제자를 거느릴 수 있는 기술이 비교적 높은 조선족 의사만 해도 50여 명이 되었다.

1920년부터 1945년까지 연변의 조선족 인구는 60여 만 명으로 늘었다. 당시의 화룡현 공안국과 연길도윤공서延吉道尹公署의 공식 기록에 의하면 화룡현에 의학연구소가 설립되어 후에 화룡현의학연구소로 발전했고, 그곳에서 민족의학교육도 실시했다. 1923년 4월, 연길도윤공서는 김순봉의 '의학연구회를 설립하자'는 제의를 받아들였고, 동년 7월에는 또 6도구(六道溝 : 행정구획 명칭. 오늘의 용정시)에 의학연구회의 설립을 인가했다. 기록에 의하면 화룡현의학연구회 회원이 194명이고 6도구 의학연구회 회원은 700명으로 민족 의약이 급발전했다. 1928년 연변 의무종사자 통계에 의하면 조선족 한방漢方의사는 319명이며, 조선족 한약상漢藥種商도 349명으로 되어 있다. 1930년에는 용정에 동서의학강습원東西醫學講習院을 설립해 민족 의학을 발전시키기도 했다.

1938년 이후 이상화, 김명욱 등 의학자들은 불굴의 의지로 완강하게 일제에 항거하면서 한의사회漢醫師會를 적극 조직했다. 또한 한의사회의 명의로 한의강습반을 두 번이나 조직해 민족 전통 의약학을 전수하고, 민족 의원을 연 567명이나 양성해 민족 의원을 성장시켰다. 1945년 말 통계에 의하면 연변의 조선족의원이 460명, 민족약제사가 270명이나 되었다. 1945년 8월 해방 후 사회제도의 대변혁기의 영향을 받아 비록 양적으로는 얼마간 감소되었지만, 1946년 6월에는 여전히 조선족 의원이 354명이나 되었고, 1953년도에는 무려 750명으로 늘어났다.

조선족 의약의 학파

조선족의 민족 의약학은 이론면에서 조선족 고유의 문화를 바탕으로 중의학의 정수를 받아들여 내용을 충실히 보완하였다. 그 대단한 학파도 출현해 이론과 실천을 풍부히 하였을 뿐만 아니라, 명망이 높은 민족 의학자를 배출해 민족 의학의 발전을 도모했다.

그 가운데 경전학파는 중의약학 이론을 주축으로 한 동양 전통 의약학의 경전학파들이다. 비록 수는 많지 않았지만, 그 중 많은 사람이 동의보감, 내경, 상한론 등, 동의와 중의경전에 정통했고 비교적 높은 수준을 구비하고 있었다. 그들은 증보방약합편增補方藥合編 한방의학지남漢方醫學指南 등, 의학 서적을 편찬해 민족 의약학에 일정한 기여를 하였다. 이상화, 김명욱, 강백 등, 민족 의원이 이 학파의 주요한 대표 인물이었다.

활투活套학파는 임상실험에 역점을 둔 민족 의학파이다. 이른바 '활투'란 조선 의학자 황도윤 선생의 저서 의방활투(후에 방약합편方藥合編으로 개편)를 일컫는다. 이 책은 19세기 말 연변에 민족 의학의 중요한 임상 저서가 되었다. 이 책에는 54문 369종의 병증을 기술했고, 또한 916개의 처방제를 각각 상(보 ; 補) 중(화 ; 和) 하(공 ; 攻) 등, 3통統으로 나뉘어 병증에 따라 처방을 했다. 그래서 의사들은 일목요연하게 허실보사虛實補瀉 처방에 응용할 수 있었다. 이 학파는 민족 의학자 중 수가 가장 많았다. 그러기에 광대한 농촌에까지 나가 봉사할 수 있었고, 연변의 각 민족 보건사업에 크게 공헌했다.

또한 동서의학 융합학파는 전통의학과 서양의학의 융합을 주장한 학파이다. 전통적인 의약학과 함께 서양의학 지식도 섭렵하여 병을 치료할 뿐만 아니라, 장려하기도 했다. 이 학파의 사람은 많

묘향산에 자리잡고 있는 보현사
원형 그대로
보존이 잘 되어 있다

지 않지만 동서의학 연구회를 조직하고 동서의학 강습원을 설립해 보급에 전력했다. 동서의학요의, 서진동치경험록西診同治經驗錄 등, 의학 서적은 이 학파의 대표작이라 할 수 있다.

끝으로 사상의학파四象醫學派는 19세기 말 조선에서 연변에 전파되어 발전된 영향력이 큰 학파이다. 동서의학 강습원의 제1기 졸업생인 사상의학자 한동희 선생에 의하면, 제1기 강습원에서 배운 대부분 수강자들이 후에 연변 사상의학파의 중추적 역할을 하였다. 그 이론체계는 경전학파와 완전히 다르다. 우주가 사람과 자연과의 관계를 천天·인人·지地·합合의 정체관整體觀으로 보고, 그들 사이의 대립 통일의 관계를 해석했다. 음양 4행, 4초焦, 4장臟, 4부腑, 4영위물四營衛物로 기초 이론을 세웠다. 사람과 물질을 비교해 사람의 상象을 태양인, 소양인, 태음인, 소음인으로 나누고 변상론치辨象論治로 경전학파의 변증론치辨證論治를 대처했다.

사상의학파는 곧 민족 의약학계에 큰 영향을 미쳤다. 대부분의 활투학파가 이 이론과 실천을 접수했을 뿐만 아니라, 경전학파도

이 기본 관점을 지지했다. 그래서 연변의 사상의학 학술사상과 실천에 보다 큰 발전을 가져오게 되었고 광범위하게 보급되었다. 후일 사상의학자 김양수와 약리학자 박재순 등, 4명은 동의수세보원東醫壽世保元 4종 판본을 교정 정리해 발행했다.

훈춘, 도문 등지에서는 사상진료의전四相診療醫典을 재인쇄 발행했다. 김구익, 김호철, 강성춘 등, 사상의학자들의 수사본 사상초본권四象草本卷, 김구익 선생이 편찬한 사상임해지남四象臨海指南이 있고, 강성춘 선생이 편찬한 사상청란신감四象青蘭新鑒이 있다.

경전학파 이상화, 김명욱, 은규, 백하 등, 민족 의학자들의 사상의학 논문 사상론, 사상의학 해석 등이 있기도 하다. 사상의학은 조의학朝醫學의 특색이 있는 주요한 내용이었다.

한국에 한의학韓醫學이 있듯이 재중 조선족에게는 조의학朝醫學이 있다.

1990년, 조의학은 하나의 독립적인 의학 이론으로 인정받아 중국 의학백과사전에 올랐다.

연변 조선민족 의약연구소는 1999년 조의약학사朝醫藥學史를 편찬 출판했으며, 몇 년 아니 되어 국제 논문 36편, 국가급 논문 76편, 성급省級 논문 86편을 발표했다. 1994년 연변은 제1차 국제 사상의학 학술대회를 개최했고, 1998년 8월에는 연길에서 제3차 국제사상의학학술대회를 개최했다. 연변 민족의약 연구회는 한국 사상의학회와 제휴를 했으며, 2000년에는 서울 양지병원과 임상 자매결연을 맺었다. 또한 장춘중의학원과 연합해 학생들의 졸업 실습과 교수 과업을 맡고 있다. 길림성 중의약연구원과는 과학연구협조단을 결성하고 공동으로 국가와 성, 주의 중점 과학기술 프로젝트를 수행하고 있다.

재중 조선족 민족의학 이론을 보다 완벽하게 하기 위해 동의수세보원(경전저작)을 재정리 출판했고, 재중 조선족 민족의학 이론에 중요한 역할을 한 한방의학지남을 재정리했다. 또 이론과 실천이 결합된 비교적 완벽한 중국 조선 민족의학 전서(총서)를 출판했다.

조선족 고전의학 문헌을 총괄하여 임상 경험을 토대로 변상론치辨象論治 및 변증시치(辨證施治 : 한의학에서 체질적 소인과 전신증상을 종합적으로 살펴서 치료하는 방법)가 결합된 내과, 외과, 산부인과, 소아과 진료규정診療規定과 제중신편濟衆新編, 사상임해지남, 사상청람신감, 사상의 침구론, 조의진료규범 등의 저서도 편찬, 출판했다.

그밖에 응용, 연구한 내용을 간단히 요약하면 아래와 같다.

· 3비치 캡슐三痹治膠囊의 풍습성 관절염 치료 연구(완료).

· 조선의약 웅유약효학熊油藥效學에 대한 연구(완료).

· 항암 치료제 자빈紫彬 알코올 캡슐 연구.

· 태극침太極針, 흡입성뇌법吸入腥腦法에 의한 빈혈성 뇌중풍 연구.

· 조의약 당과當菓 하강약이 간장 내분비에 주는 영향 연구.

· 을형간염 치료제 간생정肝生精 약효학 연구.

· 진주위 위장령으로 출혈성 위장염을 치료하는 연구(완료).

· 만성심마진慢性蕁痲疹 치료 연구(완료).

· 지방질 하강 통맥녕약通脈寧葯 임상실험 연구.

· 전열선 약물 임상 연구.

· 심뇌혈관, 병독성 간염, Ⅱ형 당뇨병, 항암, 결제조직 약물

등, 병에 치료 효과가 독특한 순수한 조선족 의약 15종을 개발했다.

이처럼 연변조선민족의약연구소는 비록 그 역사가 17년 밖에 안 되지만 사업 실적이 뛰어나고 발전전망이 창창하다 하겠다.

삶의 현장에 뿌리 내린 조선족 종교

항일운동의 선봉에 선 종교

재중 조선족의 종교 활동은 처음부터 반일 독립운동과 밀접한 관계를 갖고 있다. 20세기 초 일본 제국주의가 조선을 합병한 후 망국의 분노를 참지 못한 조선의 우국 지사들이 중국 동북으로 진입해 20세기 초 두만강, 압록강 북부 개간지의 조선족 농민들 속에서 기독교 선교를 시작했다. 기독교총회단은 신도가 100만 명에 도달하는 그 날이 조선이 독립하는 날이라는 명제 하에 100만 생령 구원운동을 시작했다.

1911년, 저명한 반일 조선독립 운동가이며 기독교 신자인 이동휘는 연변에 들어 가 부흥 전도회復興傳導會를 통해 기독교를 전파하는 한편 반일사상을 고취시켰다. 그는 '종교를 통해 철통같이 뭉치고 교육을 통해 1등 국민이 되게 해야 한다'면서 독립은 교육에 의거해야 하고, 단결은 종교에 의거해야 하며, 종교를 통한 믿음을 갖고 반일 투쟁은 피를 흘릴 각오로 이루어져야 한다고 주장했다.

　1919년 3월 16일, 장백현의 천주교 신자 30여 명은 압록강을 건너가 혜산진의 일본경찰서를 습격했다. 통계에 따르면 1920년까지 독립군 반일부대가 조朝·중中 변경지역에서 일제 습격 사건이 1,651차례나 있었다고 기록하고 있다. 같은 해 3월 한 달만 해도 연변의 독립군은 온성일대에서 일제를 8차례나 습격했다. 당시 일본 관방통계에 따르면 1924년 1월부터 7월까지 참의부 독립군은 압록강을 건너가 작전한 것이 26번이나 된다. 동년 6월, 홍범도, 최진동이 지휘하는 장백산 전투에서 일본군 150여 명을 사살했다. 같은 해 10월 연변의 독립군부대는 홍범도, 김좌진 등이 지휘한 장백산, 청산리 전투에서 기독교의 국민회군과 대종교의 북로군정서부대가 중요한 역할을 했었다. 이는 청산리 전투의 빛나는 성과와 더불어 종교 단체가 반일 투쟁사에 새겨놓은 빛나는 한 페이지이다.

　1919년, 연변 용정의 3·13 반일 시위운동(국내에서 3·1 운동이 전개되자 간도의 용정에서도 기독교인들이 주축이 되어 서울의 독립선언을 축하하는 시위를 벌였다.)은 당국의 피비린내 나는 탄압을 받아 천주교 신도 17명이 순직하고 수십 명이 부상을 입었다. 엄청난 이 참사는 국내외를 놀라게 했다. 1920년 10월, 일본은 조선에 2만여 명의 군을 집결시켜 연변지역의 반일 투사들에 대한 대토벌을 감행해 간도참사(간도에서 일본군이 우리 독립군을 토벌한다는 평계로 그 지방의 한국인들을 무차별 학살한 사건)를 빚어냈다.

　당시 일본은 기독교와 교회당건축을 허용하지 않았다. 그래서 교회당을 반일독립운동의 진원지로 점찍어 파괴하고 신도들을 학살했다. 일제 침략군은 2개월 남짓한 사이에 교회당 38개, 학교 36개, 주택 3,209가구를 불태우거나 파괴했고 3,000여 명을 학살했다. 그 가운데 교회 신도들이 절반 이상을 차지했다. 연변의 3·13 운동은 기독교·천주교·천도교·대종교·청림교 등의 신도들이 참가했으며, 그 지도자와 조직원 또한 대부분이 종교계 인사들이었다. 당시 반일 독립운동가들은 종교를 배경으로 활동을 전개하였는 바, 교회를 집회 장소로 하여 민중을 단합하고 공동 반일하는 기지로 삼았다. 이런 활동에는 교육자와 독립군외에 종교 신도들도 있었다. 서일, 김좌진, 신규식, 이동녕, 조소앙, 이시영, 이영령, 박은식, 이동휘, 김약연, 황병길 등이 대표적 인물이다.

1922년, 동북 각지에 30여 개의 반일 단체가 결성되었는데, 그중 기독교의 간도국민회, 천주교의 의민단, 대종교의 북로군정서, 원종교의 대진단, 청림교의 야단野團, 공교회의 광복단, 그 외에도 군정서, 도독부, 의민단義民團, 한민회, 신민단, 학우회, 통의부, 정의부, 참의부, 노동친목회, 라자구의

북경 중심가에 서 있는 천단(天壇;하늘에 제사 지내는 곳)

사회, 변론자치회 등이 있었다.

　1919년, 연변지역의 반일 무장대원은 9,800여 명에 달했다. 그중 67.6%가 종교계 대원이었다. 그들은 학교를 만들어 교육과 문화를 보급하고 민중들의 단결을 높이는 데 많은 공헌을 했다. 교회에서 세운 학교는 용정 동흥중학, 은진중학, 대성중학, 화룡현 청산학교, 환인현 동청학교, 무송현 백산학교, 밀산 한흥사숙, 상해 박달학교가 있었다. 또 대종교에서 세운 영안현 동경성 대종학교, 원종교에서 세운 연길현 인일학교, 경신학교, 원성학교, 애영학교도 있었다. 또한 감리교에서 세운 화룡현 신동학교, 석현 보성학교, 왕청현 보관학교, 도문광진학교 등도 있었다.

　이 외에도 장백현에 18개, 유하현에 16개, 단동에 20개의 학교가 있었다. 그중 외국인 전도사가 세운 학교도 19개나 됐다. 당시 통계에 의하면, 전 동북 종교단체와 종교계 인사가 세운 학교가 무려 150여 개였다. 반면에 친일파 종교는 전체적으로 세력이 미약했다.

　기독교는 1902년에 연변에 처음 전파되었다.

　1925년에는 교회가 34개, 예배당이 132개, 목사 6명이었으며 1934년에는 남만의 통화를 중심으로 해룡, 봉천, 봉황성, 단동 등, 48개 교회에 신도가 9,950명이었다. 1936년에는 신도가 무려 2만 2,185명이나 되었다. 1921년 하얼빈에 세운 예수교회는 그 신도가 280명이었고, 1922년 2월, 해림진에 세운 감리교의 신도는 222명, 1925년 동흥진에 세운 교회는 신도가 20여 명 되었다.

　30~40년대 흑룡강성에는 20여 교회가 있었는데, 하얼빈과 목단

강에 6~7개 교회에 신도가 2,300명이었다. 북만에는 교회가 도합 1,044개에 신도가 무려 2만 1,260명 되었다. 감리교는 1908년 9월에 연변에 전파되어 1936년에는 신도가 4,085명이나 되었다.

1935년 2월, 조선족 기독교회는 군후, 길림, 강밀봉, 삼가자, 조가툰, 쌍하진, 장춘, 하얼빈, 수화, 경성, 북창, 집원영, 목단강, 남전자 등지에 교회를 설립 하였는 바 그 신도가 1,200여 명이었다. 동아 기독교는 1906년에 연변에 전파되었고 남만과 북만에 2개 교회 구역을 설치했으며, 1936년에는 신도가 556명이었다. 안식일교회는 1907년 심양에서 설립되어 1936년에는 신도가 544명이 되었다. 성결교회는 1924년에 전파되어 그 신도가 1,280명이 되었다. 1940년 5월, 장로교회, 조선기독교회, 감리교회, 동아기독교, 조선기독교, 복림안식일교회, 성결교회 등은 만주국 당국에 의해 강제로「만주기독교연맹」으로 통합되었다.

천주교는 1896년에 전파되어 1920년, 연변에 220명, 1934년, 동북에 1만 1,250명의 신도를 확보했다. 20세기 초, 천주교가 흑룡강성에 전파되어 목단강, 하얼빈, 영안, 동녕 등의 지역에 천주교회당을 건립했다. 또 밀산, 림구, 해륜 등지에 육속 천주교회당을 세웠는데 신도는 도합 1,529명이었다. 그중 목단강의 신도는 135명이었다. 9·18 사변이 후 해륜현 해북진 선목촌에 거주하는 조선족 200여 명이 모여 천주교의 가톨릭 부락을 형성했다. 이 부락은 경찰, 학생, 교육, 전도, 생산, 경제 등 6개 부로 나뉘고, 교회가 중심이 되어 부락을 다스렸다.

천도교의 전신은 동학이었다. 1906년 12월 교주가 친일파를 해임시킨 후 설립한 교당이다. 1936년 신도는 6,279명이었고 통화, 흥경, 장백, 임강, 집안 등의 지역에도 교회가 있었다. 1921년에는 동녕, 영안, 목릉 등의 지역에도 교회가 있었다. 1932년 3월, 하얼빈에도 천도교회를 세웠다.

시천교는 1907년, 동학에서 분리되어 성립된 친일파 교회이다. 그러나 그 세력은 줄곧 부진했다. 1917년, 연변에 교회당을 33개 설립했으나 1936년 6월엔 7개밖에 남지 않았고, 신도는 불과 800여 명이었다.

청림교는 1913년에 창립되어 1930년부터 반일의 기치 아래 교세가 크게 발전했었다. 그러나 1944년 12월 10일, 일본 헌병대와 만주국 경찰이 이 교회의 핵심 인물 70여 명을 체포하고 해체시켜버렸다.

대종교는 1911년에 연변에 전파되었다. 1914년 본부를 서울에서 화룡으로 옮겼다. 경신년 대토벌 후 흑룡강성 영안현으로 이전해 기구를 재정돈하고 교회 세력을 확장했다. 1922년~1923년 사이 영안, 목단강, 동녕, 하얼빈에 7개 교회를 설립했다. 1931년~1935년에 밀산경내에 10개 교회당을 세웠었는데, 신도가 많을 때에는 무려 9,000여 명에 달했다.

원종교는 1912년 10월에 성립되어 1925년에 교회당이 5개, 신도가 272명이었다.

1911년 남만의 이시영, 이동녕, 양기봉 등이 창건한 경학사는 반일사상을 전수했다. 그 이듬해 안동식, 이원옥, 이동녕, 김창무 등이 삼원포교회를 설립하고, 조봉경, 김문규, 이시화 등이 하마

허교회를 설립했으며, 박응엽, 관정준 등이 하니허哈呢河교회를 설립했다.

불교는 1911년 11월 3일, 연변에 전파되었다. 1934년 연변에 20여 개의 절이 세워졌고 그 신도가 4,500여 명이었다. 심양, 금주, 단동 등의 지역에도 신도가 있었다. '30년대에는 해림, 신안진, 해림향 등의 지역에도 조선족의 절이 있었다.

유교는 1912년 1월 연길에서 설립되어 1915년에는 집안, 흥경, 유하, 통화, 해룡, 관전 등의 지역에 53개 교회에 17개의 향교가 세워졌으며 신도가 수만 명 되었다.

이렇게 해방 전, 조선족 종교는 교종이 다양하고 파벌이 많았으며, 외래종교가 있는가 하면 자체의 민족종교도 있었다. 특히 종교의 정치 색채가 아주 농후하여 절대 다수의 반일종교와 소수의 친일종교로 분류할 수 있었다.

시장경제와 조선족 종교

재중 조선족의 종교와 신앙생활은 꼭 집어서 설명하기는 어렵지만 점차 나아지고 있다. '80년대 이후 중국은 극좌적이고 반종교적 정책을 청산함에 따라 조선족 지역에서도 종교활동이 회복되었다.

흑룡강성에는 밀산, 목릉, 동녕, 목단강, 영안, 신안진, 해림, 오상, 상지, 연수, 수화, 방정, 야부리, 하얼빈 등의 지역에서 종교 활동이 활발히 일어났다. 이를테면, 오상에는 서광을 중심으로 교회가 8개 있으며, 상지에는 남흥 등 7개, 연수에는 오성 등 5개,

야부리에는 창성 등 2개, 해림에는 평안 등 30개, 하얼빈에는 남강, 민주 등, 10개가 있다. 하얼빈 기독교 조선족 목사 이미란은 시정협 위원이며 유망한 젊은 조선족 성직자이다.

요녕성은 1946년, 심양에 동북 조선족기독교요녕분구를 설립하여 김성홍, 김홍준이 정, 부위원에 임명되었다. 1950년~1951년 소가툰, 호가 2곳에 기독교회를 설립, '80년대 이후 심양시 서탑교회에 귀속시켰다. 1984년, 심양시 정부는 자금을 지원해 서탑교회를 재건했다. 이 교회는 동북에서 비교적 유명한 교회로서 신도가 100여 명 된다. 무순, 소가툰, 개원, 안산, 요양, 영구, 개현, 서해, 대련, 단동, 해성 등의 지역에 수십 개의 교회와 예배장소가 있었다.

길림시 영길, 반석, 교하, 강밀봉 등의 지역에 수십개의 교회와 교회모임장소가 있었으며 이 외에도 가정교회 모임장소가 무려 40여 곳이나 되었다. 장춘, 삼가자, 조가툰, 쌍하진, 쌍양, 공주령, 사평 등의 지역에도 조선족 교회와 모임 장소가 있었고 북경, 상해, 내몽골자치구 등의 지역에도 조선족 종교모임장소가 있었다.

연변의 각 현, 시와 소속 향진의 소재지마다 대부분 교회가 있었다. 연길시 기독교 교회는 동북의 가장 큰 교회 중 하나이다. 연길시 기독교의 종교 활동 계획은 상세할 뿐더러 구체적이며 매주 일요일과 수요일 아침 저녁 심지어 새벽에도 예배모임을 갖는다. 또한 누가 설교를 한다는 등의 내용에도 관심이 대단했다.

'90년대 접어들어 연변의 종교 신도들이 급증해 그 발전 속도가 아주 빨랐다. 그중에는 부녀와 노인이 절대 다수를 차지하며, 일부 청년들도 있었다. 그들은 교회모임을 통해 상호 교류와 정보를 교환할 수 있고 소식을 나눌 수 있어 친밀감과 안전감을 느끼고, 고독감과 적막감을 해소함으로써 자신감을 높일 수 있다고 말한다. 종교는 친교의 기능을 갖고 있을 뿐만 아니라, 신도들의 사회생활을 넓히는 기능도 갖고 있다.

개혁·개방 이래 동북 조선족의 종교 활동이 빠른 속도로 건강하게 발전할 수 있었던 것은 중국정부가 종교정책을 제한적이긴 하지만 유연하게 폈기 때문이다. 연변은 주정부가 종교단체의 부동산 정책을 유연하게 집행하여 문화 대혁명 때 빼앗았던 교회당과 부동산을 해당 종교단체에 반환했다. 또 종교계 인사들도 잘 풀려 이미 31명의 종교계 인사가 각급 인대대표, 정협위원으로 활약하고 있다. 또한 각 종교 애국단체가 명예를 회복하고 새로이 설립했다. 연변주와 현, 시는 계속 천주교애국회, 천주교교무위원회, 기독교 3자(三自 : 自治, 自傳, 自養)애국운동위원회, 이슬람교협회 등, 5개 애국 종교단체를 회복시키거나 설립하게 했다.

1995년, 연변주에는 종교 집회장소가 221개였는데 그중 천주교회당이 9개, 소모임장소가 5개, 기독교 교회가 86개, 소모임장소가 111개였다. 또 연변주 내의 성직자는 186명이며, 그중 천주교 신부가 1명, 수녀 2명이고, 기독교 목사가 3명, 장로가 13명이었다.

조선족의 종교 활동은 정부의 배려로 적지 않은 성직자를 양성했다. 그들은 동북 3성 조선족이 모여 사는 지역에서 선교활동을 활발히 추진해오고 있다. 이런 성직자들 중에는 남경신학원, 심양신학원, 흑룡강성 하얼빈신학원 양성반 등을 졸업한 사람도 있다.

연변은 자체로 11명의 성직자를 양성했다. 심양, 하얼빈시, 연변의 종교계 인사들은 모두 각 현(시)의 정협에서 활동하고 있다. 현재 동북 각지 조선족 거주구역에서는 신앙의 자유가 충분히 보장되고 있으며, 모든 종교 활동이 건전하면서도 활발하게 지역사회에 뿌리를 내리고 있다.

1949년 사회주의 중국의 출발은 사실상 종교와 신앙의 암흑기였는데 점차 해빙되어가는 중에 있다.

국가이익과 충돌하는 종교는 불허

종교 활동과 신앙생활의 문제점으로는 유물사상을 바탕으로 한 공산주의 사회의 제도적 모순으로부터 점차 회복되고 있으나 아직도 공산주의사회의 종교와 신앙생활에 대한 제약이 풀린 것은 아니다. 즉, 아직도 종교 활동에 한계가 있고 공산주의 사회의 제도적 모순을 풀지 못하고 있다.

때문에 종교 활동 장소가 여전히 확보되지 못하고 있고 정부의 허가 없이 마음대로 집회 장소를 정하지 못하고, 자체적으로 전도사를 양성하거나 파송할 수 없다.

국외에서 종교 홍보물을 임의로 들여올 수도 없다. 또 3자정책을 이탈해 단독으로 활동하려는 경향이 있어 정부의 통제가 더욱 강화되었다. 그런가하면 외국의 일부 성직자들이 정부의 허락을 받지 않고 불법으로 선교활동을 하고, 신도를 이용한 부정거래도 있어 정부로부터 축출되거나 체포되는 현상이 자주 발생한다. 이런 현상을 단속하는 것이 심각한 종교 활동의 탄압으로 나타나기도 한다.

종교는 반드시 중국 사회주의에 순응하거나 협력해야 지탱할 수 있다. 따라서 완전한 종교의 자유는 아직 없고 사회주의 체제 속의 종교라야 한다. 장족, 몽골족, 투가족 등, 대다수와 나시족, 장족, 시버족 등, 9개 민족 중 일부분은 여전히 라마교를 신봉하고 있다. 회족, 위글족, 까자크족, 타지크족, 우즈베크족 등, 10여 개 민족은 모두 이슬람교를 신봉한다. 또 다이족 등, 5개 소수 민족은 소승불교를, 백족 등, 10개 민족은 대승불교를 신봉하고 있다. 조선족, 이족, 묘족 등, 19개 민족 중, 적지 않는 사람이 기존의 기독교와 천주교를 믿었거나 믿기 시작하고 있다. 러시아족과 어윈크족 등은 여전히 동정교를 믿는다. 그 외 중국에는 아창족 종교 등, 35종의 소수 민족종교와 백련교 등, 9종의 민간 종교가 있다. 현재 종교를 갖은 소수 민족이 총인구의 40%를 차지해 전국 종교 신도 총인구의 4배를 차지한다. 중국은 이런 많은 종교파벌과 신도를 관리하기 위해 특수한 정책을 내놓고 있다.

국가는 기독교 신도들에게 독립, 자주, 교회 자체 건설과 3자원칙을 견지해 종교 세력의 침투와 과도한 확장을 통제, 조종하고 있다. 중국은 WTO가입 후 독립, 자주, 자치의 원칙 하에 왜색 종교의 침투를 막기 위해 각별히 신경을 쓰고 있다. 그래서 이슬람교, 불교, 도교의 세력 확장에 각별한 주의를 기울이고 있다.

종교가 국가의 행정, 사법, 교육과 사회 공익에 간섭하는 것을 불허하며, 누구를 막론하고 18세 이하의 미성년자를 입교시키거나

몽골과의 사이에 축조된 중국 대륙의 북쪽 만리장성에 오른 필자 산하이 관에서 자위관에 이르기까지 5,000Km가 될 것으로 추측한다

출가시켜 사원에서 경을 배우도록 함을 불허하고 있다. 이미 폐지된 종교 특권과 압박 착취를 금지하며, 종교를 이용한 초법적 행동을 불허한다. 또, 당의 영도와 사회주의 제도를 어지럽히고 국가의 통일과 민족의 단결을 해치는 것을 불허한다.

종교의 허울아래 일어나는 각종 위법, 범죄는 물론, 국가 이익과 대중들의 생명과 재산을 해치는 각종 미신 활동을 단호히 배격한다. 또한 종교가 아닌 사이비 조직에 대해서는 종교계를 동원해 자체 정화케 하여 종교의 안정을 유지한다. 점술, 풍수 등, 미신 활동에 종사하는 사람에 대해서는 자력갱생하여 새로운 직업을 찾도록 지도한다.

국가는 신앙의 자유를 한계적으로 인정하여 국민이 종교를 믿거나 믿지 않을 자유가 있고, 교와 교파를 선택할 자유가 있음을 인정하고 있다.

모택동 주석은 "우리는 행정적으로 종교를 소멸시키지 말아야 하며, 유심주의를 포기, 또는, 마르크스주의 신봉을 강요하지 말아야 한다."고 지적했다. 중화인민공화국 헌법은 신앙의 자유는 국민의 기본적인 권리로 억압하거나 탄압해서는 안 되며, 오직 민주주의적이어야 한다고 규정하고 있다. 이것은 종교를 신봉하는 국민이나 신봉하지 않는 국민이나 다 같은 인민이며 다 같은 나라 건설의 역군이기 때문이다. 종교는 인민들의 특수한 사상 문제이므로 자유스런 선택권을 부여하는 것을 인정한다.

중국 정부는 종교란 최초 원시인이 자연에 대하여 갖았던 신비감·경외심에서 출발했다고 보고 있다. 그리고 종교가 생성되고 발전할 수 있었던 것은 종교가 사람들의 지나친 물질욕과 이기利己적 작태를 제어하여 바로잡을 수 있기에 가능했다고 본다.

사회주의 발전 단계에서는 사상적으로 조절하고 해결할 수 없는 문제가 적지 않다. 이러한 문제점을 보완하고 정신적 풍요를 줄 수 있는 종교의 발전은 아래와 같은 몇 가지 요인이 있기 때문이라고 보고 있다.

사회주의 하에서의 신앙

첫째, 경제 수준과 과학기술이 낙후하며 교육, 취업, 주택, 혼인, 인구, 위생 등, 문제를 해결할 수 없는 곳에 종교적 신뢰와 봉사가 기반이 되는 것이다.

둘째, 각종 엄청난 자연 재해의 수수께끼는 사람들로 하여금 신비감을 갖게 한다. 이것은 종교가 생성되고 전파될 수 있는 좋은 조건이 된다.

셋째, 사람들은 정신적으로 자신을 완전한 인격체로 완성시키기 위해서 종교를 신앙한다. 물질문명이 발전될수록 정신문명도 그에 맞추어 나가야 하는데 종교가 그 역할을 해주는 것이다.

세계적으로 기독교(개신교)신도는 17.5억 명으로 세계 200여 개국에 분포되어 있으며 신도가 총인구의 80% 이상 되는 나라가 88개국이나 된다. 이슬람교 신도는 9.3억 명으로 172개국에 분포되어 있으며, 130개국에서 국교로 받들고 있다. 불교 신도는 3.2억 명으로 아시아 등 88개 국가에 분포되어 있으며, 신도가 총인구의 80%이상 되는 나라는 6개국이다. 천주교 신도가 총인구의 80%이상 되는 나라는 33개국이다. 세계적으로 종교를 믿는 인구가 '80년대의 56.5%에서 90년대에 75%로 늘어났다.

중국의 각종 종교 신도는 총인구의 12%를 차지한다. 이와 같은 종교의 대중성, 민족성, 장기성, 국제성 때문에 쉽게 소멸되지 않는다. 그러므로 정부가 법규와 정책에 따라 종교들 관리하고 감독하는 것은 신앙의 자유와 모순이 될 수 있겠으나 근본 취지는 종교생활을 보다 잘할 수 있도록 하기 위한 것이다. 정부는 정상적인 종교 활동과 종교계의 합법적인 권익을 보호하고, 종교를 이용해 위법, 범죄활동을 막는 효과를 기대하는 것이다.

주은래는 "종교는 그 종교의 가르침에 따라 일부 적극적인 신앙활동이 민족관계에서 충돌작용을 일으킨다."고 했다. 그러나 애국은 종교생활의 핵심이며 애교愛敎의 토대이다. 해방 전 각 종교 교파는 종교의 힘으로 신도들을 동원, 일본 침략자를 몰아내는 데 중요한 역할을 했다. 이는 종교의 긍지로 보아야 한다. 해방 후의 대흥안령 화재와 큰물 피해 등의 재해가 있을 때, 종교계는 적극적인 봉사와 각종 구호품을 제공했다.

종교는 유심적으로 역사가 오래 되고 분포가 광범위하며, 영향력이 큰 정신활동의 하나로서 여러 문화와 상호 연계되어 있다. 철학과 사상에서부터 문화 예술에 이르기까지, 또 정치와 경제에서 교육, 도덕, 윤리, 풍속, 습관, 과학, 공예, 미술에 이르기까지 상호 관련되고 상호 영향을 주며 엉키어 있다.

기독교의 성경, 유대교의 탈무드, 이슬람교의 코란, 중국의 도장 道藏 등, 종교 경전의 내용은 모두 천문·지리·의학·식물 등, 여러 방면의 지식이 언급되어 있다.

고대 이집트의 피라미드 건설은 기하학과 역학을 이용했고, 중국 춘추시대의 점성술은 원시적 천문학을 잉태시켰다. 중국 도교 신도들의 연금술은 화학실험에 도움이 되는 자료를 제공했고 동시에 양생과 보건을 위한 길을 개척했다. 불교의 회화 조각과, 건축 예술의 정교함은 공간예술의 극치이다. 그러기에 돈황, 운강, 용문 등, 석굴은 세계가 공인하는 진귀한 문화유산이다.

불교의 심리학과 철학적 변증사상은 아주 풍부하며, 중국 문화에 지대한 영향을 주었다. 천주교의 교리는 사랑이며, 천주교를 사랑하기에 앞서 먼저 이웃을 사랑해야 한다고 가르친다. 이슬람교의 계율은 사람은 성실해야 하며, 솔직하고 인내심이 있어야 한다고 가르치고 있다. 또한 고생을 참고 견디며 용감해야 하고, 부끄러움을 알며 부모에 효도하라고 가르친다. 물론 이웃과 화목하게 지내며 교만을 삼가하고 탐욕을 금해야 한다는 내용도 있다.

이렇듯 종교의 신념과 가르침은 악을 피하고 선을 행하라고 하는 것이기에 그 출발점과 동기가 어떻든 간에 사회에는 유익하다. 신도信徒 자신이 법을 준수하고 애국하며 사회의 공익에 열심히 종사한다면 사회주의와도 상충되지 않을 것이다. 그러므로 소극적인 요소를 적극적인 요소로 전환하여 종교활동이 중국의 국익에 맞도록 이끌어 중국 현대화에 이바지하도록 해야 한다.

중국은 1980년대 이후 종교학과를 졸업한 종교인이 2,000여 명이나 된다. 전국적으로 종교 관련 간행물이 10여 종 되며, 중국 각 종교 단체가 세계 70여 개 국가의 종교 조직과 유대를 맺고 있다. 1955년부터 1990년까지 사우디아라비아인이 포교한 중국 무슬림이 1만 1,000명을 넘는다. 이는 건국 전에 비하면 수십 배가 된다.

중국정부는 종교단체와 신도들이 종교 활동을 함에 있어 헌법과 법률의 허용 범위 안에서 중국 사회에 융화하면서 나라의 현대화 건설에 보다 큰 역할을 해주기를 기대하고 있다.

그러나 지금 중국이 진행하고 있는 사회주의식 시장경제를 해치는 행위는 불법이며, 종교와 신앙생활이 중국의 국가 이익과 일치하지 아니 할 때는 가차없이 제재할 수 있는 법적근거를 가지고 있다. 그러므로 중국을 태풍으로 몰아붙였던 법륜공(法輪功 : 파룬궁) 사건은 전 세계인의 관심을 모았고 지금도 그 후유증은 엄청난 것이다. 종교와 신앙은 어느 누구도 인위적으로 제어하고 규정할 수 없는 인간의 절대권리에 속한다는 사실을 인식할 필요가 있다.

제4부 한족漢族이 본 재중동포 조선족

선구적 농경문화를 일구어 낸 조선족

 한 세기를 넘는 긴 세월을 거치면서 조선족은 중국 동북대지를 개간하고 경제를 번영 발전시켜 새로운 중국 건설에 지대한 공헌을 하였다. 더욱이 조선족은 중국동북지역 벼농사의 선구자이며 농경문화의 전파자이기도 하다.
 역사 자료에 의하면, 1868년 조선족 농민들은 두만강 연안에 벼 재배시험을 했으며, 1900년에 이르러 해란강변의 일부 지역에서 성공했다. 1919년 길림성 연변지역의 벼 재배 면적은 1,000ha 규모를 넘어섰다. 현재 연변지역의 논 면적은 50,000ha 이다. 오늘날 중국 동북대지의 논벌에 넘실대는 황금물결을 볼 때면 압록강, 두만강을 건너온 우리의 선조들을 생각하게 된다. 추위를 두려워하지 않는 노동력과 근면성으로 동북지역 농업 개발의 기반을 닦았던 선조들이었다. 그들은 벼 재배를 함에 있어 기술, 신품종 개발, 경제 효과 등에서 크게 공헌했다. 따라서 벼농사를 해온 조선족들은 당시의 어려운 여건에서 생산성을 높인 주역이었다.

논농사에서 생성된 수전水田문화는 전과 마찬가지로 지금도 조선족들에게 지대한 영향을 주고 있으며, 또한 그들의 사고방식과 취향, 가치 판단에 큰 영향을 주고 있다.

논농사는 기술과 공정에서 조선족의 정체성을 잘 드러낸 것으로 주민의 협동과 상호단합을 절대 필요로 한다. 때문에 전적으로 협동노동이다. 아무리 능력이 뛰어나고 인내심이 있다 하더라도 혼자서 저수지를 만들어 물을 가두고 도랑을 파 물길을 끌어올리기란 쉽지 않은 것이다. 그래서 집단노동방식의 협력체계가 조선족의 조직성과 협동의식을 강하게 만들었다. 조선족들은 조직적인 시스템 가운데서 개인의 능력을 발휘하고 노동 가치를 높였다. 이것 역시 농촌에서 가정 도급제를 실시하기 전 조선족의 생산성이 한족보다 좋았던 원인일 것이다.

논농사 현장의 특성은 노동의 빠른 리듬이다. 다리의 옷을 걷어 올려 차가운 물에 발을 담그고 허리를 굽혀 일을 할 때면 느릿느릿해서는 노동의 단맛을 볼 수 없다. 속전속결을 하는 것만이 현명한 방법이다. 이런 노동 경쟁력은 다른 활동에도 영향을 준다. 조선족들은 김을 매거나 집을 짓거나 기타 다른 일을 할 때도 돌개바람 불듯이 통쾌하게 후다닥 해치운다. 그 다음 한데 모여 술 한 잔을 나누며 노래와 춤으로 한 때를 즐기니 이 아니 즐거운가!

시장경제에서 장사를 하거나 외지에 나가 일을 할 때도 조선족들은 작업이 느리고 효과성이 낮은 프로젝트에 관심이 없다.

생산 활동 가운데서 형성된 협동 의식은 세월이 흐름에 따라 점차 민족성으로 형성되어 알게 모르게 경제와 사회생활의 각 방면에 반영되고 있다. 조선족이 집단과 사회활동에 참여하는 열정은 보편적으로 높다. 무릇 무슨 일을 할 때 조를 편성해서 하면 모두 열성을 더한다.

연변 농촌에는 어디든 〈노인 독보조〉가 있다. 마을에 좋은 일이

중국 소수민족들이 거리에서 관광객들을 상대로 관광안내 팸플릿과 신문을 팔고 있다

생기면 연로자나 연소자나 할 것 없이 한데 모여 신문을 읽고 노래와 춤을 추며 즐겁게 보낸다. 모두가 다 알고 있듯이, 조선족은 춤과 노래를 즐기는 민족이다. 조선족 배우가 독무獨舞를 하면 그다지 출중해 보이지 않지만, 단체무용을 하거나 단체체조를 할라치면 분위기가 대단하다. 더욱이 대형 마스게임을 할 때면 그들의 조직과 협조는 천부적으로 그 빛을 발산한다. 대형 합동 출연과

표현 수준은 가히 세계적으로도 일류이다.

어떤 문화든 모두 긍정과 부정의 양면성이 있다. 그러나 논농사 문화의 협동성과 조직성은 추종을 불허하는 동시에 상품과 경제 행위에 신선한 충격을 주고 있다.

농촌의 가정 도급제도를 실시한 후 조선족 거주구역의 마을은 큰 변화를 가져왔다. 또 농민들의 생활수준도 현저하게 향상되었다. 하지만 조선족이 집중되어 있는 지역은 근년 들어 발전이 더디다. 그 원인은 자원부족과 시장 수요의 다양성에 한계가 있기 때문이다. 더욱이 현행 경영방식의 분산노동과 유동성이 느려 전례 없는 충돌을 빗고 있기 때문이다. 이런 충돌에 적응하는 데는 한족 농민이 더 빠르다. 그들은 수천 년간 집단이 아니라 세대별 분산경영방식이 습관화 되어 있다. 이에 비해 조선족 농민들은 아직 이에 적응이 잘 안된 듯하다.

시장경제는 어떤 의미에서 냉혹하고 무정한 마귀의 성격을 갖고 있다. 시장경제는 눈물을 믿지 않으며 민족 규합정책도 따르려 하지 않는다. 모든 상거래는 오직 경쟁이라는 원칙 아래 이루어진다. 마치 의화단의 큰 칼이나 긴 창이 양키들의 견고한 군함과 대포를 막을 수 없었던 것과 같다. 발빠르게 변화하는 오늘날의 사회에서 전통적인 이념을 그냥 고집한다면 경쟁에서 불리한 위치에 놓이게 된다. 계승과 창조, 보호와 포기, 전통과 현대문화의 관계를 발전적으로 연구할 때가 되었다.

경제의 세계화 추세와 인터넷 네트워크 정보기술이 비약적으로 발전하고 있어 우리가 살고 있는 이 땅덩어리가 날이 갈수록 하나의 '촌村'으로 변화되고 있다. 즉, '지구촌'이다. 이렇게 보면 지구성의 각양각색의 사람들도 역시 지구촌의 시민이 될 것이다. 지구시민으로서의 조선족은 적응력을 높이고 빠른 감각을 다듬어야 한다. 지구시민인 만큼 여러 곳을 두루 돌아보는 것도 필요할 것이다. 기회는 움직임에서 생성되는 것이니 돌아다니며 보고 듣는 가운데 삶의 질을 높일 수 있는 기회를 만날 것이다.

조선족은 초목을 따라 사는 유목민은 아니지만, 천성적으로 걸어 다니는 습성을 가지고 있다. 이것 역시 강을 건너온 역사에 원인이 있는 듯하다. 그러기에 조선족 농민들은 한 마을에서도 늘 집을 바꾸며 이사하는 습관이 있다. 본래 마을의 동쪽이 좋은데 무슨 영문인지 홀연 자리를 바꾸어 마을 서쪽으로 옮겨 산다. 2년 후엔 또 마을 남쪽이나 북쪽 끝에 이사해 산다. 그래서 한마을에 사는 한족들은 눈이 휘둥그레진다. 그들은 왜 이사를 밥 먹듯이 하는가 하고…….

사실 조선족들이 잘 움직이는 특성은 농촌에서만 나타나는 것이 아니다. 그들이 강을 건너온 초기 절대 다수가 무인지경의 황야나 산골짜기에서 살았다. 20세기 중반만 해도 동북의 산간지역의 대부분 농촌에는 조선족들이 많은 비중을 차지하고 있었다. 후에 그들은 점차 하나 둘 떠나기 시작하여 평야지역으로 옮겼다.

그 원인은 두 가지였다. 하나는 그곳엔 벼농사 면적이 훨씬 많아 자기들의 기능과 특성을 보다 더 잘 발휘할 수 있음이고, 다른 하나는 현대문명과 보다 가깝게 접근할 수 있어 문화생활이 편리하기 때문이다. 더욱이 그런 지역에서 살아야 자식들의 교육에도 더 좋다는 것이다. 개혁·개방의 물결 속에서 정보와 유통은 시대의 흐름이다.

조선족은 중국의 각 민족 가운데 이런 흐름을 가장 빨리 받아들이고 이용해 자신의 운명을 개척하는 기회로 삼고 있다. 그들의 떠남은 결단적이고 소탈하다. 떠남이 아쉬워 서로 붙들고 우는 장면도 더러 있지만, 결국은 하나 둘 다 떠나고 만다. 그런데 괴이한 것은 그들은 절대 농촌으로 되돌아가지 않는다는 것이다. 그것은 수입이 많지 않는 저효율의 노동이기에 조선족의 가치 기준에 맞지 않기 때문이다.

국내서 그들은 먼저 북경, 상해, 광주, 대련, 위해, 연대 등의 발전이 비교적 빠르고 기회로 가득 찬 도시로 밀려들었다. 그 후에는 아주 빨리 한국, 러시아, 일본, 미국, 싱가포르 등의 나라로 진출했다. 정확한 수치는 아니지만 개혁·개방 이래 연변 조선족 자치주의 30여만 명의 인구가 외국 나들이를 했다 한다. 외국 나들이를 하는 사람들은 주로 단기 방문이나 산업연수, 무역거래 등의 형식이다. 1995년 이래 매년 관방은행을 통해 연변으로 부쳐오는 외화가 1억 달러 이상씩 되었다.

연변은 아직 가공 제조업이 발달하지 못하고 공업화의 초기 단계에 머물러 있다. 그러나 십여 년 사이 경제와 생활환경이 좋아지고 있음을 직감할 수 있다. 더욱이 연변 자치주 소재지인 연길시는 여느 도시보다도 과소비 도시이다. 무엇이 이런 소비를 자극하고 있는 것 일까? 그것은 두말할 것 없이 대외 개방 때문이다. 많은 조선족이 해외로 나가 근면한 노동으로 수입이 많아졌고 그에 따라 소비심리가 꿈틀대기 때문이다.

연길공항은 규모가 비슷한 중국의 도시 중 시설이 가장 훌륭한 공항의 하나이다. 그런데 공항 이용객이 급증하고 있기 때문에 자치주에서는 3억 위안을 들여 낡은 공항을 확장, 개조했다. 연변의 상급 행정기관이 있는 장춘으로 비행하는 항공기는 많지 않다. 그래서 많은 좌석이 늘 비어 있다. 하지만 북경행 노선은 항공관계자들도 혀를 내두를 지경이다. 매년 6, 7, 8, 9월이면 매일 7~8편의 항공기가 연길-북경을 왕복하고 있다. 그것도 좌석을 꽉 채워서 말이다. 조선족들은 이익을 내는 데는 어느 한계를 설정하지 않고 더 높이, 더 멀리, 더 넓게 바라보고 있다. 북경은 말 그대로 조선족들이 세계로 나아가는 통로가 됐다. 농경문화를 선구자적으로 개척한 조선족들은 개혁개방의 물결을 따라 시장경제에서도 선두주자의 역할을 하고 있다고 중국의 한족들은 부러워하고 있다.

타민족들은 조선족의 개성적 삶을 부러워해

각 민족은 모두 독특한 생활방식과 풍속이 있다. 그런 것들이 모여 오색영롱한 다민족 대가정의 아름다운 색채를 만들어 내고 있다. 조선족도 마찬가지로 개성이 아주 강한 민족이다.

조선족은 일반적으로 민사소송을 잘 하지 않는다. 법원의 서류를 뒤져보면 조선족들의 민사소송 수는 아주 적다. 물론 형사사건은 그렇지 않다. 민사소송을 자제한다고 해서 조선족이 민사상의 권익을 보호하려는 의식이 약해서가 아니라, 내부에서 자체적으로 다툼을 해결하려는 성향이 강하기 때문이다. 물론 조선족은 성격이 직설적이고 불같이 급한 민족이다.

일상생활에서 때론 머리가 깨어지도록 싸움도 하지만, 그런 일로 공관서를 찾아 법으로 해결하려는 일은 아주 드물다. 오늘 싸웠다면 내일은 언제 싸웠던가 싶게 한자리에 모여 술을 나누면서 화해한다. 중국 민법의 기본원칙은 화해和解이다. 민간의 다툼에서는 자체 화해가 있기에 법관들도 업무량을 줄일 수 있어 좋은 일이 아닐 수 없다.

조선족들이 노인을 존경하고 어린이를 사랑하는 것은 온 세상이 다 알고 있는 미덕이다. 세계적으로 어느 민족도 조선족들처럼 '아동절'과 '노인절'을 그렇게 성대하게 지내지 않는다. 연변 자치주의 '6·1 아동절'은 큰 명절이다. 이날은 전 자치주 주민들의 공동 명절인 것이다. 소년궁에서, 공원의 잔디밭에서, 시내물이 흐르는 강가 어느 곳에 가나 모두 한복을 차려입고 성대한 명절을 즐긴다. 휴일이 아닐지라도 주민들은 으레 휴일로 생각한다. 화기애애한 분위기 속에서 어린이들은 무한한 즐거움을 느끼고 어른들은 그들 속에서 희망을 본다.

조선족 노인들의 회갑은 세계적으로도 가장 성대한 인생 잔치일 것이다. 자손들이 부모에게 절을 올리고 부모는 자손들이 부어 올리는 약주를 받아 마신다. 노래와 웃음 속에서 부모의 자애로움과 만족감과 그리고 이슬 맺힌 웃음을 볼 때면 크나큰 생의 기쁨을 느끼게 된다. 이런 의식은 사실 부모의 일생에 대한 공경과 사랑에 대한 보답이 가득하게 담겨져 있다.

음식문화는 한 민족의 생활특성과 삶의 질을 가장 잘 반영하고 있다. 조선족의 음식문화는 비단 중국뿐만 아니라 전 세계적으로도 독특한 특색이 있다. 조선족의 국(탕湯)문화는 세계적으로 찾아 볼 수 없을 것 같다. 세계 어느 민족도 조선족들처럼 국 문화를 풍부히 하지는 못할 것이다.

농촌이든 도시든, 명절이든 평일이든, 조선족들은 국에 대해 특별한 애착을 갖고 있으며 그것을 떠나서는 안 되는 것으로 여긴다. 보신탕, 육개장, 순대국, 고기국, 미역국, 두부국, 냉면, 된장찌개, 김치찌개 등, 탕의 이름이 수없이 많다. 조선족은 밥을 국에 말아 먹기를 즐긴다. 조선족 가정에 손님으로 가면 밥은 남길 때가 있어도 국을 남기는 일은 극히 드물다. 과장된 말 같지만 조선족들은 식생활 가운데 국이 없으면, 더욱이 된장찌개가 없으면 마치 반찬이 없는 것처럼 불안해한다.

보신탕은 조선족 국문화를 집약하는 대표적인 식품이다. 조선족 의학에는 개고기는 따뜻하면서 신장을 보하고 미용을 도우며 몸을 건강하게 하는 기능을 갖고 있다고 기록되어 있다.

조선족들이 손님이 올 때 보신탕을 드리는 것은 정성을 다하는 고급의 대우로 보아야 한다. 지난날 생활이 가난할 때 개 한 마리를 잡는 것은 쉽지 않았다. 그래서 국물을 여러 번 갈며 재탕, 삼탕 끓이기도 했다. 지금은 보신탕을 먹는 것이 다반사가 되었다. 어떤 통계에 의하면 연변지역의 매년 개고기 소비가 30여 만 마리 정도 된다고 한다. 하지만 본 지역에서 생산되는 개는 10여 만 마리밖에 안 되고 나머지는 외지에서 들여온다. 연변 당국도 이를 중시하여 서구인의 시비에 말려들지 않고 지원하고 있어 축견사업이 크게 발전했다. 연변지역이나 북한에서 개고기를 단壇고기라 한다. 이는 개고기를 제단에 올렸다는 증거이다.

국문화가 고도로 발달한 민족은 일찍이 식생활이 아주 어려웠으리라 본다. 한반도는 3면이 바다로 싸여 있고, 내륙은 산이 많아 경작지가 적어 농산물 생산조건이 열악했다. 게다가 냉해풍과 저온으로 작물의 수확은 제한을 받을 수밖에 없었다. 더욱이 극동에 있어 문명발전의 속도가 더딘 데다 해양 어로작업 기술이 낙후된 상태였다. 제한된 농산물로 수많은 사람들의 생존 수요를 만족시키는 가장 좋은 방법은 탕으로 끓여 양을 늘리는 것이었다.

서구사람들이 나이프와 포크로 육류를 썰어먹기 즐기는 까닭은 그들의 뇌세포에는 젓가락을 용이하게 쓸 수 있는 영민한 세포가 적기 때문이라고 한다. 나는 그렇게 생각지 않는다. 그들이 그렇게 하는 것은 적은 인구가 많은 자원을 점유하고 있었기 때문일 것이다. 게다가 해외 각국을 돌며 약탈한 재물이 많았기에 먹을거리가 풍부해서 먹는 방식도 나이프와 포크를 즐겨 사용한 것으로 보인다.

우리 민족은 역사적으로 수난이 많았던 민족이다. 그러기에 산나물이나 야채를 식용하는 면에서 다른 민족보다 더 적극적이다. 산에서 자란 것, 나무에 달린 것, 땅에서 나는 것, 무릇 독성이 없는 야채나 과일이면 조선족들은 거의 다 먹는다. 오늘날 산나물이나 야채를 재배하는 일에 소극적인 것은 천연 무공해식품을 보존해야하기 때문이라고 이해된다.

　이런 식문화는 우리민족의 중요한 가치이며 무형의 자산이다. 중국 대지 어디에고, 아니 세계 어디에고 조선족 특유의 식당이 있다. 그 중 냉면, 불고기, 보신탕, 김치는 대표적인 식품이다. 이는 마치 말없는 외교관처럼 조선족과 세계를 연결하고 있으며, 또한 지명도를 끊임없이 높여주고 홍보해 주고 있다. 김치나 불고기 된장찌개의의 세계화도 멀지않을 것이다.

스포츠·교육·문화에 감동을 하고

　중국 축구의 갑A 2000년 경기는 연변 조선족에게 그렇게 유쾌한 것은 아니었다. 조선족이 주축을 이루는 연변 오동팀은 최선을 다했지만 경기마다 패했다. 그래서 고향 사람들의 분통과 우려를 샀다. 사실 엄정하게 말해 연변 오동팀은 찬사를 받아야지, 조금도 나무랄 바가 못 된다. 인구 200만(그중 조선족은 약 100만 명)에서 선발되어 나온 축구팀이 인구 수천만, 아니, 1억을 상회하는 성(省)의 축구팀과 10여 년을 싸워 객장불패客場不敗와 거인살수巨人殺手라는 신화를 창조하고 갑급 A의 4위에 오른 오동팀은 괄목할 만한 성과를 거둔 것이다. 지금은 실력이 조금 떨어졌지만, 오동팀은 높은 수준을 보여주었고 남다른 품격을 보여주었으며, 불굴의 민족정신을 보여주었다.

　조선족의 축구애호도는 세계적으로 유명하다. 축구 보급률은 세계에서 으뜸이라 해도 과언이 아니다. 연변 조선족 자치주의 남자라면 축구를 못하는 사람이 없다. 현·향·촌에 이르기까지 해마다 벌어지는 체육대회에서 축구경기는 빠져서는 안 되는 종목이다. 이런 기초가 있었기에 연변 조선족의 축구는 발전했으며 향후 더욱 큰 발전이 기대된다.

축구가 한 민족의 응집력을 보여준다면, 우리의 고유한 문화는 민족정신과 품격을 생성해내는 토양이라고 하겠다. 유대민족에겐 이런 이야기가 있다. 아버지와 선생님이 동시에 물에 빠졌다. 그 중 한 사람밖에 구할 수 없을 때 누구부터 구해야 하는가 하는 물음에 그들은 먼저 선생님을 구한다고 말한다. 이 이야기는 지식을 숭상하고 선생님을 존중하는 민족정신을 말해 주고 있는 것이다. 이런 정신을 가졌기에 유대민족은 거듭 닥치는 재난 앞에서도 굴하지 않는 인재들이 이어져 나오고 있는 것이다.

조선족들의 교육에 대한 열정도 보통은 아니다. 몇 년 전 「희망공정」이 발전할 때 아무리 가난해도 교육이 저조해서는 안 되며, 아무리 고생스러워도 자식들을 고생시켜서는 안 된다는 구호가 나왔다. 사실 교육을 중시하는 이런 소신은 조선족들 가운데서는 이미 상식적인 것이 되었다. 조선족이 거주하는 농촌을 돌아다니노라면 마을에서 가장 멋있는 건물은 그래도 학교이고, 가장 존경받는 사람은 학교 선생님들이다. 조선족 마을에서 '문맹'이란 단어는 아주 생소한 단어가 되었다. 기초교육이 그만큼 잘되어 있기 때문이다.

연변 조선족이 9년제 의무교육을 이수하는 것은 큰 문제가 되지 않는다. 연변의 몇몇 조선족 고등학교의 대학 진학률은 줄곧 높았다. 연변1중은 대학 진학률이 거의 100%이다. 조선족 학생들의 이공과 성적도 보편적으로 높다. 전성, 전국, 나아가 올림픽의 수학, 물리, 화학의 경시競試에서도 늘 비범한 성적을 보여주곤 했다. 경제사정이 넉넉지 못한 연변 조선족 자치주 같은 지구급 지역地區級 地域에도 대학교가 5개가 되었으니 조선족 교육의 정도를 가늠하고도 남음이 있는 것이다. 통계에 의하면, 조선족 인구 1,000명 당 대학생이 43명인데, 이는 전국 평균 수치의 2배가 되는 수치이기도 하다.

교육의 발전은 문화의 발달을 가져온다. 연변 조선족 자치주의 예술단체나, 개인, 대중문화는 국가 문화부의 많은 표창을 받았다. 연변가무단은 세계 각지를 순회하며 공연해 절찬을 받았고, 풍성한 결실을 안고 돌아왔다. 연변은 아마 중국에서 노래방문화(가라오케)가 가장 일찍 발전한 지방 중 하나일 것이다. 지금도 여전히 왕성한 생명력을 과시하고 있다.

노래방문화는 연변 조선족 사회에서 이미 대중문화의 범주에 들어섰다. 사람들은 흔히 노래방 이용을 과소비라 질책하지만, 연변지역의 노래방은 대개 하루 저녁 이용하는데 100여 위안 정도면 충분하다. 이런 정도의 소비는 결코 과소비라 할 수 없을 것이다. 조선족은 과히 스포츠나 문화생활면에서 뛰어난 응집력과 독창력을 갖고 있다고 한족들은 입을 모으고 있다.

조선족 여성은 현모양처의 모델

조선족 사회에서 여성들을 빼놓는다면 조선족이 갖은 것 중에서 가장 아름다운 것을 빼놓는 것과 마찬가지이다. 조선족 여성들은 현대 여성들의 특성 외에도 2가지 이상의 유순한 품성을 지니고 있다. 그 하나는 현모양처 형이다. 여성들은 물로 만들어졌다고 한다. 어쩌면 하나님이 인류를 창조할 때 여성들에게 물과 같은 온순함을 부여했는지 모른다. 조선족 여성들의 온유하고 덕성스러움은 가정에서 잘 나타난다. 그녀들은 자기의 친정 부모든 시부모든 모두 한결같이 존경하고 효도한다.

그녀들의 사고방식으로는 부모를 하나님의 화신처럼 심혈을 기우려 모셔야지, 조금이라도 거역해서는 안 된다고 믿는다. 그녀들은 고부姑婦 사이에 갈등이 있다는 말 자체가 수치라고 생각한다. 가령 어느 여자가 시부모께 불경不敬한다는 말만 돌아도 거리에서 삿대질 받을 대상이 된다. 그런 여인이 만든 된장은 제 맛이 나지 않는다고 할 정도이다.

아내가 된 조선족 여성들은 남편을 깍듯이 존중하며 자기 몸보다 더 중요시한다. 그녀들에게는 남편은 태양의 화신이고 신성함 그 자체이다. 남편의 음주는 장부의 호기이고 흡연은 소탈한 것으로 여기며, 싸움은 용감한 것으로 보고, 마누라를 때리는 것조차 특별한 애정표현으로 생각한다. 남편과의 생활에서 자아自我가 없어져도 달갑게 받아들인다. 물론 지나친 온유와 순종은 남편들의 독선과 자만을 조장할 수 있다. 시대의 발전에 따라 지금은 조선족 여성들의 이런 맹목적적인 순종도 변화되기 시작했다.

 어머니로서의 조선족 여성은 세계적으로 가장 위대하다고 할 것이다. 조선족 어머니들의 자식들에 대한 사랑은 무엇과도 바꿀 수 없는 가치이다. 전쟁터에 나간 남편이 전사하자 유복자를 낳은 부인이 홀몸으로 시부모를 모시고 모진 노동으로 가정을 유지하며 자식을 키워 끝내 대학까지 공부시킨 그런 미담은 한두 가지가 아니다. 조선족 여성들에게는 이러한 아름다운 이야기가 너무도 많아서 저절로 고개가 숙여진다. 한족들은 입을 모아 '그들은 성녀聖女이다.'라고 칭찬을 거듭 하고 있다.

 조선족 여성들의 또 다른 품성은 고통을 잘 견디어 낼뿐만 아니라 희생정신도 강하다. 조선족은 벼농사를 위주로 하고 있다. 벼농사는 모 키우기로부터 모내기, 김매기, 벼 베기, 탈곡, 정미 등, 많은 절차가 있다. 모내기는 빠르고 섬세한 솜씨를 필요로 한다. 그래서 벼농사는 여성들이 주로 한다. 남성들은 소를 몰아 가래질을 하거나 삽으로 도랑이나 파고 물꼬나 보는 등, 일정한 노동만 하지만, 나머지 힘든 노동은 모두 여성들의 몫이다. 또 여성들은 밖에서 심한 노동을 하면서도 세끼 식사를 준비해야 한다. 남성들은 들일을 마치고 집에 들어오면 담배를 꼬나물고 TV 앞에 앉으면 그만이지만, 여성들은 저녁식사 준비에 다음날의 반찬까지 장만해둘라 조금도 쉴 새가 없다.

 조선족의 6, 70대의 할머니들은 금방 허리가 굽어진다. 그것은 늘 허리를 굽혀 과중한 노동을 했기 때문이다. 그러면서도 건강하게 살아가는 모습이 존경스럽다. 연변지역의 대외 개방 역시 조선

중국 북경에서 한·중 노동환경 비교 세미나를 마치고
- 중국사회과학원 이소경 원장이 감사장을 전달하고 있다(중앙)

족 여인들이 선봉에 있다. 그녀들은 묵직한 보따리를 이고 이국 타향의 머나먼 노정을 넘나들며 땀방울로 가정을 지탱해 내고 있다. 이러한 삶을 가까운 이웃으로 바라본 한족들은 늘 마음으로 감동하고 있는 것이다.

조선족 여성들은 내유외강과 희생정신이 강한 바, 이것은 많은 여성 영웅들의 행적에서 잘 나타난다. 온유함이 극에 달하면 특별한 환경에서는 용감무쌍함으로 변신한다. 진정으로 온유함은 절대 나약함의 대명사가 아니다. 그것은 절정에 이르는 강함에서 나오는 것이다. 사람들이 잘 알고 있는 항일 여전사 8여투강八女投江중의 이봉선, 안순복 등, 조선족 여전사들의 장거壯擧가 이를 잘 설명해 준다. 연변 조선족 자치주 화룡현 농업은행 여직원 백화자는 흉기를 든 강도가 은행을 강탈하려 할 때 국가의 재산을 보호하기 위해 강도와 용감히 결투를 벌이다가 불행히도 젊은 생명을 바쳤다. 이런 눈물겨운 일들이 한두 건이 아니다.

중국의 저명한 시인인 하경지賀敬之는 연변을 돌아본 후 '산마다 진달래, 마을마다 열사비烈士碑요.'라는 유명한 시구를 남겼다. 봄의 선구자인 진달래는 조선족 여성들의 정조와 강인한 품성을 상징한다.

이처럼 아름답고 온유하며 부지런하고 겸손하며 부모 잘 모시고 남편 잘 받드는 여성들은 한족과 비교해보면 하늘과 땅만큼 차이가 나니 감탄하지 않을 수 없다.

필자가 중국에 가서 사회과학원 이소경 원장 댁을 방문했는데 그는 손님이 있음에도 불구하고 집에 들어서기가 바쁘게 웃옷을 벗고 손을 걷어 올리더니 부엌의 설거지를 해대는 것이었다. 나중에 당황하여 물어 본 즉, 중국의 한족 남자들은 지위고하, 연령고하를 막론하고 부엌일은 남자의 몫이고 여자들은 도박이나 즐기고 놀이에 시간을 보내지 집안 살림은 별로 하지 않는 것이 전통적 생활습관이라고 하여 한족들이 조선족의 여성들을 자랑스럽게 생각하는 이유도 알만했다.

이소경 원장은 필자더러 이웃집을 소개하면서 그 집의 주인은 장춘 재판소 판사인데 아침도 본인이 식사를 해서 먹고 출근하고 퇴근 후에도 집에 와서 거의 살림을 맡아서 한다고 했다. 그러나 자기의 경우는 아침은 부인이 해준다고 자랑스럽게 이야기 하는 것을 보아 한족들이 조선족들의 생활을 부러워하고 있음을 실감한 바 있다.

제5부 연변 조선족 자치주

자치주가 자치 주도

　중국의 지도자 모택동은 1949년 공산혁명 전까지 재중동포 조선족에게 자치구를 약속해 놓고 어느날 자치주로 국무원 승인을 받았다. 조선족의 사회주의혁명의 기여도나 그 이외 충분한 조건이 충족되었음에도 자치주로 인준한 것은 아마도 훗날 한·중 관계를 생각했을 것이라 생각된다.
　요즈음 중국이 고구려가 중국 변방의 속국이었다고 주장하는 것도 이와같은 맥락이 아닐까 추측한다.
　연변은 중국 조선족의 주요 거주지역이며 조선족 자치구역으로 유구한 역사를 가지고 있다.
　2만 6,000년 전, 구석기 말기의 연변 대지에는 이미 안도인(安圖人

;구석기 시대의 인류)이 살고 있었다. 이곳에 698년, 북옥저北沃沮의 후예인 말갈씨 대조영이 진국震國을 건립했다. 713년에 발해국으로 고쳐 통치했으나 결국 당왕조에 귀속되었으며, 수도는 오동성(敖東城 ; 오늘의 돈화시)에 세웠다. 그 후에도 원, 명, 청조시대 모두 이곳에 수도를 설치했었다.

〈연변〉이란 말은 1920년 전후에 생겨났는데, 이 지역이 조·중·러 3국의 접경지역으로 연길변무공서延吉邊務公署의 관할 밑에 있었기에 이 말을 줄여서 연변이란 말이 나왔다.

일제가 동북을 점령한 후 1934년 12월, 연변에 간도성을 설치했다. 1945년 8월, 일본이 항복한 후 중국 공산당은 연변에 간도성 정부를 수립했으며, 같은 해 11월 연변행정독찰전원공서로 고쳤다. 1948년 3월에 연변전원공서를 수립했다가 1952년 9월 3일 민족구역자치를 실시하면서 연변공서를 취소하고 연변 조선족 자치주를 수립, 산하의 1개 시, 5개 현을 관할했다. 1958년에는 돈화현을 연변에 귀속시켰고, 1965년에 도문을, 1985년, 1987년, 1993년에 돈화, 용정, 훈춘, 화룡현을 시로 승격시켰다. 현재 연변 조선족 자치주는 연길, 도문, 돈화, 훈춘, 용정, 화룡 등, 6개 시와 왕청, 안도 2개 현을 관할하고 있다. 자치주 정부의 수도는 연길시이며 정부도 그곳에 함께 있다.

1952년 9월 3월에 수립된 연변 조선족 자치주는 중국 동북지역의 유일한 소수민족 자치지역이다. 자치주의 총면적은 42,700만㎢로 길림성 총면적의 4분의 1을 차지하며 남한 면적의 절반에 가깝다. 지형은 산지, 구릉, 분지 등 3개 계단식 지형이며 서쪽이 높고 동쪽이 낮다. 전 토지는 산 80%, 하천 10%, 경작지 10%씩을 차지한다. 주의 인구는 218만 4,500명이고, 그중 한족이 58.54%를 차지하며 조선족은 38.55%, 기타 민족이 2.9%차지한다. 자치주가 수립된 이래 당과 정부는 연변의 건설과 발전을 중요시했다.

주은래, 주덕, 등소평, 강택민, 리붕, 주용기 등, 당과 국가의 지도자들이 계속 연변을 시찰하고 연변 조선족 자치주를 전국의 모범적인 자치주로 건설하며, 훈춘과 두만강을 개발해 동북아 각 국과의 선린 합작관계를 발전시키려 계획하고 있다. 장기간 당의 정책아래 연변 각 민족은 화목하게 지냈다. 평등, 호혜, 단결, 합작하면서 민족 단결의 영광스러운 전통을 형성해 중국 30여 소수민족 자치주에서 유일하게 연속 2차례나 국무원으로부터 '민족단결진보모범주'라는 칭호를 수여받았다.

연변은 지리적으로 특수한 위치에 있다.

연변은 조·중·러 3국의 교착지에 위치하고 있으며 동으로는 러시아와 인접해 있고, 남으로는 두만강을 사이 두고 한반도와 인접해 있다. 국경의 총 길이는 755.2km이며, 그 중 한·중 국경선 길이가 522.5km, 중·러 국경 길이가 232.7km이다. 연변은 국경과 인접한 현과 시가 5개 있고 22개 국경 향진과 238개 국경촌(648개 자연 마을)이 있다. 국경선에는 대외개방통상구가 10곳(중·조 간에 8곳, 중·러 간에 2곳)이 있다. 연변은 길림, 흑룡강, 요녕 등, 3성에 접해 있어 중국 동북의 대내외 중요한 창구이며 동북아지역의 경제, 인구, 지리의 중요한 접경지역으로서 아시아와 유럽, 미주의 육지와 해상수송을 잇는 중요한 중추적인 위치에 있다.

연변은 장백산구에 위치하고 있으며, 지역이 광활하고 자원이 풍부하다. 연변 자치주 관할 내에 1억 톤이 넘는 석유 매장량이 탐지되고 있다.

토지자원이 풍부하며 임지면적이 농업용 토지 총면적의 87%를 차지하며, 경작지가 5.2%, 초지가 0.9% 차지한다. 인구별 경작지 소유면적은 1.5무(1무 : 300㎡)로써 전국全國과 전성全省의 평균보다 많은 편이다.

수자원이 풍부하여 자치주 내에 크고 작은 하류가 487갈래로 연유량이 150억㎥이다. 지하수의 총저장량은 27.4억㎥, 채수량이 13.3억㎥나 된다. 물 에너지 저장량은 140.5만kw이며 실제 이용량은 4.7만kw이다.

연변에는 생물자원이 풍부하여 삼림 총면적은 322.8만ha이고, 삼림 면적은 79.2%이다. 삼림자원도 아주 풍부한 바, 야생 경제식물

중국 연길시 투자설명회 및 한중 기업대표 간담회에서 주제발표 후 참석자들로부터 질문을 받고 있는 필자 - 중앙의 서 있는 사람

이 1,800여 종이나 된다. 그중 약재용 식물이 875종이며, 야생동물은 500여 종이 있다. 연변에서 생산되는 인삼, 녹용, 수달피는 동북의 3대 보배로 친다. 연변의 벼, 담배, 사과배, 소는 국내외적으로 이름이 나 있다.

광물자원 또한 풍부하다. 이미 발견된 금속광물이 50여 종이고 비금속광물이 40여 종이다. 황금 매장량과 생산량은 길림성에서 중요한 위치를 차지한다. 석회석 매장량은 9,800여 만 톤으로 길림성에서 1위를 차지한다. 석탄 매장량은 6.67억 톤으로 현재 연간 채탄량이 309만 톤이며, 석유 매장량도 1억 톤 이상으로 추산된다.

이렇게 자연적 여건이 좋으니 살기가 좋고 따라서 교육·문화가 발달했다. 연변은 예전부터 교육을 중요시해 왔기에 교육의 고향이란 별칭을 가지고 있다.

연변대학은 이미 국가의 211공정(중국 국내에서 선정한 21세기 100개 명문대학)에 들었으며 농학, 의학, 이공, 사범 등, 12개 학원을 망라한 종합대학으로 자리매김하고 있다.

자치주 내에는 또한 각종 성인대학교 3개, 중등전문학교 7개가 있다. 자치주의 1만 명당 대학 단과 이상 수료자가 304명으로 전국의 평균치보다 2.1배 높다. 자치주 내 과학기술 종사자가 10.4만 명으로 인구 1만 명당 477명이나 된다. 그러기에 연변은 도시화 진행 속도가 빠르고 노동자의 자질 또한 국내 어느 지역보다 우수하다고 하겠다.

혁명의 본거지에서 경제전진기지로

8·15 광복 전 연변은 동북 항일혁명 근거지의 하나였다. 연변의 각 민족은 일제와 피비린내 나는 싸움을 벌였고 선열들의 피는 연변의 대지를 붉게 물들였다. 항일전쟁, 해방전쟁 등, 전쟁에서 희생된 연변의 열사는 1.6만 명으로 당시 총인구의 2%를 차지했다. 말 그대로 산마다 진달래요, 마을마다 열사비였다.

개혁·개방 후 연변은 빠른 속도로 발전하고 있다. 2000년 연변의 생산 총액은 87.6억 위안으로 전해 대비 8.5%성장했다. 또 제1산업의 증가치가 12.8억 위안으로 전해 대비 0.2%, 제2산업의 증가치는 44.2억 위안으로 전해 대비 12%, 제3산업의 증가치는 30.6억 위안으로 전해 대비 7.3% 성장했다. 재정수입은 14.96억 위안에 달했다.

특히 특정 분야의 발전이 빠르다.

의약, 식품, 광산품, 임업생산, 대외무역, 관광업 등이 연변 경제의 기둥 산업이 되고 있다. 제2산업으로 목재가공, 제지, 의약, 담배, 방직, 에너지, 건축자재, 화학공업 등, 10여 중점 업종이 있다. 또 연길 담배공장, 길림 아송실업주식유한공사, 석현 백록제지주식유한공사, 길림 오동제약주식유한공사, 연변 알루미늄 그룹 등, 중요기업이 있다. 비즈니스업을 위주로 하는 제3산업의 발전도 비교적 빨라 그 성장 폭이 전국의 평균 수준을 능가한다. 연변의 인구당 국내 생산총액과 재정수입은 전국 30개 소수민족 자치주 가운데 앞자리를 차지하고 있다.

다른 지역에 비해 기초시설이 비교적 잘 구비되어 있다.

연변은 비록 국경에 자리 잡고 있지만 교통과 통신이 아주 편리하다. 몇 년 사이 연변은 교통, 통신, 에너지 등, 기초시설 건설에 60억 위안을 투자해 기초환경을 크게 개선했으며, 육·해·공 입체 교통망을 형성하고 있다.

훈춘에서 북한의 나진을 거쳐 한국 부산에 이르고, 러시아 보스토치니를 거쳐 일본 니이까다에 이르며, 러시아 자루비노를 거쳐 한국 속초에 이르는 등, 카페리 운항이 양호하다. 중·러의 훈춘에서 카메쏘아야까지 국제철도도 이미 통행 운용되고 있다.

도로 교통도 사통팔달해 있다.

연변의 버스 터미널은 동북지역에서 최대로 꼽힌다. 연길의 공항도 개조를 거쳐 이미 국제수준에 이르러 대·중형 여객기가 취항하고 있으며, 현재 연길에서 북경, 장춘, 심양, 대련, 상해 등, 20개 국내 항공노선이 개통되었다. 2000년에는 연길에서 서울까지 국제항공선이 개통되었고, 연길에서 해삼위를 거쳐 속초에 이르는 해항노선도 개통하게 된다.

연변 내 10개 대외통상구의 연간 화물 수송량은 500만 톤이며 연간 승객왕래는 연 100만 명 이상이다. 2000년 6월에는 훈춘 수출가공실험구가 국가의 검수에 통과되어 동북지역의 중요한 수출 가공기지로 자리 잡았다. 연길의 4개 성급 개발구도 기초시설 건설을 서둘러 기본적인 투자조건이 갖추어졌다.

아울러 관광업이 급속히 발전하고 있다.

연변은 독특한 자연경관과 인조경관을 구비하고 있다. 접경의 장백산은 중국의 10대 명산에 속한다. 훈춘의 방천, 돈화의 육정산, 정각사 등, 독특한 경치와 조선족의 민속 및 풍부하고 다채로운 문화는 해마다 수많은 국내외의 관광객을 불러들인다. 2000년, 연변은 국내외 관광객이 연 156만 명이나 되어 전해 대비 13% 성장했고 이에 따른 관광수입은 6.1억 위안으로 전해 대비 31.1% 성장했다.

2000년, 연변은 평양 용정 칠보산, 연길, 등, 북한·중 관광 코스를 개발했다. 중·러 국경 관광도 성장속도가 빨라지고 있다. 또한 자루비노에서 속초에 이르는 해상노선이 개통되어 한국 관광객들이 많이 드나들고 있다. 2000년 연변은 규모가 비교적 큰 연길 민속관광박람회와 장백산 눈축제도 거행했다.

지속적인 경제발전의 잠재력이 크다.

연변은 중국에서 조선족이 가장 많이 거주하는 곳이며, 현재 조선족이 84만 2,000명으로 전국 조선족의 43%를 차지한다. 통계에 의하면, 한반도 이외 한민족(동포)은 전 세계에 600여 만 명으로 그 중 중국에 200여만 명이 살고 있다. 그 외 나머지가 러시아, 일본, 미국, 캐나다, 호주, 홍콩, 서구 등의 국가와 지역에 분포되어 있다.

연변에 거주하고 있는 많은 조선족들은 상기 나라들의 동포들과 긴밀한 친선관계를 유지하고 있다. 그들은 이런 특수한 인맥을 이용해 외자와 기술, 인재를 유치하고 지역경제를 발전시키며 국제합작의 유리한 분위기를 조성하고 있다.

2000년 연변의 대외 수출총액은 3.1억 달러에 달해 전해 대비

10% 성장했다. 외국과 홍콩, 대만 등의 지역에서 연변에 투자(협의, 계약)한 자금이 1억 661만 달러로 실제 외자 이용액이 3,837만 달러나 된다. 북한·중 국경의 물물교환 교역도 활발하게 전개되고 있으며, 훈춘의 중·러 국경 물물교환 또한 증대하고 있다. 한편 국외 인력 송출 비중이 늘고 있다. 2000년 연변의 송출인원은 연 1만 1,500명이며, 국외에서 연변은행으로 송금한 외화가 2.4억 달러이다. 그리고 2000년 말 현재까지 연변에 투자한 외자 기업은 561개이며, 실제 외자 이용액은 누계 5억 달러나 된다.

연변은 국경 개방지역에 속한 소수민족 지역이어서 국가와 지방 정부는 자금 투자와 정책 등 여러 방면에서 우대하고 있다. 또한 2001년부터 국무원은 연변의 서부 대개발 우대정책을 추진하고 있다. 연변 자치주는 국가로부터 민족 자치 개혁·개방 실험구역으로 확정되었다. 또 자치주 내에는 국가급 개발구인 훈춘 경제합작구와 연길 개발구, 안도 장백산 관광개발구, 돈화개발구, 도문개발구 등, 4개 성급 개발구가 있다. 연길시는 국가의 종합개혁 시범 도시로, 용정시 조양천진은 성급 소도시 종합개혁지구로 선정되었다. 연변에는 일반 무역 수출입 경영권을 가진 기업이 79개이고, 국제 무역 경영권을 가진 기업이 56개, 대외 공사도급과 기술합작 기업이 6개나 된다.

향후 연변의 발전 목표는 전국의 모범자치주를 건설하여 정부의 민족정책을 홍보하는 창구가 되는 것이다. 따라서 연변은 전국 30개 자치주 가운데서 가장 종합소득이 우수한 연해지역 수준에 도달하도록 하며, 길림성에서 선진적인 지역으로 발전해 갈 것이다.

자치주 정부의 수도 연길시

연길시는 길림성 동부 장백산 북쪽 기슭에 자리 잡고 있으며, 연변 조선족 자치주의 주정부 소재지이다. 또한 중국 조선족의 주요한 거주지역이기도 하고 길림성 동부지역에서 가장 큰 공업, 농업, 관광중심지이다. 토지 면적은 1,350km²이고, 3개의 진과 9개 가도(우리의 동洞)가 망라되어 있다. 인구는 38만 9,500명인데, 그중 조선족 인구가 총인구의 58.64%를 차지한다.

연길시는 풍부한 천연자원이 있다. 700km²의 삼림과 초원이 있고 800여 종의 경제식물과 수십 종의 진귀한 야생동물이 있다. 지하의 광산자원도 풍부한 바, 고품질의 석탄, 석유, 대리석, 맥반석 등의 광물이 채굴되고 있다.

2000년 현재 연길시의 독립채산제 공기업은 331개이다. 그 중 국영기업이 52개, 합자경영 기업이 148개, 기타 중소기업이 131개이다. 시 전체의 공업 총생산액은 26.59억 위안, 독립채산체 공기업의 총자산은 64.8억 위안, 고정자산 원가치는 40.99억 위안에 달한다.

농업분야를 보면 2000년, 연길시의 알곡 총생산량은 1만 9,609톤이다. 담배 재배면적은 451ha이며 총생산량은 761톤이다. 목이버섯 총생산량은 11톤으로 1990년 대비 2.7배 성장했다. 과일 재배면적은 2,263ha이고, 과일 총생산량은 1만 2,616톤이다.

시 전체의 조림면적은 103ha로 그중 국유 조림면적이 66ha이고, 향촌의 조림면적이 12ha이다. 2000년 연길시의 임업은 20년 간 큰

연변조선족자치주의 연길시 이득룡 당시 서기장으로부터
연길시 경제고문으로 위촉을 받는 필자
(오른 쪽에서 세번째)

삼림화재가 없으리만치 잘 관리되어 있다.

 농촌 경제의 발전과 더불어 농민들의 일인당 소득도 1987년의 625위안에서 2000년에는 2,586위안으로 늘었다. 농민들의 소비구조도 큰 변화를 가져왔다.

 음식문화도 이제는 영양형으로 바뀌고 있다. 주택도 한옥에서 벗어나 외형이 아름답고 거실이 넓으며 화려하게 짓는다. 연길시에 자리잡기 시작한 많은 아파트나 상가주택은 연길시의 새로운 모습을 보는 것 같아 흐뭇하기 까지 하다.

 특히 개혁·개방 후 연길시의 상업은 생산과 유통영역에서 임대·도급, 국유·민영 등의 정책을 실시해 다원화, 개방형 자유경쟁, 유통 시스템을 구축했다.

 2000년 연길시의 사회소비소매총액은 33.65억 위안에 달했다.

 관광업 분야를 보면 1984년, 연길시에 연변 자치주 관광관리국이 설립되어 연길시를 중심으로 8개 현의 관광업을 관리하기 시작했다. 1986년에는 처음으로 국제관광 분야를 담당할 연길 국제여행사를 설립했고, 1998년에는 연길시 관광국을 설립했다.

 1991년 연길시가 외국인, 화교 및 홍콩, 대만 관광객을 유치한 성과는 연 1만 6,600명으로 관광수입은 2,601만 위안이었다. 관광객이 많은 국가로는 한국과 일본이었다.

1998년 연길시는 외국인, 화교 및 홍콩, 대만관광객을 연 4만 9,300명 유치했다. 이것은 1991년 대비 1.97배 증가한 셈이다. 국내 관광객도 연 24만 8,500명 이었다.

2000년 연길시는 장백산 자연풍광, 민속문화, 변강 관광자원을 개발하는데 발빠르게 대처하여 그해 처음으로 연길 조선족 관광박람회를 개최했다. 박람회 기간 동안 관광객을 연 6만 4,000명 유치해 놀라운 발전을 보이고 있다.

특히 교육 분야의 발전은 놀랍다 하겠다.

건국 후 연길시의 교육은 거족적인 발전을 했다. 연길시는 교육이 백년대계라는 슬로건에 따라 교육시설의 비중을 높였다.

2000년 말 현재 연변대학 외에도 연길시의 중등전문학교는 7개로 재학생 수가 6,705명이며, 교사가 504명이다. 일반 중학교는 23개(초급 중학교 15개, 고급 중학교 5개, 완전 중학교 3개)교에 재학생은 2만 9,803명이다. 임직원은 2,417명으로 그중 전직 교사가 1,995명이다. 그중 소수민족 학교의 교사는 1,072명으로 일반 중학교 교사 총수의 56.8%를 차지한다.

현재 연길시의 소학교는 42개, 재학생이 3만 2,325명이다. 적령 아동 입학률이 100%로 전국 평균수치보다 1.1% 높다. 임직원은 2,294명에 교사가 84.2%를 차지한다. 그 외 직업중학이 3개, 기술공업학교 및 연변제1농아학교가 있다.

주민생활의 변화는 높아지는 소득만큼이나 변화의 속도가 빠르

연길시 지도자들이 한국을 방문하여 시장경제 연수를 마치고 롯데 백화점을 방문, 기념촬영을 했다

다. 실태조사에 의하면, 연길시의 인구당 실제 소득은 1980년, 239원에서 1998년에는 6,748원으로 올라 그 성장 폭이 27배나 되었다. 물가 요인을 제하면 실제로 6배 증가된 셈이다.

생활이 향상됨에 따라 주민들의 소비가 상승세를 보이고 있다. 2000년 일인당 식생활비는 1,440위안으로 총소비 지출의 30%를 차지했다. 또, 도시 주민의 일인당 교통, 통신비 지출은 369위안이었고, 의료 건강보험료 지출은 518위안이었다.

2000년 말, 연길시의 100세대 당 칼라TV가 108대, 카메라 45대, 비디오 35대, 녹화기 1대, 가정용 컴퓨터 7대, 세탁기 91대, 냉장고 86대, 샤워 열수기 24대, 전자레인지 6대, 이동전화기가 24대였다.

주민들의 주거환경도 많이 개선되었다. 2000년 말 현재 주민들의 인구당 주거 면적이 14.96㎡에 달했다. 그리고 95% 이상의 세대가 부동산 소유권을 갖게 되었으며, 또한 세대당 60% 이상이 2방 1실 이상의 아파트에서 살고 있다.

연길시 정부는 향후 5년 간 연길시는 연 평균 GDP를 9.5%씩 늘려 일인당 생산 총액을 1만 4,800위안으로 끌어올리려 하고 있다. 그리하여 시의 재정수입을 5.13억 위안으로 늘리고, 2010년에 이르러 GDP를 92.88억 위안, 2020년에는 157억 위안에 도달하도록 한다는 것이다.

또한 인구성장률을 4.08% 대로 통제해 향후 5년내 도시 인구를 43만 5,000명이 되게 하며 2010년에는 총인구를 52만 명 정도로 하고, 2020년에는 64만 명이 되게 한다는 것이다. 이 모두가 연길시의 미래 지향적 발전계획이다.

조·중·러 접경도시 훈춘시

길림성 동남부 두만강 하류지역의 조·중·러 3국 접경지역에 자리 잡고 있는 훈춘시는 동북아지역의 물류 중심지이다. 동남쪽은 러시아의 해변 국경과 인접해 있고, 국경의 총 길이는 232.7㎞이다. 서남쪽은 두만강을 사이로 북한과 이웃하고 있으며, 국경의 길이는 139.5㎞이다. 면적은 5,120㎢로 행정구는 4개 진, 5개 향, 3개 가도판사처(동사무소)와 1개 국경경제합작구가 있다. 인구 25만 명 중 조선족이 42.8%를 차지하고 한족이 47.6%, 만족이 9.3%, 기타 민족이 0.3% 차지한다.

훈춘시는 신흥 국경개방 도시이다. 1988년에 시로 승격한 후 1992년 3월 국무원은 훈춘시를 대외개방 국경도시로 인준함과 동시에 훈춘국경경제합작구 설립을 승인했다.

훈춘시는 독특한 지리적 장점을 가지고 있다. 훈춘시에서 동남쪽으로 75km 떨어진 방천촌은 조·중·러 3국이 접경해 있는 지역이다. 그곳에서 강을 따라 15km 내려오면 동해에 이른다. 그곳은 중국이 직접 동해에 이르는 유일한 통로이며, 중국이 수로로 러시아 해안과 한반도 동해를 지나 일본 서해안, 그리고 북미주와 북유럽에 이르는 가장 가까운 곳이기도 하다.

훈춘시 주위에는 러시아와 북한의 많은 항구가 분포되어 있다. 그중 러시아의 보스트츠니항은 훈춘통상구와 71km 거리이며 울라디보스톡과는 170km, 나홋카 항구와는 370km, 동방 항구와는 350km 거리를 두고 있다. 북한의 선봉 항구와 권하통상구와는 127km 거리에 있다. 방천에서 두만강의 바다 입구를 경유해 한국의 부산에 이르는 거리는 750km이고, 일본의 신주쿠(新潟)항구와는 850km 거리에 있다.

이 지역은 조·중·러 3국과는 육로와 연결되어 있고, 한·조·중·러·일 등, 5개 국가와는 수로가 연결되어 있어 한국, 일본, 북미주가 중국을 통해 아시아 대륙을 지나 구라파로 향하는 가장 편리한 지름길이 된다. 그리고 국제여객선과 화물선으로 해상수송하기에 최적합 지점이다. 훈춘의 현재 도로망은 중·러 철도로 연결되어 있고, 권하지역과 사타자 지역이 북한과 통하고 있다.

훈춘시는 주변 환경이 양호하다. 유엔개발계획서(UNDP)가 적극적으로 주도하는 다국적 합작의 두만강 하류지역 개발계획은 실천단계에 진입했다. UNDP는 두만강 지역의 프로젝트 관리위원회를 설립하였는 바, 한·조·중·러·몽골 등, 5개 국가의 대표로 구성되어 있고, 일본은 옵서버 자격으로 참석하고 있다. 한·조·중·러·몽골 5개 국가는 두만강지역 개발전략을 위해 일련의 국제협약에 서명하여 규약의 틀을 마련했다. 동북아 각국도 두만강 하류지역의 국제 합작개발에 적극적인 태도를 보여주고 있다.

북한 정부는 훈춘에 인접한 나진·선봉지역에 면적 746k㎡의 직할 대외경제무역특구를 설립하고 일련의 정부지원정책을 펴오고 있으나 기대한 것만큼 성과를 거두지 못하고 있는 실정이다.

조·중·러와 한·일 5개국을 연결하는 훈춘은 향후 5년 GDP를 25억 위안이 되도록 하고 연간 성장률을 15%로 유지시켜 2005년까지 대비 100% 성장시킬 목표를 세워 놓고 있다.

현재의 도로망을 보완하여 훈춘의 교통과 통신 이용률을 높이고 그 기능과 서비스가 양호한 육해수송의 중추도시로 건설할 계획이다. 2005년에는 통상지역을 확대해 화물 수송량을 120만 톤에 달하게 하고 수송인원은 연 60만 명에 달하도록 한다는 의욕적인 계획을 추진하고 있다.

훈춘 국경경제합작구와 수출가공 지역에 힘입어 산업시설을 적극 지원할 계획이다. 2005년에 이르러 수출가공지역의 다양한 기업이 40개가 되도록 하고, 국내외 투자액이 1억 달러 이상이 되도록 해서 수출가공액을 1.5억 달러로 잡고 있다. 그리하여 국내외 시장을 잘 활용해 점차 구조가 우수하고 규모가 크며 고수준의 특색 있는 공업 시스템을 구축하려 하고 있다.

또한 에너지 공업기지를 건설해 임산가공업, 방직공업, 토목건축업, 제약업, 식품가공업과 고급 기술산업 건설을 중점 육성하려 하고 있다.

훈춘의 산업시설의 제2기 공사와 노룡 구수리 증축공사를 2005년까지 마무리 짓는다.

대외 무역, 해외 시장 개척을 위해 훈춘을 한·중·러 물물교역의 교두보로 설정하여 다국적 상품의 집산지集散地로 만든다.

2001년 2월 1일, 중국 국무원은 훈춘에 한·중·러 물물교역구역 설립을 승인했다. 향후 훈춘은 한국, 북한, 러시아를 잇는 국제 상품 집산지로 굳혀 두만강 지역의 중요한 물류중심이 될 전망이다.

중국의 맨 동부 끝에 자리 잡은 내륙의 개발·개방 도시로서의 훈춘시는 독특한 지리적 조건에 힘입어 멀지 않아 중국 개혁·개방의 동대문 역할을 하게 될 것이다. 또한 해상으로는 남·북을 잇고 육로로는 중국의 동·서부를 연결하는 시발점이 되는 지역이다. 21세기의 훈춘은 필연코 물류와 교류의 중심으로 발돋움할 것이 분명하다.

생태환경 시범지역 화룡시

화룡시는 길림성 동남부의 장백산 기슭에 자리 잡고 있으며 북한의 양강도와 이웃하고 있다. 총면적은 5,069㎢이고, 경작지는 2만 4,488ha이다.

행정구역은 9개 진, 4개 가도판사처(동사무소)와 157개 행정 촌이 있다. 인구는 23만 명 중, 조선족이 56%를 차지한다.

화룡시는 1992년 장백산 생태환경경제시 건설을 시작한 이래, 특히 1996년 2월 27일 국가환경보호국으로부터 전국 생태시범구로 확정된 후 경제, 문화, 생태환경을 조화롭게 발전시키는 지속적 발전전략을 제시했다.

화룡시는 그간의 노력을 거쳐 현재 10대 생태환경단지로 초보적인 규모를 갖추기 시작했다. 그중 평강평원에 1,500ha의 녹색단지가 건설되어 중국 녹색식품발전센터로부터 '녹색식품'브랜드의 생산 허가증을 발급받았다.

장백산 약재와 자원을 이용해 홍경천紅景天, 황기, 감초, 사삼, 인삼 등, 약재단지를 건설해 길림성의 무공해 약재 생산 시범단지가 되었다.

화룡시는 향후 발전 목표를 아래 몇 가지로 나누고 있다.

5년내 5,000ha의 녹색단지를 건설하며, 연간 3만 톤의 쌀을 가공할 수 있는 가공공장을 건설한다. 약재단지로서는 용성, 숭선, 남평, 복동 등, 산간지대의 4개 진을 중심으로 홍경천, 황기, 감초, 산삼, 인삼을 위주로 한 3,000ha의 무공해 약재 시범재배단지를 만든다. 또 용성, 팔가자, 두도 등의 진을 중심으로 하는 200ha의 무공해 야채단지를 만든다.

다음은 축산분야로 양질과 고효율의 축산업단지를 두도, 용성을 중심으로 3만 마리의 육견肉犬, 7만 마리의 육우, 3만 마리의 양, 8만 마리 돼지, 3만 통의 양봉단지를 만든다.

특별히 식용버섯재배단지를 확장하기 위해서 팔가자, 용성, 복동 등의 진을 중심으로 500만 단의 목이버섯, 일반버섯平菇단지를 건설할 계획이다. 또, 진귀한 동물 축산단지로 결정된 팔보강 녹장을 중심으로 1,500마리의 말, 사슴단지를 건설하는 동시에 곰, 토끼, 송어, 산개구리 등, 인공양식단지를 만든다.

양질의 사과배생산 단지는 열악한 환경에 적응하는 사과배의 특성을 살려 서성진을 중심으로 한 1,000ha땅에 단지를 건설하는 동시에 포도, 딸기 등의 과수원도 더욱 넓혀 나갈 계획이다.

특히 수요가 증가하고 있는 산나물 인공재배단지로서 용성, 숭선, 남평, 서성 등의 진을 중심으로 두릅, 올방개 등, 500ha의 산나물 보호개발단지와 100ha 인공재배단지를 만들었다.

임산물생산단지는 시 임업국을 중심으로 5,000ha의 삼림개선 보호기지와 50,000ha의 천연삼림 보호단지를 건설하고, 3,000ha의 속생풍산용재速生豊産用材 임업단지를 조성했다.

품질이 좋은 입담배 생산단지는 기존의 동성, 두도, 남평을 중심으로 하는 1,500ha의 땅에 단지를 조성할 계획이다. 이러한 활기찬 화룡시의 발전계획은 고산지대임에도 불구하고 환경생태지구로써의 특화된 생산단지를 만들어 차별화된 경제발전 모델을 제시하고자 하는데 있다.

장백산의 신흥공업도시 돈화시

중국에서는 백두산을 장백산이라 부른다.

길림성 동부 장백산구에 자리 잡고 있는 돈화시는 흑룡강성과 인접해 있으며, 면적은 1만 1,957㎢이고 인구는 48만 명이다. 행정구역은 11개 진, 5개 향, 4개 가도판사처가 있다. 연변 조선족 자치주 소속인 돈화시는 성급 경제개발구이며, 길림성에서 면적이 가장 큰 현급 시다.

장백산의 좋은 등성이에 위치하고 있는 돈화시는 장백산의 산세와 어우러져 있으며, 자원이 풍부해 동북의 보물고라고 불린다. 돈화시는 전국의 중점 임업구이고 삼림 복개율이 69%에 이르며, 임목 생산량이 8,866만㎥로 전국의 1/40을 차지한다. 경작지는 10만ha, 초지가 20만ha이다.

야생식물이 1,463종이나 있는데 그 가운데 인삼, 오가피 등, 진귀한 약재가 240종이나 된다. 고사리 등, 야생식물이 약 100여 종으로 연간 채취량이 15만 톤 정도 되며, 야생동물도 105종이나 된다. 현재 발견된 광물질은 20여 종으로 그중 토탄, 규조토, 석재 저장량이 비교적 많다. 시내에는 하천이 8갈래로 흐르고 수역 총면적은 1만ha이다. 7개의 수력발전소가 있는데 설비용량이 2만 3,360kw로 연간 발전량이 8,438만kw이다.

돈화시는 역사가 유구해 '천년고도 백년 현'으로 일컫고 있으며, 옛날 청나라의 발원지로서 유물과 유적이 많다. 육정산 고분군六頂山古墓群은 전국 26개 고분군 중의 하나이다. 육정산 관광 풍치구역에 건설된 정각사正覺寺는 세계에서 가장 큰 불교의 니중도장尼衆道場이다. 돈화는 관광명승지인 장백산과 160㎞ 거리에 있고, 경박호와는 160㎞ 떨어져 있다.

특색 있는 업종으로서는 장백산의 유리한 조건을 활용한 제약원료를 바탕으로 운영되는 제약공업을 들겠다. 장백산의 풍부한 약재를 이용해 70년대부터 90년대 사이 돈화시제약공장, 오동제약공장, 화강제약공장, 생물화학제약공장, 동북아제약공장 등을 건설했다. 2000년 제약업계의 매출액이 56,570만 위안으로 시 재정수입의 27.3%를 차지했다.

목재가공업에서 2000년, 시의 매출액은 9억 3,813만 위안으로 전체 시 재정수입의 18.11%를 차지했다.

또 식품공업의 2000년 매출액은 2억 269만 위안으로 전체 공업소득의 9.43%를 차지했다.

오랫동안 농업경제에 의존해왔으나 이제는 산간지역에 자리 잡고 있는 특색을 살려 16개 향과 진을 잡곡경제발전구, 임업경제발전구, 축산업경제발전구, 특산물경제발전구, 향·진기업발전구로 구분하여 품목별로 장려했다. 동시에 국내외 시장을 겨냥해 유통구조를 혁신키켰던 바 대산진 연명호공업무역유한공사에서 생산한 돈화콩은 한국과 일본 시장으로 수출되고 있으며, 국제적으로 명성이 높다. 돈화시는 만주국이후 일본의 대동아공영권시대 군 전략지역으로서 군수산업의 전진기지가 되기도 하였다.

목이버섯의 고향 왕청현

왕청현은 풍경이 수려한 장백산 동쪽 기슭에 자리 잡고 있으며, 흑룡강성과 이웃하고 있다. 동으로는 러시아와 45km 거리에 있고 남으로는 북한과 20km 인접해 있다. 총 면적은 9,016㎢로써 길림성에서 면적이 두 번째로 큰 현이다. 인구는 27만 명이고 조선족, 한족, 만족, 회족 등, 10여 민족이 살고 있어 다민족이 거주하는 현이다. 본 현은 대부분이 산간임지이며, 삼림자원이 풍부해 임업대현林業大縣으로 전국에서 유명하다.

장기간 이런저런 이유로 경제 발전이 더디어 1991년 현재 전국의 592개 빈곤 현 중의 하나가 된 적도 있었다. 이런 후진성을 면하기 위해 1999년 왕청현은 목이버섯 재배기술을 전략품목으로 지정하고 목이버섯현을 건설한다는 계획을 세워 생산규모와 가공기술을 개발했다. 또, 시장 판촉망을 넓히는 등, 조치를 취해 현재 목이버섯 산업은 왕청현의 기둥 산업으로 발돋움을 하고 있다.

왕청현은 참나무 삼림면적이 21만ha로 참나무 보유량이 2,095만㎥이다. 현재 벌목하여 이용할 수 있는 참나무가 132만㎥로 연간 300만 토막을 목이버섯 나무로 제공할 수 있다. 하여, 무려 200여 개의 목재 가공공장에서 나오는 톱밥과 관목림, 그리고 볏짚, 옥수수갱이, 콩깍지 등의 목이버섯 재배원료가 풍부하게 조달되고 있다.

왕청현은 목이버섯 재배역사가 30여 년이 된다. 1997년에 벌써 목이버섯 생산량이 14만 톤에 달했다. 현재 왕청현의 연간 목이버섯 생산량은 1,200톤에 달하며 그 수입이 6,000만 위안이 된다. 2010년의 목이버섯 교역량은 5,000톤, 교역액은 3억 위안에 이를 것으로 전망하고 있다.

필자는 흑룡강성의 옛 발해의 수도 동경성을 돌아보기 위해 왕청현을 다녀온 적이 있다. 나는 그곳에서 버섯 요리로 식사도하고 아예 그곳의 버섯을 사서 한국으로 가져오기도 했다. 경박호 관광 때에도 왕청현의 식당에서 목이버섯 요리를 먹었다. 지금도 그때가 새롭다.

유엔개발계획(UNDP)과 두만강

유엔개발계획(UNDP)의 지원으로 두만강 지역의 다국적 공업 건설 공정이 결실 단계에 진입했다.

1992년 국무원이 훈춘을 국경 개방도시로 인준한 후 훈춘은 현재 완전한 발전단계에 진입, 국경 및 해상 통로가 개통되었다. 현재 대러시아와 북한의 대외 개방 통로는 10개이다. 그중 철도와 도로 겸용의 통로 2개와 일반도로 8개가 완벽하게 건설되고 있다. 또한 일본과 북한사이의 해륙수송협의가 이루어지고 북한과 러시아가 항구 사용 협약을 맺었다. 그리고 훈춘에서 북한의 나진과 한국의 부산, 러시아의 포시에트를 경유해 일본의 니아까다에 이르고, 러시아의 자르비노를 경유해 한국의 속초에 이르는 3갈래 해항노선이 이미 개통되어 운행 중이다. 또한 미·중·러· 3국이 동·서방 무역통상지대를 추진하려고 하는 협의가 러시아 블라디보스톡에서 체결되었다. 사람들의 동해를 지나 세계로 나아가려는 염원이 현실화되고 있는 것이다.

두만강개발계획의 전진기지인 훈춘은 기초시설이 완벽하게 설계되고 있으며 중·러 간의 훈춘구역 국제철도 및 철도통상구가 이미 운영에 들어갔고 도문에서 나진에 이르는 국제 관광열차의 운행도 잘 운영되고 있다. 연길공항은 이미 10여 갈래 중국내 항공노선과 한국 서울에 이르는 전세기가 뜨기도 한다. 또한 동북아 주변 국가에 이르는 국제항공노선도 계속 개항하여 그 영역을 넓혀가고 있다.

특히 정보·통신 부문은 장춘 - 훈춘 - 나진을 잇는 국제 광케이블 통신라인과 장춘 - 블라디보스톡, 훈춘 - 스라브양카 및 훈춘통상구에서 쿠라스끼노 통상구에 이르는 3갈래 국제통신라인이 개통되었다. 이동통신, 디지털 통신은 세계 183개 국가와 지역에서 자동으로 접수되며, 국제 인터넷과 169개 다매체 네트워크가 개통되었다. 연길시는 국제위성 통신시설을 설치했다.

훈춘의 국경경제합작구 운영이 상당한 진척을 보이고 있다. 합작구역에 입주한 외자 투자기업이 이미 33개 소나 되며, 작년의 총생산액은 6억 위안에 달했다. 2000년 국무원은 훈춘을 수출 가공구역으로 인준해 이듬해부터 정식 운영을 시작했다. 또한 중·러 간의 물물교역도 정식 가동되었으며 외자 유치도 점차 양호한 추세를 보이고 있다. 현재 연변에 입주한 외국 기업 및 홍콩, 대만, 마카오의 629개 기업체 외자이용액이 6억 달러이다. 또한 22개 국가에서 4.6억 달러를 투자하고 있다.

관광산업 또한 양호한 발전추세를 보이고 있다. 2001년 연변은 국내외 관광객 연 154만 명을 유치, 그중 해외 관광객이 15만 명쯤 되며 관광 총수입은 5.8억 위안에 달했다. 중·러와 한·중·

북한을 잇는 관광코스를 개통했고, 1999년 4월에는 조·중·러·UNDP가 공동으로 중국 훈춘에 유엔 세계공원을 건설키로 합의한 바 있다.

2001년 연변의 수출입 총액은 3.1억 달러이며 근로 외화수입 액은 2.3억 달러로 연변 GDP의 1/5를 차지한다. 또한 대외 무역도 늘어나는 추세를 보이고 있는 바, 일반무역 경영권을 소유한 기업이 79개, 국경무역 경영권을 소유한 기업이 56개, 대외 공사를 도급맡고 기술 합작을 하는 기업이 6개이다.

국가계획위원회가 주선하고 중국 국제공정자문공사가 도맡은 두만강 지역의 중국측 개발 계획의 중점사업을 이미 마무리 지었다.

두만강 지역의 개발 전망을 보면 두만강 지역은 21세기 동북아 지역의 가장 활기 넘치는 합작구가 될 것이다. 그 근거는 아래와 같다.

첫째, 두만강은 동경 130°42, 북위 42°17로 세계 공업지대와 일본 공업지대의 최서단에 있어 세계 공업화의 새로운 기점으로 부상될 것이다. 이 지역은 서쪽으로는 유럽 대륙, 동쪽으로는 태평양 지역과 이어지는 아주 중요한 전략적 위치에 있다. 이 지역은 아시아와 서구, 북미의 문화를 연결하기에 가장 적합한 접합점이다. 특히 북한의 대외무역개발 특별구역인 나진·선봉과 연결되어 있다.

둘째로, 정치적 이면을 보면 비록 전쟁이 남겨놓은 앙금과 배타적 요인이 있지만, 한·중·일·러의 관계가 이미 정상화되었고 상호 합작의 의지가 강하다. 특히 남북한의 6·15 공동선언은 남

두만강 도문교 위에 선 필자
유유히 흐르는 물은 말이 없다

북한과 동북아의 안전에 적극적인 요인을 부여해 주었다. 북핵 문제가 해소되고 두만강 지역의 정치적 이해로 동북아 6개 국가의 구도가 중대한 변화를 가져오게 될 것이다.

셋째, 경제적으로 주변 국가의 산업구조와 생산요인의 상호 보완성은 단시일 내에 개선되지 않을 것이다. 중·러·몽골 3개 나라는 사회주의 계획경제 방식을 포기하고 지금 시장경제로 넘어가는 과도기에 있다. 주변 국가들의 경제가 호전되는 것은 서로가 합작 산업에 양호한 조건을 제공해 줄 때 가능할 것이다.

넷째, 대외 개방에서 비록 차이가 있기는 하지만, 모두 개방을 확대하는 추세를 보이고 있다. 두만강 지역 개발에 대한 개발방식과 개발시점 등 문제에서 이견이 존재하지만, 모두가 참여하겠다는 의지를 보여 개발이라는 대전제는 이미 확정이 된 셈이다. 이로 보아 두만강 주변의 개발은 막을 수 없는 추세로 보인다.

특히 두만강 3각주는 21세기 다국적 자유무역 지역으로 부상할 것이다. 그 주요 근거는 다음과 같다.

첫째, 이익의 형평성과 수요의 보완성은 다국적 자유무역 지역을 건설할 수 있는 근본적인 전제 조건이다. 동북아 제 국가의 공동 이익과 상호 보완을 놓고 이미 북한은 중국 동북의 풍부한 자원과 외자를 흡수할 수 있는 나진·선봉 대외무역경제 특구를 설정해 법률을 정비하는 등의 환경 조성에 열을 올리고 있다.

러시아는 중국 등, 동북아 국가들의 화물유통과 한국, 일본, 미국 등의 국가의 자금을 유입하기 위해 나훗카, 블라디보스톡, 핫산 등에 자유경제무역구를 승인했고 블라디보스톡, 나훗카, 마하린노, 포시에트 등의 항구를 개방했다. 중국은 두만강을 이용한 해상통행을 회복하고자 일본으로 통하는 통로를 개통해 놓고 있다. 또한 훈춘 국경경제합작구를 건설하고 훈춘 수출가공구역을 개설했다.

한국도 지리적 여건과 이익을 위해 목표를 두만강으로 돌리고 있다. 3면이 바다로 둘러싸인 한반도는 두만강 지역이 중국 내륙으로 들어가는 중요한 위치에 있음을 감안하고 있으며, 특히 해륙 교착점에 위치한 구조가 한국을 유인하고 있는 것이다.

둘째, 일본은 상대적으로 낙후한 서해안지역의 경제를 발전시키고자 두만강 지역의 개발에 관심을 돌리고 있는 것이다. 두만강 3각주는 유럽으로 통하는 최적 지점이기 때문이다. 또한 몽골도 중·몽 철도가 하루빨리 개통되기만을 학수고대하고 있다. 가까운 곳에 바다를 잇는 통로만 개척되면 몽골도 동북아 각국과 연계를 강화할 수 있기 때문이다.

이처럼 두만강 지역은 동북아 6개 국가의 이해와 지원이 요구되고 있다. 국제 경험에 의하면, 큰 강이 바다로 흘러드는 삼각주는 지상의 파라다이스를 건설할 수 있는 이상적인 지역이 되고 있다.

이러한 지리적 여건을 감안한 북한당국도 UNDP계획과 함께 나진, 선봉지구를 개방지구로 선언했으나 경제논리에 정치논리가 개입되고 있으며 구매를 촉진할만한 조건이 성숙되지 않아 외국자본과 기업이 손을 대지 않고 있다. 그리고 한국정부도 지리적으로 유리한 개성공단과는 차이가 있어 개발에 문제가 있다고 보고 있다. 그러나 투자가 본격화되면 이 지역의 개발 전망은 매우 밝다.

천연자연의 보고 장백산(백두산)

장백산의 천연자원과 자연환경은 이미 UN이 그 가치를 인정한 바 있다.

장백산은 아시아대륙의 동부이자 중국 길림성 동남부의 산간에 위치하고 있으며, 태평양과 잇닿아 있는 중국의 10대 명산의 하나다. 장백산은 유럽과 아시아 대륙을 연결하는 동일한 위도에 위치해 있다. 물론 원시생태가 잘 보존되어 있고 자연자원이 풍부한 지역의 하나이다. 또한 동북아의 최고 생물 저장고이기도 하다. 망망한 장백산 밀림 속에는 2,400종의 야생식물과 1,500종의 야생동물이 있다. 장백산의 해발 2,600m와 수평 거리 10㎞의 수직 분포대에는 온대에서 극지에 이르는 1,000㎞ 범위의 생물들이 집결되고 있다.

장백산 원시림은 요녕, 길림, 흑룡강 등, 동북아 지역의 생태 균형을 유지하는 데 중요한 작용을 한다. 그러한 변천과정은 중국 동북지역의 경제 발전에 직접적인 관계를 갖고 있다고 본다.

1960년 길림성 정부는 백두산 천지를 에워싼 남, 서, 북 3면의 장백산 원시림 가운데 북한과 인접한 동남쪽의 19.646만ha의 지역을 장백산 자연보호구로 확정했다. 장백산 자연보호구는 1980년 1월 유엔 과학교육조직의 '사람과 생물권' 네트워크인 「국제생물권 보호기구」에 가입했고, 1986년에는 국무원의 승인을 받아 국가급 자연보호지구로 선정되는 등, 국제 지명도가 점차 높아지고 있다.

그러나 장백산의 삼림은 심하게 파괴되었다. 천연자원도 무차별적인 개발로 인해 귀중한 동식물이 계속 멸종되는 추세를 보이고 있다. 때문에 연변은 경제발전 전략을 세울 때 반드시 자원을 위주로 한 환경 산업으로 전환시켜야 하며, 그렇게 하자면 장백산 자원보호 전략을 보다 적극적으로 모색해야 한다.

생물자원의 개발 이용프로젝트를 보면 다음과 같다.

· 멸종위기 식물 보호기술연구
· 생물의 다양성이용 연구
· 야생항암진균 배양기술 및 항암생물 조제製劑연구
· 야생식물의 색소 및 식용화 연구
· 유독식물 이용연구
· 야생식물 및 동물의 약용화 연구
· 동물 보호기술 연구
· 야생동물의 생물학적 특성 연구
· 개방식 야생 동물원 건설
· 모피 및 육식용 동물의 개발

장백산 약용자원 개발 이용계획 등을 보면 기본 상황으로서 장백산구는 중국의 3대 약재 생산기지의 하나이다. 조사에 의하면, 장백산의 약용식물 자원은 132과科에 860종이나 된다. 그 외 60여 종의 약용 동물이 있다. 유명한 약재로는 인삼, 녹용, 웅담 등이 있으며 장백산 약용자원 개발 이용계획으로서는 장백산 생약초 시장의 발전에 따라 제약에 소요되는 장백산에서 생산되는 약재를 국내외 제약시장에 공급한다. 한편 시장성이 있고 부가가치가 높은 암, 심혈관, 당뇨, 에이즈 등의 치료약물을 중점적으로 연구 개발해갈 것이며 또한 홍경천, 월견초 등, 32종의 연변 특산 약품과 건강식품을 주로 개발해 갈 것이다.

　장백산 식용자원 개발로서는 연변 자치주 내에는 장백산 식용 야생식물이 71과에 390종(191종의 식용진균 포함)이 있으며 그중 산 야채류가 150여 종 된다. 상용 식용균은 120여 종이며, 채집 가능량이 1만 톤이나 된다. 과일류는 100여 종이며 수확 가능한 것이 1.5~2.5만 톤이다. 이미 개발된 품종이 40여 종으로 전체대비 10%밖에 안 된다.

　향후 신제품 개발에서 보건식품, 간이식품, 녹색식품 개발과 함께 산야채 가공과 과일을 이용한 음료수 개발에 박차를 가해야 할 것이다. 그중에 홍경천紅景天 등은 이미 보건음료로 연구에 착수했다. 오가피, 장백산 개구리, 영지, 서양삼 등의 건강식품을 개발하고, 맥반석 계열 제품과 콩 계열 제품에 대한 개발도 서두르고 있다.

　장백산 관광자원 보호와 개발로서는 연변에는 현재 1급 관광풍치 자치구가 1개, 2급 관광풍치지구 2개, 3급 관광풍치지구 6개, 4급 관광풍치지구 5개, 5급 관광풍치지구 3개가 있다.

향후 연변은 겨울철 관광업을 개발하고 장백산의 우수한 관광자원을 지키기 위한 관광 프로젝트와 관광상품의 개발에 지혜를 모아야 할 것이다.

연변은 2005년에 해외 관광객을 연 21만 명, 국내 관광객을 연 280만 명 유치해 관광수입을 자치주 GDP의 6.6%이 11.8억원으로 올릴 계획이다. 2010년에 가서는 해외 관광객을 연 40만 명, 국내 관광객을 연 500만 명 유치해 관광수입을 주 GDP의 8%를 차지하는 25억 위안으로 올릴 계획이다. 이를 위해 연변 자치주는 국내외 관광객 유치를 위한 다각적인 대책을 강구하고 있다.

따라서 연길시에서 48km 거리인 왕청현 백초단지와 만천성의 풍치지구에 중국 조선족 문화박람성博覽城을 건설할 계획이다.

초현대화하는 과학기술과 정보통신

연변 조선족 자치주 지역은 70년대 말까지 농업과 임업 등, 기초경제에 의지했기에 공업에 대한 안목이 부족했다. 1959년 연변 농업과학연구원 설립을 전후해 연변 잠업연구소와 연변 임업과학연구소 등을 세운 바 있다. 1978년에 연변 과학기술 정보소를 설립하고 1984년에 연변 과학기술 연구소를 설립했다. 1985년에는 연변대학 천연유기화합물 연구소를 세웠다.

'80년대 들어 공업 프로젝트를 세웠지만 그 중심이 명확하지 않왔다. 현재 연변은 과학전문기술 종사자가 10만 명이나 되어 연변 조선족 자치주 인구의 4.5%를 차지하며, 전국과 길림성의 평균 수치보다 훨씬 높다. 하지만 2000년 연변 일인당 GDP는 500달러로 길림성의 전체 평균 수치인 700~800달러보다 낮은 수준이다. 연변에는 이공계 과학기술 종사자는 많지만, 생산 제1선에서 일하는 사람은 적다. 또한 독립적으로 과학기술 연구를 하는 학술 지도자가 적다. 게다가 과학기술인에 대한 처우가 약해 우수한 인재가 중용을 받지 못하고 인재 손실이 많은 것도 원인으로 된다. 진정 연변에 모자라는 것은 과학기술과 정보통신기술 인재이다.

연변은 반드시 과학기술산업의 핵심인 정보통신산업을 주산업으로 하고 제3산업을 뒷받침으로 하며, 농업을 보완하는 연변 특유의 경제 기틀을 마련해야 할 것이다.

과학기술 현대화의 핵심으로서는 정보·통신망을 많이 건설해야 한다. 연변은 지리적으로 동북아 지역의 중심에 놓여 있으며, 중국 동북과 아시아 - 유럽을 잇는 중추지역이다. 하지만 기초시설 건설, 특히 교통시설이 낙후하고 주변 국가의 경제 환경 열악 등, 여러 가지 원인으로 연변의 경제는 여타 지역에 뒤떨어지고 있으며, 그 차이는 날로 더해지고 있다.

세계는 네트워크 시대에 진입했다. 고도의 정보화, 네트워크화만이 연변의 경제를 세계경제의 대열에 끌어올 수 있을 것으로 보고 있다. 연변의 정보·통신망은 공간정보 기틀을 활용해 공업, 농업, 교육, 의료, 생태, 관광, 교통, 문화, 체육과 금융 등의 업종에 신속하고도 정확한 정보를 제공해 주어야 한다. 이를 위해

주 정부는 공간정보 기틀에 출자해 연변 과학기술 데이터뱅크를 전 자치주의 각 사업소에서 공동으로 이용하도록 해야 한다.

자치주 정부는 연변대학, 또는 여러 유형의 연구단체와 기업이 손을 잡도록 해야 한다. 그러기 위해서는 연변대학 과학기술원 내에 연변 기술혁신기지와 연변 CAD/CAM 사이버설계 제조센터 및 고속 네트워크소를 설립해 공동 운영하도록 해야 할 것이다. 이에 수요되는 인재와 재원은 주 정부가 적극 지원하고 제도화하여 나갈 계획이다.

특히 연변대학 과학기술원의 설립을 서둘러야 한다. 연변대학의 여러 학과와 과학기술은 연변 과학기술인의 중심이다. 향후 10여 년의 시간을 두고 연변대학 과학기술원 설립을 독려해 연길 공업개발구와 상호 연결이 되도록 하며 연변 기술산업의 주력으로 부상하도록 해야 한다.

연변의 전략적인 과학기술 목표를 이룩하자면 인재를 양성하는 것이다. 2005년에 이르러 연변이 요구하는 과학기술 인재는 13만 5,000명이다. 1만 명당 각 유형의 전문기술인이 650명, 과학기술 지도자가 150명, 국내외 고급 인재가 80명 정도 있어야 한다.

21세기 중엽에는 과학기술 종사자가 연변 인구의 10% 이상(약 30만 명)이 있어야 하고, 전문연구와 개발에 종사하는 과학기술자도 1만여 명으로 그중 1%인 1,000여 명은 최첨단 전문인이어야 한다. 향후 중국 내의 우수한 과학기술인이 상대적으로 연해지역에 많이 집중될 전망이기에 연변 같은 근거리에는 인재 위기가 올 수도 있다. 때문에 반드시 상응한 조치를 취해 인재난에 대비해야 한다.

그렇게 인재육성을 서둘러야 공업도 현대화 될 수 있을 것이다.

중국은 1953년부터 공업화를 토대로 한 사회주의식 경제건설을 서둘렀다. 하지만, 국가가 공업화를 독려할 때 연변은 그 속에 들지 못했다. 너무도 낙후되어 있었기 때문이다. 아무튼 공업화는 경제건설 문제일 뿐만 아니라, 예술문화 발전을 위해서도 꼭 필요하다.

지금부터 시장의 수요를 파악하고 기간산업과 우수기업을 찾아내 양질의 제품과 경쟁력을 갖추어 시장을 점령해야 한다. 연변은 풍부한 자원이 있어 연변 특색을 띤 경제 기틀을 마련할 수 있을 것이다.

21세기의 첫 20여 년 간은 기초적인 자원을 이용하여 식품, 제지, 의약, 건재, 방직, 복장 등의 산업을 발전시켜야 한다. 그리고 연길을 중심으로 훈춘, 돈화시 등의 인구를 50~150만 명에 이르는 중소도시로 육성해야 할 것이다. 이러한 중소도시 공업의 발전을 가속화해야 하겠지만 조상들이 일구어온 1차 산업인 농업의 현대화도 소홀히 해서는 안 된다. 농업 현대화는 바로 우리 삶의 현대화와 같기 때문이다.

가급적 동북아 금삼각주를 중심으로 한 동북아 협력체제를 구축해야 한다. 한국, 중국, 일본, 몽골, 러시아 5개 국가의 협력체계를 구축하고 연변의 한냉농업 개발연구를 진행해 연변의 벼, 옥수수, 콩, 감자 등, 무공해 곡물을 생산해 한국, 일본 등의 국가로 적극 수출해야 한다. 장백산 자원과 북한의 광물자원을 개발하여 연변을 중심으로 화훼花卉단지도 조성해 농민들의 소득을 올려야 할 것이다.

녹색산업발전은 정부가 특별히 지원해야 한다. 연변의 여명농업대학은 최근 한국의 자연농업협회와 무공해 비료와 사료를 생산하기로 합의해 무공해 농작물의 생산과 축산업의 토종육 생산에 현저한 효과를 보고 있다. 이러한 신토불이(身土不二) 기술은 중국 내에서 앞자리를 차지하고 있다. 또한 새로운 농약과 비옥토 전용비료의 시험에 성공했는 바, 무공해 유기비료는 모든 농업 부산물을 양질의 유기질 비료로 전환시킬 수 있는 선진기술인 것이다. 연변 농약공장에서도 무공해 생물농약의 생산을 서두르고 있다.

연변의 정보통신은 9.5기간 연변의 통신 기초시설 건설은 대단한 발전을 가져왔는 바 정보화 사업에 훌륭한 토대를 마련했다. 전신 교환망은 연길, 훈춘 2개 지역은 이미 전화망이 구축되어 있다. 시내 교환대 총용량은 38만 3,868문으로 시내 전화사용 세대는 31만 6,644세대이며, 전화 보급률이 29.7%로 성과 전국의 평균 수치보다 약간 높다고 보겠다.

전신 연결망은 동북에서는 제일 큰 규모를 가지고 있다. 연길시 전신국은 현재 동북에서 가장 큰 1급 전신국으로 부상했다. 전선 설비로는 선진국 수준인 SDH(광매체에서 동기식 데이터 전송을 위한 표준기술) 설비를 채용했다. 국제통신은 연길-북한 간 경선로가 13갈래, 중-러 국경선로가 1갈래, 훈춘-나진 간 92km의 광케이블 라인, 한국-연길간 60 갈래의 위성선로 등이 있다.

현재의 DDN(방위자료망), 분조 교환 네트, 미폭 케이블 ISDN(종합서비스 디지털 통신망) 등 데이트 수송망에 제공되는 고속 다매체 데

이터 수송이 형성되어 있다. 연길-장춘의 케이블은 1999년의 2M에서 현재 155M로 증가되었다. 연변은 현재 정부 포털 사이트 4개와 기업 포털 사이트 30여 개가 있으며, 그 외 개별적인 사이트가 수 없이 많고, 수시로 정보를 교환하고 있다.

이제는 역량을 집중하여 정보 교환망으로서 국제무역 전자자료 교환망(EDI), 사회 서비스망으로서의 카드 및 공안교통 감독통제 자동화 관리시스템 등, 기간 정보망을 구축하고 있다. 그리고 창조력과 경쟁력이 있는 포털 사이트를 구축하여 정부가 네트워크에 들어오고 기업이 네트워크에 오르며 가가호호가 네트워크에 연결되도록 해나가고 있다.

연변의 정보통신망 건설은 장기적이고도 중대한 국가적 시설이므로 각 부서가 협력해 연변의 IT산업, 곧 정보통신망 건설을 지원하게 될 것이다.

물류의 중심 연변시

연변지역의 교통 수송업은 본 지역의 경제발전 가운데 중요한 위치를 차지하고 있을 뿐만 아니라, 국내의 교통 수송망 가운데서도 매우 중요한 전략적 위치를 차지하고 있다.

도로망을 보면 연변은 각 현과 시로 통하는 도로는 모두 포장길이며, 각 향·진과 마을길도 대개는 포장길이다. 연변의 도로 총길이는 3,898.6km이다. 백두산 천지관광코스와 송강에서 이도에 이르는 장백산 관광도로가 준공되고 동북 최대의 터미널인 연길 버스 터미널이 건설되었다. 그리고 돈화와 훈춘간 고속도로가 건설되면 연변지역에도 드디어 국제적 수준의 고속도로가 탄생하게 된다. 다음으로는 항공망을 볼 수 있겠는데 연길시 정부는 1985년 국무원과 중앙군사위의 승인을 거쳐 연길 군용비행장을 길림성에서 두번째로 큰 민영공항으로 건설해 연변지역의 항공수송에 커다란 발전을 가져왔다. 1997년 연길공항 제2기 확장공사가 마무리되어 연

장백 자치현으로 흐르는 압록강. 필자가 서 있는 우측 건너편이 북한 땅이다

변지역의 항공수송은 새로운 도약의 단계에 진입했다고 본다. 서울과도 직항로를 열어 명실 공히 국제항공노선을 연결한 셈이다.

해운업도 1993년 4월, 길림성의 첫 국제항운 기업인 연변 항운공사가 설립되어 연변 수상수송의 새로운 기원을 열었다. 연변 항운공사는 수차의 협상을 거쳐 북한의 대외경제협력추진위원회와 나

진항을 이용한 동북아 각국과 해상수송에 관한 협의를 체결했다. 또한 세계은행과 한국 금융계, 해운계로부터 거액의 국제 자본을 유치해 해상 운송체제를 조성하고 국제해운 기술인을 양성했다. 1995년 10월 한국(부산) - 북한(나진) - 중국(연길)의 국제 컨테이너 정기운항선과 여러 갈래 비정기 운항선을 개통했다. 1996년 10월 만톤급 컨테이너 혼합탑재 선박을 구입했다. 현재 연변의 항운공사는 연간 100만 톤의 수송 능력을 보유하고 있다. 그밖에 중요한 수송수단인 철도를 보자.

연변의 철도는 길림성과 흑룡강성을 지나며 북한과 러시아 두 나라를 잇고 있다. 길이가 453.3㎞로 서쪽의 돈화에서부터 길림철도분국과 연결되어 있고, 동쪽의 두만강대교와 북한이 맞붙어 있다. 동남으로는 장령통상구와 러시아가 이어져 있고, 북쪽의 녹도에서 목단강 철도분국과 경계를 하고 있다.

연변지역의 철도는 길림성 동부지역의 주요한 통로일 뿐만 아니라, 동북지역의 산간을 개발함에 있어서도 지대한 역할을 하고 있다. 오랜 시일을 거쳐 연변지역철도는 줄곧 중·조 국제수송의 주요한 간선이었고, 훈춘의 철도가 러시아철도와 이어지면서 연변지역의 철도는 중·러 국제수송의 주요한 간선으로 부상했다.

2010년에 이르면 주요한 철도선의 복선율復線率이 75%에 달하고, 내연기관차는 100%에 달하며, 일부 선로는 전철화電鐵化를 실현할 것이다. 연변은 향후 철도와 도로를 기간수송망으로 하고 해운과 항공을 조화롭게 발전시켜 기술과 장비가 선진적인 수준에 도달하는 종합수송시스템을 구축해갈 것이다.

남한 면적의 절반에 가까운 넓은 면적의 연변조선족 자치주는 항공로선의 서울 연길이 직항로로 연결되고 속초와 보스트니츠항이 해로로 연결되어 있는 시베리아 철도가 연결되어 전유럽이 연결되고 중국 내륙을 관통하여 동남아로 진출하는 철도가 연결되면 연변조선족 자치주 지역은 명실공히 관광 무역, 유통의 중요한 전략지역이 될 것이 분명하다.

연변 조선족의 교육

50년대 연변의 조선족 교육은 전국 소수민족 중에서 다음의 5가지를 맨 처음 실행하여 제일이란 명성을 날렸다.

첫째 : 소학교 교육을 의무교육으로 보급(1952년)했다.

둘째 : 초·중 교육을 기본교육으로 보급(1958년)했다.

셋째 : 청장년들의 문맹을 완전히 퇴치시켰다(1958년).

넷째 : 3대 민족대학(원)을 건립(1959년 조절 후 연변대학, 연변의학원, 연변농학원을 건립, 1996년에 새로운 연변대학으로 합병)했다.

다섯째 : 농민대학(연길현)과 동성향 여명대학(1958년 5월 1일)을 건립했다.

이와 같은 5가지 교육의 기본조건은 연변 조선족 자치구가 갖고 있는 가장 큰 발전의 원동력이 되고 있다고 보아야 할 것이다.

'50년대 후반기 중국 공산정권의 획일적 정책에 의해 조선민족 교육의 발전은 한 때 좌절을 겪었다. 10여 년간 진행된 〈문화대혁명〉은 조선족 교육에 고통을 주었고 심히 파괴되기도 했다. 적지 않은 교사들이 타격을 받았고 심지어 박해에 의해 사망하기도 했다. 또 민족학교가 취소되고 한글 교육이 완전 폐기되기도 하였으며, 조선족 학교에 대한 우대정책도 취소되어 교육 수준이 전례 없이 저하되었다. 그러다가 당의 11기 3중전원회의 이후 민족정책이 회복되어 조선족 교육은 제 궤도에 오르기 시작했다.

1994년 연변 조선족 자치주는 조선족 교육 조례를 반포, 실시했다. 오늘날 연변 조선족 자치주의 교육은 유아교육, 일반 중·소학교 교육, 중등직업기술교육에서 성인교육, 대학교육에 이르는 규모가 비교적 넉넉하며, 수준이 비교적 높고 완벽한 민족교육 체계를 형성했다고 본다.

1999년, 연변주 내에는 종합적인 연변대학 외에도 중등전문학교가 9개, 종업원대학, 농민대학, 교육학원, 방송TV대학, 성인교육학원이 각각 1개, 성인중등전문학교가 7개, 교육연수학원이 9개, 일반 중학교가 173개가 있다. 그중 고급 중학교가 23개, 초급 중학교가 132개이다. 소학교가 659개 있으며 직업중학교가 16개, 기술공업학교가 16개, 유치원이 1,054개, 성인종업원중학교가 9개, 성인농민중학교가 12개, 농민초등학교가 342개가 있다. 이처럼 각종 유형의 교육시설이 서로 맞물리면서 조화롭게 발전하고 있으며, 교육 수준과 실효성도 날로 증대되고 있는 편이다.

경제 발전에 뒤쳐진 인재양성

현재 연변대학의 재학생 중 조선족이 50%를 차지하며 교사 가운데 조선족이 80%나 차지해 조선족 인재 양성을 위주로 하는 민족 특색의 대학교로 발돋움했다. 연변대학 내에는 연구원이 3개, 연구소가 여러 개 있다. 연변 자치주의 각급 행정과 사업단위의 간부 및 기업 경영주 가운데는 연변대학 및 성인대학을 졸업한 사람이 대다수를 차지한다.

1999년 연변 자치주의 적령 유아 입학율은 89%로, 소학교 입학율이 99.97%, 초등학교 입학율이 95.2%에 달했다. 장애인 어린이들도 기본상 특수학교나 특수 교육반에 입학해 공부를 하고 있는 바 입학율이 94.4% 이상 된다. 연변 자치주의 성급에 오른 중등전문학교가 5개, 기술공업학교가 3개, 성급 중점직업고등학교가 3개, 국가급 중점직업고등학교가 1개 있다. 또한 연변은 학교 운영 방식과 학생 모집제도를 개혁해 연변 해양직업중등전문학교, 연길 국제합자기술학교와 동방예술학교에서는 1교다제(1校多制)의 학제 방식을 도입해 봄, 가을 2회 학생을 모집하고 있다.

1994년에 제정한 연변 조선족 자치주 조선족교육조례는 민족자치 권리를 행사하고 민족자치구역의 자주권을 보장하는 것으로 되어 있다. 이를테면 조선족 교육계획, 학교 관리체제, 운영방식, 학제, 교재, 교수 내용, 인원 편제, 교사 임용과 초빙, 경비 관리와 사용 등을 연변 자치 실정에 부합한 결정을 할 수 있도록 자치 권리를 부여한 것이다. 이런 조례는 민족 교육의 법률적 지위를 확보하고 교육의 민족 평등권리를 보장하며, 민족특성과 지방 특색을 결합한 개혁으로 조선족의 교육 발전에 법률적 보장을 제공했다.

연변 조선어 교재 편역 출판사업은 연변 교육출판사에서 주로 맡고 있다. 연변 교육출판사는 동북 3성 및 내몽골 등지의 조선족 중소학교, 사범학교, 유치원 사용교재와 기타 교수용 서적을 편찬하고 있다. 기본상 조선족 중소학교, 사범학교와 유아원의 수요에 만족을 주면서 민족교육의 순조로운 발전을 도모하고 있다.

문화대혁명시기 연변의 중소학교의 조선족 교사는 1,000여 명 넘게 모자랐었다. 1979년과 1980년 연변은 3,650명의 민영교사를 국가 정식교사로 채용했으며, 1982년에는 한어 교육을 기초로 한 연변 제1사범학교를 개설해 조선족 소학교 교사와 유치원 교사를 양성했다. 같은 해 돈화사범을 토대로 연변 제2사범학교를 개설해 소학교 교사들의 지방화를 추진시켰다.

1983년에는 연변 사범단과대학을 건립하고 한족 초등학교 교사를 양성했다. 2000년 이 두 곳의 중등사범학교를 바탕으로 연변 사범분원을 개설해 사범 교육의 다차원 과도기를 실현했다. 연변대학에서도 본과생들에 대한 사범 교육을 강화하는 동시에 조선족 중학교의 부족한 교사 문제를 해결하고자 1986년에 사범 단과를 증설하고 매년 학생을 200명씩 모집하고 있다. 특히 연변대학 합병 후에는 사범학원을 설립하고 대학 사범교육을 강화하고 있다.

연변 교육학원과 현, 시의 교사 연수학교는 교사의 양성, 교재, 교수법 훈련, 단기 훈련, 중소학교 교사 기본기능 훈련 등을 통해 재직 교사의 실무 수준을 효과적으로 높이고 있다. 1999년에 이르러 연변의 학력 기준 합격률은 소학교 교사가 100%, 중학교 교사가 95.2%, 고중교사는 78.74%에 달했다.

물론 그 이전부터 연변 조선족 교육에 부딪친 일련의 문제점을 탐색하여 교육의 내용과 교수의 자질을 높이고자 1980년 8월 전국에서 처음 소수민족 민족교육 연구소와 연변 민족교육 연구소를 설립했다. 1996년에 이르러서는 연변지역 각 현과 시에 육속 교육연구소를 설립했었다. 1948년 12월에 발간된「연변교육통신」은 1985년 6월에〈중국조선족교육〉으로 개명했다. 이런 교육 연구기구, 학술 단체와 교육 간행물들은 민족 교육개혁과 교제과학보급 및 교육의 질을 높이는 데 중요한 작용을 하고 있다고 보겠다.

현존하는 교육문제로서는 지금까지 민족교육에 따른 문제점도 적지 않았다. 연변의 대학교 교육은 시장경제 발전과 지식정보 발전에 상호 모순 되는 점들이 하나씩 나타나고 있다.

그중에 대학교육의 예를 들면, 먼저, 대학교 교육의 전 구조와 사회 발전이 조화를 이루지 못하고 있다. 연변의 경제건설 가운데 난제로 되는 것이 재원과 기업관리인재와 공정 기술인이 너무 적다는 것이다. 연변의 대학들에 설치한 과목 중 인문계가 많고 이공계가 적으며 사범학생만을 주로 양성하기에 사회 수요에 만족을 주지 못하고 있다. 1991년 연변대학의 전신인 5개대학의 졸업생 중 연변에 적籍을 둔 졸업생이 888명, 그중 공업, 농업, 임업 관련 졸업생이 167명으로 18.8%밖에 안 되었다. 1998년에는 공업, 농업, 임업, 경영관리학과 졸업생이 187명으로 연변 졸업생의 19.8% 밖에 안 되었다. 이 졸업생중에 대부분은 당·정 기관에 배치되고, 경제 제1선에 나간 사람은 극히 적었다.

다음으로, 성인교육 시스템이 조화를 이루지 못하고 있다.

대학의 학과가 중복되고 학과의 양성목표가 불분명한 면도 적지 않다.

중등전문교육의 예를 들면, 조선족 교육은 의욕은 높지만 발전이 느려 수준이 제자리걸음을 하고 있는 실정이다. 한 때 연변 조선족의 교육은 줄곧 고도의 보급율과 우수한 질로 전국의 앞자리를 차지했었다. 그러나 근년 들어 이런 우세는 점차 기울어져 선진지역과의 거리도 멀어지고 있다. 연변의 교육은 자치주가 성립된 이래 가장 심각한 도전을 받고 있다. 조선족들의 중요대학 진학률이 점점 내려가고 있고 전문 엘리트들도 전에 미치지 못하고 있다.

또, 진학률만 추구하고 교육 본래의 기능을 무시하고 있다. 그리고 학생들의 창의력에 대한 지원을 소홀히 한 데서 학생들이 중학교를 졸업한 후 제자리를 찾지 못하고 있는 실정이다. 농촌의 학생들은 생산의 현장에 적응하지 못하고, 도시의 학생들은 취업을 하지 못하는 등, 학생들의 능력이 낮아지고 있다.

학교의 분포가 불합리하다. 도시의 학교들은 학생이 넘쳐나 교실이 부족한 상황이고, 농촌은 학생이 없어 교문을 닫을 형편이다. 도시의 학교는 한 학급에 학생이 60명 이상이나 되어 정상적인 수업에 영향을 주고, 농촌의 소학교는 평균 한 학급에 23.1명밖에 안 되어 국가에서 규정한 최저 30명보다 6.9명이나 적다.

농촌의 초등학교는 분산되어 있는데다 규모도 작다. 연변의 114개 농촌 중학교(도시와 현 소재지 제외) 가운데 학생이 100명 이하 되는 학교가 7개교로 6.1%이다. 학생수가 100명~200명 되는 학교가 25

개교로 21.9%, 200명~300명 되는 학교가 21개교로 18.4%이다. 자치주내 농촌 초등학교의 교사와 학생 비례는 1:10.65로 성에서 규정한 1:11.4를 능가하고 있다.

학교의 학생의 불균형에 학생과 교사의 부조화 현상이 심해 교육사업에 허다한 어려움을 가져다주고 있다.

이러한 모든 문제의 근원은 학생 수다. 특히 연변지역의 인구 성장률이 급감되는 데다 인구의 외류外流현상이 급증하면서 농촌의

한국인의 투자로 세워진
연변과학기술대학
캠퍼스가 조금은
황량해 보인다

학생수가 날로 고갈되어 가고 있다. 따라서 학교가 줄어들어 농촌의 교육은 위기에 직면했으며, 전통적인 민족 교육토대가 날로 위축되어 가고 있다. 1989년 연변지역 농촌의 19개 민족중학교와 33개 연합중학교에 있는 조선족 학생이 도합 8,836명으로 주 전체 중학생 총수의 21.8%를 차지했으나, 1995년에 이르러 농촌의 민족중학교는 6개교에 연합중학교는 19개교로 학생수가 2,730명으로 15%나 감소되었다.

소학교도 마찬가지이다. 1989년 자치주 산하 농촌의 민족소학교가 188개교, 연합소학교가 147개교에 학생이 도합 3만 3,460명으로서 소학생 총수의 42.6%이었다. 그러나 1995년에 이르러 민족소학교는 77개교에 연합소학교는 100개교로, 학생수가 2만 1,778명으로 줄어 자치주 학생 총수의 26%밖에 안 되었다.

학교마다 재원이 부족하다. 교육예산이 부족해 교사들의 월급을 지급하기 어려운 상황이다. 1997년 연길과 돈화와 주 직할 학교는 교사 급여를 제때에 지급했지만, 기타 현이나, 농촌학교는 모두 교사들의 월급을 제때에 지급할 수 없는 형편이었다. 1998년 말 자치주 전체 교사들의 노임 연체액이 4,736억원에 달했다.

교사 수급에도 문제 있다고 본다. 그 중에도 국영학교 교사체제가 안전하지 못하다. 연변지역의 중소학교 교사들 중 매년 많은 국영학교 교사들이 외지로 나가거나 직업을 바꾼다. 농촌의 교사들은 현 소재지로, 현 소재지의 교사들은 도시로 전근하고 있다. 반대로 사범학교를 졸업한 교사들이 농촌으로 가려하지 않아 농촌학교는 교사들이 날로 줄어들고 있다.

또한, 전문지식을 소유한 교사가 모자란다. 훈춘시를 예를 들면 1998년 소학교 교사 가운데 적임 교사가 38%밖에 안 되었다. 기본적으로 적임 교사가 60%를 넘어야 정상적인 수업을 할 수 있음을 감안하면 이는 많이 모자라는 상황이다.

어린이들의 도서도 부족하다. 물가 상승으로 인한 도서 발행량이 줄어 조선족 어린이를 상대로 한 교재나 도서출판물이 고갈되고 있는 설정이다. 예를 들어 1991년 연길시 신화서점에 진열된 한문중소학교 과외서적은 500종, 어린이 도서는 50종이나 조선족 어린이 서적은 그중의 10%에 그쳤다. 조선족 어린이들의 서적이 너무도 부족하기에 조선족 아동들의 학교교육과 학력개발에 직접적인 영향을 주고 있다. 필자는 중국을 방문할 때마다 한국어로 된 도서를 기증했으면 하는 마음이 간절하였다. 너무 부족한 도서의 양이나 교재의 질이 너무 낮아 마음 아픈 적이 한두 번이 아니다. 그런데 모국에서 책을 공급해주지 못하는 것은 지금도 중국정부의 교과서나 참고서적, 그리고 각종 잡지들에 대한 검열이 까다롭기 때문이다. 그렇지만 우리는 조선족들의 넉넉지 못한 서적에 관심은 가져야 한다.

그밖에 민족교육의 현대화를 위해서는 학교 운영의 민주화와 다양화가 필요하다.

민족학교는 민족 교육의 중요한 실체로서 보존하고 건립해야 한다. 산재한 조선족학교는 집중, 합병, 연합하고, 기숙사제 학교로 바꾸어야 한다. 교육제도를 개정하여 민영학교, 합자학교와 사립학교를 적극 건립해야 한다.

다음으로 교육 내용의 민주화이다. 민족 어문교육은 민족문화교육의 토대이다. 수업과정과 내용을 개혁하여 민족 역사교육과 민족 전통윤리 교육을 살리고 체육, 예술, 민속, 심리교육을 지속적으로 해야 한다. 법으로 민족 교육을 제도화 하고 민족의 자치권리를 행사해야 한다.

필자가 연변대학 객원교수로 재직하던 90년대 초. 고 박문일총장이 나에게 한 말이 생각난다. 그분은 현대화가 진행 될수록 민족교육이 유지될까 걱정을 많이 했다. 참으로 도시화에 따른 농촌의 인구 감소와 교육 인재들이 돈을 찾아 무조건 교직을 버리는 사태는 심각한 문제가 아닐 수 없다.

조선족의 자존심 연변중점종합대학

1949년 4월에 설립된 연변대학은 길림성의 중점종합대학이며, 중국 내외에서 상당한 지명도와 함께 민족 특색을 지닌 지방 종합대학이다.

개혁 개방 이후 연변대학은 2만 4,000여 명의 우수한 졸업생을 사회로 내보냈다. 연길시의 인구 1만 명당 대학생이 346.3명인데 대다수가 연변대학 학생이다. 개교 초기 연변대학은 문학부, 이공학부, 의학부와 농업단과를 설치했었다. 후에 조정을 거쳐 처음의 학부와 농업단과에서 사범학원, 의학원과 농학원으로 발전시켰다. 1958년 8월 각 학원은 각자의 연변대학, 연변의학원, 연변농학원으로 독립했다.

연변조선대학
박문일 당시 총장과
조선족 문제를 토의하는
필자(오른쪽)

1983년, 연변사범단과 대학을 설립했고, 1988년에는 길림예술학원 연변분원을 설립했다. 1996년에는 연변의 5개대학을 합병하여 새로운 연변대학을 설립함과 동시에 동년 10월 연변과학기술대학(학교운영기구)을 연변대학에 합병시켜 전례 없는 생기와 활력을 주고 있다. 개교 이후 50여 년 동안 연변대학은 당과 국가의 지대한 관심을 받아왔는데 특히 주은래, 강택민 등, 당과 국가의 지도자들이 연변대학을 시찰하고 연변대학의 발전에 큰 관심을 보여 주었다.

연변대학내에는 사범학원, 인문사회과학학원, 한어문문화학원, 예술학원, 이공학원, 과학기술학원, 농학원, 의학원, 약학원, 간호학원, 체육학원, 성인교육학원 등, 12개 학원이 있고, 59개 전일제 본과와 단과 전체 유전학 등, 48개 석사학위소가 있다. 아시아·아프리카 언어문학, 세계사, 유기화학, 생리학 등, 4개의 박사 학위소와 9개 성급 중점학과가 있으며, 2개 성급 중점건설학과, 장백산천연자원보호 및 개발연구원, 동방문화연구원, 동북아연구원, 민족연구원기구 등, 6개 국가와 성, 자치주급의 연구단지도 있다. 재학생 총 1만 6,832명 중, 본과와 단과 학생이 1만 1,149명, 석사와 박사 연구생이 725명, 외국 유학생이 326명, 연수 야간대학 등 성인교육 학생이 4,632명이다. 학교 교수들의 실력도 우수하다. 근 1/3의 교수가 국내외에서 학문을 갈고 닦았으며, 학술계에서 영향력이 있는 전문가와 학자들로 우수한 청장년 엘리트들이다. 현재 교수와 임직원이 3,144명이며, 그중 전직 교사가 1,367명, 교수 150명, 부교수 344명, 박사가 161명이나 된다. 그 외에 세계의 저명한 물리학자이며 노벨상 수상자인 양진녕 박사를 포함한 200여 명의 국내외 저명한 전문가, 학자들이 연변대학의 겸직교수와 객원교수를 맡고 있다.

대학 설립 후 연변대학은 무려 6만 여 명의 전문 인재를 사회에 배출했다. 그들은 현재 전국 28개 성(시), 자치구의 전분야에서 전문가로서 활약하고 있다. 그동안 연변대학은 1,664개 종목의 과학기술 연구과제를 맡았다. 그중 국가급 프로젝트가 136개, 성급 프로젝트가 368개, 국제합작 프로젝트가 14개, 국외 찬조 프로젝트가 71개나 된다. 그리하여 이미 149개 프로젝트의 연구가 성급 이상 기술, 감정, 혹은 검수에 통과되었고, 국가와 성급 과학기술 성과상을 수상한 것이 222개로, 이미 취득한 과학연구 성과가 1만 3,506개나 된다.

연변대학은 대외 교류와 합작을 강화해 중국내의 북경대학, 중국인민대학, 복단대학, 하얼빈공업대학 등, 8개 중점대학과 제휴를 맺고 있다. 또한 한국의 서울대학, 북한의 김일성종합대학, 일본의 메이지대학, 미국의 켄사스대학 등, 국외 60여 개 대학과 교류 및 연합관계를 맺고 있다. 그리하여 957명의 전문가와 학자가 연변대학에서 강의·연구하고 있으며, 또한 510명의 교수와 연구생이 외국에 나가 강의, 연구, 학위를 전공하고 있다. 지금까지 국제 학술 교류를 22차 거행했으며 그 성과 또한 지대하다 하겠다.

연변대학은 2010년을 전후해 연변대학을 극동의 일류 대학으로 발전시켜 민족의 고급 전문인재의 양성기지로 만들며 두만강 유역 개발 및 장백산 천연자원 연구와 보호대학으로 육성시키려고 한다. 그리고 여타 개발을 중점으로 종합적인 연구기지로 만들어 지방의 경제 발전과 지역 사회의 문화를 창출하는 선진 대학이 되도록 할 원대한 계획을 구체화 하고 있다.

연변대학의 종합적인 발전 목표는 아래와 같다.

첫째, 본과생 양성을 위주로 석사 연구생과 박사 연구생양성에 전력한다. 또한 직업교육 지원과 유학생 교육이 조화롭게 발전하도록 한다.

둘째, 앞으로 박사 연구생의 확보를 연간 15%씩 증가시키고, 석사 연구생 확보는 25%씩 증가시키며, 본과생은 9%씩 증가시킨다. 2005년에 이르러 박사 연구생 80명, 석사 연구생 1,860명, 본과생 1만 5,480명, 유학생 450명, 재학생을 1만 7,900명(총 1만 9,710명)으로 늘린다.

2005년~2010년 사이 연간 박사 연구생을 15%씩, 석사 연구생을 10%씩, 본과생은 7%씩, 2010년에는 박사 연구생을 160명으로, 석사 연구생을 3,360명으로, 본과생을 2만 2,100명으로, 유학생을 600

중국 연변조선대학 조선연구소의 이문재 소장과 함께 조선족문제에 대해 토론하고 있는 필자

명으로, 재학생을 2만 5,620명(총 2만 9780명)으로 늘릴 계획이다.

셋째, 2005년에는 박사학위 수여 권리를 부여한 학과를 6개에 전문학과를 12개로, 석사학위 수여 학과를 11개에 전문학과를 64개로, 본과를 10개에 전업 수량을 65개로, 성인교육 본과와 단과를 10개에 전문학과를 38개로 늘린다. 2010년에는 박사학위 수여 학과를 8개에 전문학과를 20개로, 석사학위 수여 학과를 11개에 전문학과를 84개로 늘려 나갈 것이다.

넷째, 교수들의 자질을 높이고 기간 교수양성에 중점을 둔다. 교수확보의 시스템을 구축해 수급이 원활하고 자질이 우수하며, 활력이 넘치는 고 수준의 교수를 확보할 것이다.

직분 구조를 보면 2005년에 이르러 교수와 학생의 비례가 14:1로 되게 하고 우수직명을 가진 교수가 총수의 35% 차지하게 한다. 2010년은 교수와 학생의 비례가 18:1로, 우수직명을 가진 교수가 총수의 45%를 차지하게 해나갈 것이다.

학력 구조로서는 2005년에 이르러 연구생 이상 학력을 소유한 교수의 비례가 50%를 차지하고 그중 박사학위 교수의 비례가 10%가 되게 한다. 2010년에는 연구생 이상 학력을 가진 교수의 비례가 70%가 되게 하되 그중 박사학위 교수의 비례가 20%에 달하도록 한다.

학연學緣 구조는 2005년~2010년 사이 학교 외에서 1급 학력 교육을 완수했거나 국외에서 1급 학력 교육을 받은 교수의 비례를 45~50%로 높여 나갈 것이다.

해결해야 할 10대 과제

민족문화는 하나의 민족이 역사를 통해 육성해 낸 값진 열매이며 민족의 정체성을 정립시켜 주는 에너지이다. 21세기 연변 조선족 문화는 중화 문화권 내에 특색 있는 한 부분으로 자리잡고, 아울러 조선족의 전통문화와 시대의 변천을 같이하고 있다. 조선족 문화는 조선족의 정신생활과 경제, 사회, 가정생활과 국제 교류에 큰 영향을 줄 것이다.「아리랑의 고향」이란 명성이 동북아와 세계 각국에 널리 퍼질 것이다. 사실상 재중동포 조선족들만큼 아리랑을 목놓아 부른 사람도 드물 것이다. 그들은 압록강 두만강을 넘나들고 송화강 물줄기를 보면서 한없이 아리랑을 불렀다.

연변 조선족 문화를 구조적으로 보면 영화와 TV가 유행을 주도하고 각종 공공 문화시설 위에서 지역사회 문화가 보다 다채롭고 풍부해지고 있다. 예술도 마찬가지로 다채로워지고 관광산업이 확대되어 농촌문화와 더불어 새로운 모습을 보여줄 것이다. 앞으로 특색이 있는 조선족 문화를 발전시키려면 다음의 10대 과제를 해결해야 한다.

첫째, 조선족의 우수한 문화인재를 대량 육성해야 한다.

연변대학의 인문학원, 예술학원 등, 각 학원은 조선족 문화인재 양성의 요람이다. 우수한 문화인재란 세계와 동북아의 각종 문화정보를 수집하고 조선족 전통문화를 익히는 등, 민족 문화형태에 대해 깊은 이해와 연구를 하는 사람이다. 그리하여 문화공간을 적극 개척하고 문화산업을 적극 경영하며, 국제적으로 적극 교류하는 그런 형의 인재를 양성해야 한다.

둘째, 영상문화 센터를 건설해야 한다.

TV는 여론과 문화의 작용을 한다. 지금 영상과학 기술산업이 발전됨에 따라 영상문화 영역은 부단히 확산되고 있다. 이를테면 영화, TV, 컴퓨터 영상, 위성TV, 디지털 영상기술, 만화영상, CD, DVD, 컴퓨터 게임, 화상전화, 인터넷방송 등, 다양하고 많은 영상매체가 속출하고 있는 실정이다.

연변 TV국은 연변 TV산업의 중심이며, 연변의 TV 문화의 중추이기도 하다. 연변 TV의 기술설비는 전통적인 모의(아날로그) 시스템으로 몇 년 후면 전부 디지털 시스템으로 교체될 것이다.

몇 년 후에는 위성TV방송과 인터넷방송을 개시하고 연변 TV국은 한, 영, 일, 러시아어 프로그램으로 연변에 대한 정보와 조선족 문화를 부단히 동북아 지역에 전파해야 한다.

21세기에는 연변 아리랑TV 문화예술제를 실시하여 동북의 축제로 굳힐 계획을 가지고 있다.

그러려면 대형 영상 촬영기지를 건설해야 한다. 백두산천지나 연길 모아산 일대, 혹은 왕청 만천성 풍경 관광구역 등지를 선택해 TV드라마 촬영과 민속관광이 융합된 영상기지를 건설할 계획이다.

개인이나 단체가 영상공사를 세우거나 컴퓨터, 만화영상, 디지털 촬영실, 촬영연구실, 영상은행, 영상 소프트웨어 개발연구실 등, 영화와 TV 관련산업 건설에 참여하도록 권장해야 한다.

셋째, 출판 센터를 건설해야 한다.

향후 연변은 정기 간행물, 일반도서를 발간함에 있어 모두 정품 전략을 고수해 정보와 지식의 함량을 높이고 문화시장 경쟁에서 앞서야 한다. 특히 일부 도서는 보관 가치가 크기에 CD판 도서와 인터넷판 도서를 더욱 확대 발전시켜야 한다.

넷째, 여러 공공문화 센터를 건설해야 한다.

도서관, 역사자료관, 영상자료관, 대중 예술관, 영화공사, 예술극장 등, 문화시설은 문화의 선진화 작업에 불가결한 하드웨어이기 때문이다.

이제 연길시의 청년호 주위에 이미 연변도서관, 연변박물관, 연변대중예술관, 연변문화영화관 등의 공공문화 센터가 건설되어 초보적으로 규모를 갖추기 시작했다.

향후 연변도서관은 인터넷 서비스 시스템을 구축해 정보량을 늘리고 인터넷에 의한 국제, 국내의 서비스를 향상시키며 도서의 수량을 늘리고 아울러 질을 높여 갈 것이다.

연변박물관은 고대, 근대사의 연구에 박차를 가할 뿐더러 한민족의 역사와 민속에 대한 연구에도 심혈을 기우려 나갈 것이다.

이를 위해 연변박물관은 향후 대형의 연변 조선족 민속촌을 건설해야 할 것이며 조선족 민속촌의 건설은 조선족의 전통문화를 보존하고 발전시키는 데 큰 도움이 될 것으로 믿어 의심치 않는다.

또한 문화정보소, 영화·TV 자료관, 역사자료관 등, 문화시설을 건설해 공공문화 센터의 이미지를 높여가야 한다.

다섯째, 문화예술 센터를 건설해야 한다.

연변 문화예술 창작 센터를 건설하는 것은 연변의 수많은 작가와 예술인들이 품어오던 염원이다. 산과 강을 끼고 있는 풍경이 수려한 곳에 루대풍의 문화예술 창작 센터를 건설해야 한다.

여섯째, 야외오락 센터를 건설해야 한다.

현재 연변의 공원, 오락시설은 초라한 점이 없지 않다.

향후 장백산 지역의 황송포, 모아산 등 지역에 삼림공원을 조성하고, 도시 주민들이 등산, 산책, 원족 등을 할 수 있게 해야 한다. 더욱이 성자산의 고구려, 유적지와 발해산성 유적지를 재건하는 것은 역사적인 소명이기도 하다. 연길시 공원 등지에다 대형의 어린이 오락단지를 건설하는 것도 아주 필요불가결하다.

일곱째, 두만강 천리문화 장랑長廊을 건설해야한다.

두만강 천리문화 장랑을 건설하는 것은 중국 문화부가 제정한 전국 만리변강 문화장랑 건설의 일환이기도 하다.

두만강은 백두산 천지에서 발원하여 1개 현, 4개 시, 17개 향(진), 144개 촌(툰)을 거쳐 훈춘 방천 동쪽의 중국과, 북한과 러시아 국경을 거쳐 동해로 흘러드는 강으로, 길이는 520km이다. 국가는 매 향·진마다 면적이 1,500㎡에 달하는 문화센터를 건설할 것을 요구하고 있다.

거기에는 영화·TV청, 도서관, 게임실, 무도관 등이 포함되며 또한 마을마다 문화실을 건설해 농민들이 각종 문화활동을 필요에 따라 할 수 있도록 해야 하기 때문이다.

연변 조선족들은 두만강 연안 일대를 문화의 새마을, 관광 명승지 등, 문화 단지로 만들어낼 것이다.

여덟째, 관광문화를 크게 발전시켜 나가야 한다. 즉, 관광명소의 특색 있는 유명 브랜드를 창출해 종합적으로 개발해야 한다.

연변은 장백산, 두만강, 3국 변경을 이용한 풍부한 관광자원이 있기에 동북아 관광의 요람으로 부상할 수 있다.

향후 연변은 관광업을 개발함에 있어 조선족의 역사적 사실과 민속풍습의 관광라인을 개발하여야 하며 아울러 장백산 관광라인, 두만강 양안 관광라인, 북한, 중, 러 3국 관광라인 등을 개발해야 한다. 연길시, 용정시, 훈춘시 등은 모두 조선족 문화관광 구역으로 민족문화 특색이 짙은 영화·TV, 소극장, 서예, 간행물, 복장,

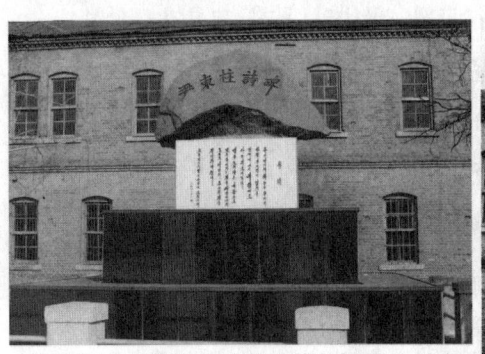
▲ 용정시 대성중학교 교정에 세워진 윤동주의 시비

조선족 교육의 요람이었던 대성중학교 건물 ▶

관광 기념품, 요식업 등을 개설하여 도보관광과 쇼핑몰 관광만을 할 수 있는 쾌적한 환경을 마련할 수도 있을 것이다.

그 외에도 용정시의 3·13 운동 기념품, 일송정, 용주사, 윤동주의 옛집, 일본 영사관 유적지 등을 관광 코스에 넣을 수도 있다.

또한 〈천지국제관광제〉를 개최해 보다 많은 국제 관광객을 유치

할 수 있기 때문이다.

아홉째, 기업, 마을, 광장 문화를 크게 발전시킨다.

기업은 공산품을 생산하는 장소일 뿐만 아니라 기업의 문화를 발전시키는 기지가 되도록 한다. 모든 마을마다 자체의 풍습과 형편에 맞게 특색이 있는 마을문화를 발전시켜야 한다. 이런 가운데 상호 문화정보를 교류하고 향기를 더불어 감지할 수 있도록 해야 한다.

열째, 국제, 국내의 문화교류를 크게 발전시켜 나가야 한다.

두만강 유역이 개발됨에 따라 국제, 국내의 문화 교류가 활성화될 전망이다. 연변 조선족 문화의 발전은 자체의 노력 외에도 국제 문화교류를 크게 발전시켜 나아갈 것이다. 따라서 각종 엑스포, 상담회, 예술제, 관광제 등은 모두 연변의 경제를 발전시키고, 또한 연변 조선족 문화에 큰 발전을 가져다 줄 것이 분명하다. 이러한 10대 과제를 완결하기 위해서는 중국정부의 특별한 배려가 있어야 하지만 연변조선족 자치주가 정책을 개발하고 연길정부의 재원확보 등 다각적 노력이 계속될 때에만 가능하다 하겠다.

그 밖에 조선족의 일을 전달하는 연변의 방송 TV사업은 중요한 문화사업의 하나이다.

1948년에 설립된 연변라디오방송국은 중국 50여 소수민족 중 가장 일찍 설립된 우리 민족언어방송국이며, 중국내에서 시청률이 가장 높은 방송이다. 또한 전국 20여 한국어방송국 가운데 규모가 가장 크고, 3개 독립 채널을 가지고 한한韓漢 2종 언어로 1회에 72시간씩 방송하고 있다. 조선족의 전통문화 양식과 동질성을 유지시키는 중요한 매체의 하나이기도 하다.

전국에서 유일한 조선족 TV 방송인 연변TV방송국은 1977년에 설립된 이래 20여 년간의 발전을 거쳐 오늘의 종합적인 규모를 갖추게 되었으며, 한한 2종 언어로 매주 441시간 방송한다. 연변TV 방송국은 매년 100여 편의 드라마를 창작하고 드라마 연속극을 100집 이상 번역 방송하고 있다.

연변은 현재 8개 현과 82개 향진, 1,035개 행정촌에 라디오 방송

용정시 뒷산 공동묘지에 있는 윤동주의 묘

과 TV 방송망이 갖추어졌고 40만 세대가 유선 TV를 설치했다. 라디오방송과 TV 방송의 보급률은 각각 99.73%와 97.1%에 달한다.

기타 사적지로 용정의 뒷산에는 천재시인이자 애국시인인 윤동주의 무덤이 있다. 필자의 생각으로는 그의 애국정신과 예술성을 높이 평가하는 의미에서 그의 무덤을 더 잘 가꾸어 성역화 했으면 하는 생각이 간절하다. 그는 이미 국민시인으로 추앙받고 있으니 후손들에게 교육적 차원에서도 유익할 것이다.

독창적인 연변 의료사업

건국 후 연변은 초보적인 위생사업에서 지금은 종합적인 의료위생, 과학연구, 감독감측 시스템을 구축했다. 1998년 말 현재 연변은 각급 의료 위생기구가 253개, 병원의 병상 침대가 9,630개로 1,000명 당 병상 침대가 4.4개가 된다. 연변의 의료 종사자는 1만 6,216명으로 1,000명당 의료요원이 5.8명, 의사가 2.4명 차지한다. 자치주 전체의 개별진료인원은 1,115명이다.

1998년 연변의 출생률은 6.7%, 사망률은 6.0%, 출생률은 0.7%이며 영아 사망률은 14.84%, 임신부 사망률은 54.69/10만 명이고 평균수명은 70세이다. 또 연변의 각종 전염병의 병률은 273.78/10만 명, 사망률은 0.10%였다. 계획적인 면역사업을 강화해 전염병은 대폭 감소했고 어린이들의 계획적인 면역력 보유율은 95% 이상이다.

연변의 지방 환자수는 1978년의 10.84만 명에서 1998년에는 4.65만 명으로 줄어 57.1%나 감소되었다. 그러기에 의료, 약품, 위생 감독시스템이 기본으로는 갖추어졌다.

중국의료계(中醫)와 조선족 민족의약산업은 급속히 발전하고 있다. 1985년 연변은 현마다 중의병원을 설립했는데 중의 병상침대가 641개, 의원이 1,340명으로 늘어났다. 1984년에 설립된 연변 민족의약 연구소는 지금까지 24세트 74권의 조선족 의약서적 및 30권의 육필(肉筆)서적을 발굴 정리했다. 조의학(朝醫學) 및 민족 의학사가 그것들이다. 1986년 조선족의학이론체계는 국가의 논증을 거쳐

《중국의학백과전서》에 수록되었다.

농촌 3급 의료예방보건망을 건립하고 촌급 위생 보건사업을 대폭 전개해 농촌의 위생 조건을 크게 개선했다. 하지만 건강 교육이 아직 보급되지 못하고 있고, 사람들의 위생 관념과 건강 의식이 아직 미약하다. 또한 불량한 생활방식과 습관이 여전히 건강을 위협하는 요인이 되고 있다. 따라서 농촌의 식수 위생과 생활환경 위생 문제가 늘 취약하다.

또 위생 관리체제, 기구 설치, 서비스 등 관리 수준이 비교적 낮다. 아직 사회적으로 예방과 건강 증진의 풍토가 형성되지 못했기 때문이다.

또한 위생처리의 시설이 부족하고, 치료가 신속하지 못하며 도시보다 농촌의 위생환경이 개선되지 못하고 있는 실정이다. 위생 기초시설도 낙후되어 있어 전염성 질병이 상승세를 보이는 등의 문제점들을 조속히 해결해야 할 것이다.

삶의 질을 향상시키기 위한 도전

초급 위생 관리를 계획적으로 실시하여 2005년에는 연변의 농촌마다 위생보건망(건물, 인원, 설비)을 구축하며, 현(시)과 향(진)은 초급 위생 보건사업을 전면적으로 전개할 예정이다. 그리고 중국 국정에 맞는 종합 건강보장 제도를 실시하고 각종 질병과 전염병, 지방병을 억제·감소시킬 것이다. 2005년에는 연변의 법정보고法定報告 발병률을 250.0/10만 명으로, 2015년에는 150/10만 명으로 억

제한다는 계획을 가지고 있다. 결핵 발병률은 1998년의 89/10만 명의 기초 위에서 2005년에는 70.0/10만 명으로, 2015년에는 50.0/10만 명으로 억제할 것이다. 또 에이즈의 혈액 채집 경로에 의한 전염을 근절하고, 성병의 연간 발병률을 15% 이내로 억제하며, 2010년에는 성병 발병률을 점차 하강시키고 에이즈감염자를 3,000명 이내로 억제 할 것이다. 또한 면역사업을 강화하여 향후 15년 내에 홍역, 신생아파상풍 등, 질병을 소멸시킬 계획이다.

부녀, 아동들의 건강 수준과 출생 인구를 억제하고 산아제한 기술지도를 강화할 것이다. 2005년에는 임산부와 어린이 계통의 예방접종률 90%, 2015년에는 95%에 달하도록 하고, 아울러 위와 같은 기간까지 임산부 사망률을 30/10만으로 억제하고, 2015년에는 2010만 명으로 억제한다. 영아의 사망률은 2005년에는 20%로, 2015년에 이르러서는 15%로 하강시키고, 2005년까지 기형아 출생률은 5%로 억제하고, 2015년에 이르러서는 2%로 억제시킨다는 계획이다.

탄압 속에서도 종교는 빛을 잃지 않아

항일사상을 고취한 종교

해방 전의 종교 개황을 보면 연변의 각 민족은 제각기 다른 종교를 신앙했다. 조선족들은 고루한 샤머니즘과 서방에서 전해 온 기독교 외에도 조선족 특유의 민족종교 계열의 천도교, 시천교, 제우교, 청림교, 단군교(후에 대종교로 개명) 및 유교와 불교를 신앙했다. 한족漢族은 주로 불교와 도교를 신앙했고, 극소수는 천주교와 기독교를 신앙했다. 회족은 이슬람교를 신앙했다.

조선족의 불교현황을 살펴보면,

1743년 불교도가 훈춘에 영보사靈寶寺를 창건했고 1808년 용문파 도사는 훈춘 고려성에 동화궁을 건립했다. 1885년 전후 이슬람교는 돈화에 청진사를 창건했고 19세기 말엽, 조선족 가운데 일부가 불교를 신앙하기 시작했다. 대한민국 건국 초 – 청조 말년을 전후하여 훈춘현에 청운관, 안도현에 송운관, 화룡현에 자운관, 돈화현에 양양관, 연길 무묘 등을 건립했다.

1911년 조선족 승려 김본연은 용정촌에 운흥사를 창건했다. 1920년대에 이르러 조선족 승려가 증가됨에 따라 육속 조선족 사원을 세웠다. 1923년 용정에 용주사를, 1924년에는 귀주사를, 1927년에는 대각사를 세웠다. 1944년 10월에 이르러 연변의 불교 사원은 37곳이나 되었다. 그중 한족의 것이 17곳에 승려가 7,218명 되었고, 조선족 사원이 10곳에 신도가 4,578명 되었다. 1946년 3월에 이르러 연변의 조선족 사원은 31곳이 되었다.

연길시의 김천해를 대표로 한 불교계 인사들은 동북〈연변대한불교협회〉를 설립했다. 하지만 1947년 토지개혁 시기 절대 다수의 불교 사원과 도교의 궁관이 취소되었다. 대다수 노동 능력이 있는 승려들은 귀향해 노동 현장에 참가했고, 갈 곳 없는 신도들은 사원이나 궁관 소재지에서 토지를 분배받아 자생했다.

조선족의 천주교는 1896년, 신도 김영렬이 북한 원산에서 화룡현 누학대에 와 몸소 친척과 친구들에게 전도했다. 1897년 용정, 개산툰, 대립자大砬子 등지에서 전도함과 동시에 대립자 영암촌교회를 건립했다. 1902년에 용정에 교회를 건립하고, 1910년에는 교회당을 건립했다. 1900년, 길림 천주교회의 프랑스 신부가 국자가(局子街：오늘날의 연길)에 와서 전도했는데 초기 신도는 200여 명쯤 되었다. 1914년 연변의 천주교 교회당이 3곳, 천주교공서가 50곳, 신도가 5,478명이었다. 교회에서 지원한 학교는 17개, 학생이 339명이었다. 1928년, 천주교는 연길교구敎區를 설립했다.

조선족의 기독교(개신교)는 1900년, 김진근, 한경희 등이 조선에서 연변으로 들어가 전도했다. 1902년에는 캐나다 전도사 구례선, 조사 홍순도(조선족)가 용정 등지에서 전도와 동시에 교회를 건립했다. 1907년, 김약연은 대립자에 동명강습소를 세우고, 1909년에는 교회와 미션학교를 세웠다. 1911년, 기독교는 연변 각지의 40여 곳에 교회를 세웠는데 신도는 1,600여 명이었다. 1914년, 기독교회는 육속 용정의 명신여자고등학교, 명신여자학교와 사진중학교를 세웠다. 1915년 후기에 기독교의 감리교파, 성결교파, 동아교파, 안식일교파 등이 연변에 전파되었다.

1910년을 전후하여 조선민족종교인 천도교, 시천교, 청림교, 대종교, 원종교가 연변에 전파되었다.

1910년 일제가 조선을 합병한 후 동북일대의 천주교와 기독교는 교회와 교회 학교를 이용해 조선족의 반일 사상을 고취하고 일부 반일지사들도 함께 반일 투쟁을 전개했다. 1919년 3월 13일 용정에서는 서울의 3·1 운동과 보조를 맞추어 항일운동이 폭발했다. 기독교, 천주교, 대종교, 천도교 등, 종교 조직의 조선족 신도들이 이 운동에 참가했다. 1920년, 일제는 훈춘사건을 조작하고 그 구실로 대토벌을 감행해 항일운동을 참혹하게 진압했다. 기독교의 교회와 학교가 불에 타 파괴되고 많은 신도들이 살해되었다. 기독교, 천주교, 대종교, 청림교는 각각 국민의군, 의민단, 북로군, 야단을 조직해 무장투쟁을 전개했다. 하지만 후에 모두 일본군에 의해 진압되었다. 1920년 후기 기독교와 천주교는 핍박에 못 이겨 결국 순수한 신앙생활만 했다.

1920년 전후, 마르크스 사상이 연변에 전파되자 종교 조직과 교회, 학교의 진보인사들은 종교 조직을 이탈해 공산당이 영도하는 반일조직에 가담했다.

만주국이 건립된 후 일제는 조선민족의 종교 활동을 하나 층 더 제한했다. 또한 백방으로 종교를 이용해 대중들의 항일의지를 마비시키려 했다. 천주교의 일부 지도자들은 만주국 괴뢰정부에 아첨하며 친일파로 전락했다. 반일투쟁을 계속 전개한 대종교 등, 민족종교는 일제의 통제와 압제 밑에 점차 쇠약해졌다. 1941년, 일제는 기독교를 보다 잘 통제하기 위해 기독교의 장로교파, 감리교파, 동아기독교파, 안식일교파 등을 강제 합병시켜 '만주조선기독교연맹'을 설립했다.

1946년 천주교 연길교구는 교회당이 39곳, 천주교 공서가 45곳, 신도가 2만 2,000명이었다. 그중 조선족 신도는 2만 명이었다. 기독교 교회는 157곳, 신도는 1만 7381명이었다. 1947년 연변의 토지

개혁 운동이 일면서 각지의 종교 활동은 기본상 정지되었다.

중화인민정치협상회의의 공동강령

1948년, 〈중화인민정치협상회의 공동강령〉이 반포된 후 기독교와 천주교는 연길, 용정, 도문, 팔도구, 돈화 등지에서 활동을 재개했다. 1953년 9월 연변기독교 12곳의 조선족 교회 대표가 연길에서 회의를 소집하고 〈연변조선족 기독교장로회 제직諸職연의회〉를 설립했다. 1957년 연변 기독교는 대표자 대회를 소집하고 〈중국기독교 연변조선족자치주교구회〉를 설립했다. 1958년 9월에는 연변 기독교 대표대회를 소집하고 〈연변기독교 3자三自애국운동 위원회〉를 설립했다.

1960년대 연변의 종교 활동 장소는 14곳 중 천주교회당이 2곳에 신도가 2,760명, 신부가 1명, 수녀가 4명이었고 기독교 교회당이 5곳, 신도가 1,181명, 목사 2명, 전도사가 6명이었으며, 불교 사원이 1곳, 여승이 3명이었다.

문화혁명시기 연변의 사원과 교회당은 점용당하거나 모두 파괴되었다. 종교계 인사와 신도들도 부당한 대우를 받았고, 당의 종교정책이 상당기간 왜곡 되었다.

당의 11기 3중전회 이후에야 종교 신앙자유 정책이 제대로 실시되었다. 1986년에 이르러 연변은 교회당과 청진사를 회복 개방한 곳이 22곳으로 천주교, 기독교, 이슬람교의 근 1만 2,000여명이 종교 집회활동에 참가해 신도들의 신앙 활동이 기본적으로 허용되었다. 여러 종교단체는 신도들을 정신적으로 학습시키는가 하면, 그들의 요구에 응해 한국어로 된 '성경일과', '요도문답', '찬송가'를 도합 1만여 권 출판했다.

1990년 연변은 교회당과 청진사를 도합 58곳을 회복 개방했는데, 그중 천주교가 9곳, 기독교가 41곳, 이슬람교 청진사가 8곳이었다. 자치주 전체의 종교신도는 2만여 명에 달했다.

1996년 연변의 종교사무부문은 자치주 내의 종교 활동 장소에 한해 등록증과 법인 등록증을 발급하고 법에 따라 종교를 관리하고 종교 활동의 정상화, 법제화를 실시했다.

그 후 종교의 합법적인 활동을 보호하고 불법적인 종교 활동을 통제하며 종교 활동의 안정을 유지했다. 이에 종교계는 애국주의, 사회주의 교육과 종교의 법규 정책교육을 통해 그들의 애국주의와 준법자각성을 높이고 있다. 따라서 종교정책의 허용 범위 내에서 종교 활동을 정상적으로 진행하며 신도들의 신앙생활을 만족시켜 주는 것이 종교사무부문의 과업이 되고 있다.

연변 종교계는 국제 종교계와의 교유하면서 세계 각국에 연변을 홍보하고 중국의 종교정책과 민족정책을 알려 동북아와 연변의 조선족 정체성확립에 크게 기여하고 있다. 또 오늘의 시장경제를 지향하는 사회주의식 시장경제하의 종교자유의 한계를 극복하지 못한 가운데 나름대로의 역할을 하고 있다 하겠다.

날로 줄어드는 조선족 인구

연변의 인구는 1949년부터 1973년까지 빠르게 팽창하였다. 그 사이 인구는 배로 늘어났고 매년 평균 3%씩 늘어나 전국(2.5%)의 평균 수치보다 높았다.

그 후 정부가 산아제한 정책을 실시하면서 연변의 인구는 때론

조선족 농가의 모습

오르고 때론 내리는 불안정한 굴곡현상이 나타났다. 연변 자치주는 1974년 산아제한 사업을 실시한 이래 1977년 4월까지 전주의 연평균 인구 자연성장률은 1971년의 23.5%에서 9.8%로 하락했다. 1986년부터 1990년 사이는 연평균 인구 자연 성장률이 10.7%로 올랐으나 그 이듬해부터는 6.5%로 하락했다.

각 민족 인구의 자연 성장률이 극히 불균형을 이루고, 인구 구조에 근본적인 변화가 일어나 새로운 인구문제가 야기되었다. 오

늘의 중국이 건국된 후 조선족과 한족은 연변의 2대 민족으로 인구 팽창이 하나는 빠르고 하나는 늦은 추세를 보였다.

한족 인구의 자연 성장률이 조선족보다 훨씬 높은 것은 연변의 인구 발전의 특이한 현상이다. 이런 현상을 아는 것은 연변의 인구 발전법칙을 연구하는 데 자못 중요하다. 1949년부터 1996년 7월까지 47년간 연변의 조선족 인구는 다만 45.4% 증가해 연간 성장률이 1.1%밖에 안 되지만, 동시기 한족 인구의 성장률은 3.4배로 연간 성장률이 4.3%에 달했다. 조선족과 한족의 인구 성장률이 이렇게 큰 차이가 남으로 해 연변 인구의 민족 비례는 큰 변화를 가져오게 되었다.

1949년부터 1963년까지 연변의 조선족 인구는 전주의 각 민족 인구 중 제1위를 차지했다. 1949년 조선족 인구는 52.9만 명으로 자치주 전체 인구의 63.4%(한족은 34.6%)를 차지, 1956년에는 60.2%(한족은 37.9%), 1959년에는 55.1%(한족 43.2%), 1963년에는 49.6%(한족 48.6%)차지했다. 그러나 1964년부터 한족 인구가 조선족 인구를 능가해 다수의 위치를 차지하게 되었다.

1965년 한족 인구는 총인구의 51.2%(조선족 46.8%), 1975년에는 55.9%(조선족 42.2%), 1985년에는 57.3%(조선족 40.5%), 1996년에는 57.7%(조선족 39.3%)차지했다. 다시 말해 전주에서 차지하는 조선족 인구의 비례가 1949년의 63.4%에서 1996년의 39.3%로 하강한 반면 한족은 34.6%에서 57.8%로 상승했다.

1949년부터 2000년 사이 연변의 총인구는 135만 8,933명 늘었다. 그 성장폭은 162.69%였고 조선족 인구는 31만 2,877명 늘어 그 성장폭은 59.12%였다. '70년대부터 점차 저출산 수준을 유지하다가 1981년에 이르러 인구 교체 수평선(2.1명) 이하(1.91명)로 하강했다. 1985년의 출생률은 14.9%였다. 1996년에 이르러 사망률이 출생률보다 높아 마이너스 성장을 보였다.

연변에서 조선족들의 감소 현상은 일찍 나타났는 바, 인구의 감소 비례가 가장 높고 가장 심한 지역은 국경지역의 조선족과 조선족이 가장 집중되어 있는 용정시, 화룡시, 도문시이다. 1999년 용정시의 조선족 인구의 마이너스 성장 비례는 -3.57%, 화룡시는 -3.9%, 도문시는 -5.05%였다. 1999년 연변 자치주의 83개 향·진 가운데 80개 향·진이 인구 마이너스 성장 현상이 나타났는 바, 이는 전 주 향·진 총수의 96.39%를 차지했다.

20세기 '50년대 연변 조선족 여성들의 출산율은 전국 여성들의 평균 수준보다 높았다. 하지만 '60년대부터 하강하기 시작해 1981년에는 1.91명으로, 즉 인구 교체 수평(2.1명) 이하로 내려갔다. 반세기를 앞당겨 국가 인구의 감소 목표에 이른 것이다. 현재 대략 1.1명 정도(연변 조선족 자치주 산아제한 위원회 추산)이다. 초혼 연령의 상승과 농촌 여성들의 무더기 외류(外流)로 말미암아 연변 조선족의 초혼 인구는 1991년부터 1996년 사이 5년 동안 6,798명에서 3,429명으로 감소되었다. 그 감소율이 49.67%로 이것은 인구 자연 성장률이 감소한 주원이다. 연변 조선족 여성들의 초혼 인구가 감소되는 원인은 아래 몇 가지로 생각할 수 있다.

첫째, '70년대부터 시작한 조선족 인구의 저 출산 수준은 '90년대의 출산 전성기(20~29세)에 진입한 조선족 여성들이 감소되었기 때문이다. 이를테면, 1996년, 이 연령에 이른 조선족 여성이 6만 6,321명으로 1995년보다 3,541명 적었다.

둘째, 농촌의 많은 여성이 도시로 진출하거나 외국으로 떠났기 때문이다. 시장경제가 활발해짐에 따라 매년 2,000~3,000명의 조선족 농촌 처녀(상당수의 기혼여성 포함)가 도시 진출, 또는 외국 나들이 방식으로 농촌을 떠나고 있다.

셋째, 여러 방식의 외국유학이 근년에 부쩍 늘고 있다. 그중 대부분이 조선족 여성들이다. 현재 조선족 여성들, 특히 농촌 처녀들이 위와 같은 이유로 농촌을 떠나고 있다. 이것이 농촌 조선족의 이성 비례가 심하게 반비례되고 조혼인 수가 감소되는 주 원인이다.

인구의 과다와 민족 자질의 저하는 중국 사회 경제발전을 제약하는 중요한 요인이다. 이런 원인으로 70년대 들어 중국정부는 산아제한 정책을 실시했다. 즉, 한족은 한 쌍의 부부가 성별을 불문하고 아이 하나만 낳고 소수민족은 둘을 낳을 수 있으며, 개별적인 민족은 셋을 낳을 수 있으나 네 살 터울이어야 했다.

이런 산아제한 정책을 집행하는 과정에 연변 각급 지도자들의 적극적인 추진과 조선족들의 지지에 연변의 산아제한 사업은 아주 발전적이어서 전국 산아제한 모범 자치주로 선정되었다.

중국에서 조선족은 앞장서 인구 현대화에 일조했다. 만약 연변 조선족의 출산 수준이 '70년대 수준으로 추산하면 1971년부터 1999년 사이 조선족 인구는 약 80만 명 적게 출생되어 자녀 양육비를 약 180억 위안을 절약할 수 있었다. 그러니 인구과다로 인한 사회, 경제, 자원, 환경의 압력을 경감하고 연변의 사회경제의 비약적인 발전을 가져올 수 있었다는 것이다. 말 그대로 1990년 연변의 공업 총생산액과 기타 종합지수는 전국 30개 자치주 중 제1위를 차지해 전국의 선진 자치주가 되었다.

하지만 연변 자치주는 조선족 인구의 증가 추세를 정확하게 예상하지 못하고 산아제한정책을 관철하는 과정에서 무리하게 하나만 낳을 것을 강조했다. 아이 하나만 낳은 조선족 여성에 대해 단산을 권고하고 '독생자녀증'을 받은 부모에 대해 우대정책을 실시했다. 이를테면 간부 발탁, 주택 분배, 사업 지원 등, 여러방면에서 돌보아 주었고, 또 보육비, 학비, 의료비 등에서 보상을 해주었다. 그로 인하여 아이 둘을 둔 부모들은 사회적 압력에 경제적인 부담까지 안아야 했다.

그외 비교적 높은 교육 수준의 젊은 조선족여성들의 높은 취업율, 자아 가치를 실현하려는 욕망 및 자녀 부양의 과중한 부담 등의 요인으로 산아제한정책을 쉽게 받아들였다.

통계에 의하면 1983년 연변의 산아제한율은 91.29%였고, 1999년은 99.29%였다. 1999년 적령 여성들의 한 자녀 출생률은 91.3%였고, 두 자녀 출생률은 8.9%밖에 안 되었다. 인구 출생률과 자연성장률은 전국에서 가장 낮았다. 이로 인해 1992년 국가 위생부는 연변을 전국 산아제한 모범자치주로 선정했다. 1986년 저명한 소수민족 인구 전문가인 장천로 선생은 조선족 인구의 자연 성장률이 이런 속도로 발전한다면 10여년이 지나지 않아 조선족인구가 감소될 것이라고 경고한 바 있다.

농업의 현대화 없이는 인구감소는 해결 안돼

조선족들의 인구 감소는 경제에 직접적인 원인이 있다.

지금 중국의 저수입 계층이 이러한 비중을 차지하고 있는 실정이다. 농민 세대의 수입은 보다 낮다. 그래서 중국 농촌제소득 세대들은 자녀 양육비, 교육비, 의료비 등, 부담이 날로 가중되고 있다. 1999년 연변 농민들의 인구당 소득은 2,037위안이었다. 조선족들의 중산층 세대들의 소득은 5,000~1만 위안 수준이다. 이런 소득으로 어린이 하나의 양육비와 교육비만 해결하자 해도 빠듯한데, 애를 둘이나 키운다는 것은 큰 부담이 아닐 수 없다. 어느 한 마을의 조사에 의하면, 소학생 1명이 매년 교육비를 3,000~4,000위안을 쓰고 초·중생은 5,000~8000 위안을 쓰며, 고·중생은 외지에서 공부해야 하기에 적어도 1만 위안이 든다고 한다. 이런 비용은 일반 농촌 저소득 세대들이 부담하기에는 어려운 비용이다.

중앙노동경제연구원 강당에서 갖은 한중 노동경제 환경세미나

그래서 이 마을의 외동자녀율은 95%나 되었다. 경제적 원인으로 애를 하나만 낳겠다고 하는 여성들은 100%에 달했고, 극히 일부이지만 안일을 탐해서 하나만 낳겠다는 여성도 있었다.

시장경제가 발전하면서 사람들의 가치관이나, 금전과 물질에 대한 욕망, 생활방식 등 여러 면에서 큰 변화를 가져왔다. 요즘 젊은 세대 부모들이 전통적인 다자다복이나 씨받이와 같은 육아관념을 벗어 던지고 대신 안일과 향락을 추구하고, 자신의 가치관을 실현하려 한다. 이 외에도 애를 갖지 않으려는 여성과 독신을 주장하는 여성들이 늘고 있다. 다른 한 편으로는 직업여성들이 직장과 가정의 2중 부담에 경쟁이 심화되면서 애를 키우는 데 많은 정력을 소모하려 하지 않고 있다. 이러한 육아관념의 변화 또한 조선족 여성들이 애를 하나만 낳으려 하는 중요한 원인이 되고 있는 것이다.

중국의 시장경제 체제가 날로 제도화되고 상식화되면서 인구의 시대적인 유동도 가속화되고 있다. 조선족이 관내의 대·중·소도시에 진출해 제2, 제3산업에 종사하는 수가 약 20만 명 되는데, 이는 중국 조선족 인구의 10% 남짓 된다.

연변의 조선족 사망률은 중국에서 상대적으로 높다. 1990년 인구조사 자료의 분석에 의하면, 조선족 인구의 영아기(0~4주세)와 소년기(5~14)의 사망률은 각각 22.13%와 1.13%로 전국의 평균치인 34.39%와 1.32%보다 낮다. 또한 한족의 28.33%와 1.22%보다 낮았으나 중·노년의 사망률은 길림성과 연변, 나아가서는 중국 전국의 한족, 그리고 기타 소수민족의 평균치보다 높았다. 사망 원인은 주로 심혈관 질병, 소화계통, 신경계통, 비뇨계통 등의 질병이었다고 보여진다. 이것은 조선족들의 음식습관, 즉 짜고 맵게 먹고, 음주하는 등의 자극적인 음식물 섭취와 관계가 있다고 보여진다.

인구 감소로 인해 위축된 교육

조선족의 전통교육이 심하게 위축되고 있다. 중학교는 학교수의 정리와 합병 등으로 인해 위축되고, 소학교는 조선족 인구의 감소로 인해 위축되고 있다. 1990~1999년 사이 연변의 조선족 소학교는 49.38% 감소되었고, 소학생 수는 50.43% 감소했다.

1998년 1세의 어린이들이 7세의 어린이들보다 50.99% 감소되었는 바, 이는 6~7년 후면 조선족 소학생 수가 다시 절반으로 감소된다는 말이다. 농촌의 조선족 중소학교 규모가 줄어들어 많은 교사들이 자리를 뜨는 현상이 나타나는 바, 이런 교사들은 도시로 들어가거나 직업을 바꾸고 있다. 때문에 농촌, 특히 궁핍한 지역 학교 교사들의 자질이 상대적으로 떨어지고 따라서 학생들의 기본 학력도 하강되고 있다.

조선족 학부모들이 자식들을 한족 학교에 보내는 현상이 날로 늘고 있다. 그 주요 원인은 조선족 학교를 졸업한 학생들의 실력이 한족 학생들보다 낮고, 또한 중국에 살려면 한자·한어에 능통하지 않으면 안 된다는 이유에서이다. 그래서 젊은 조선족 학부모들은 자녀들을 한족 학교에 보내려 백방으로 시도하나 도시의 한족 학교는 학생들이 넘쳐나는 형편이다. 조선족 학생들이 한족 학교로 전학하는 것을 통제하고자 상응한 전학비를 받지만 별로 효과를 보지 못하고 있다.

조선족 학생들의 한족 학교 진학 비례는 1976년에 최고조에 이르렀다가 1983년에는 내려갔으며, 1990년대 중반과 후기에 들어 다시 상승세를 보이고 있다.

농촌의 노동력이 급감하고 조선족 거주구가 감소되며, 토지가 황폐해 가고 농업 생산비용이 오르고 있다. 따라서 농민들의 생활이 장기적으로 개선되지 못하고, 농촌 소비인구가 감소되어 경제 총량이 뒤따라 하강하고 있다.

연변의 외자 유치, 대외 무역과 관광업 등은 60%가 한국과 재외동포 사회에 의지하고 있다. 이런 외향성 경제 특징은 지연과 혈연관계 및 민족 문화와 밀접한 관계가 있다. 만약 조선족 인구의 감소 현상이 오랜 기간 해결되지 못한다면 조선족 집단거주구는 점차 분산거주구가 되어 연변시 전체의 경제에 직접적인 영향을 미칠 것이다. 조선족들이 중국에 들어올 때 대부분 국경지역에 살았으나 조선족 인구의 자연 성장률이 감소됨으로써 국경의 인구가 자연 줄어들고 토착 주민들의 애착심이 점차 희박해져 생활 안정에 불리하다.

연변 농촌 조선족 마을의 성별 비례가 심하게 어긋나고 있다. 실제 적지 않은 조선족 마을의 남녀 성별 비례가 15:1, 혹은 20:1이며 심지어 30:1이 되는 마을도 있다. 국경지역에 있는 농촌은 더욱 그러하다. 용정시의 한 마을에는 20~40세 남자가 68명인데 처녀는 한 명도 없다. 농촌에 유아 교사를 찾아보기도 힘들다. 어떤 가정에는 늙은 노총각이 2~3명씩 된다. 그래서 농촌의 초혼도 급격히 줄어들고 있다. 화룡시 동성진은 1993년에 결혼한 사람이 145명이었으나 1997년에 결혼한 사람은 30명밖에 안 되며, 그것도 22명은 한국인과 결혼한 것이었다. 이제는 농촌에서 아기 울음소리를 들어보기가 힘들다.

한국농촌에서도 '처녀는 멸종되고 총각은 희귀종'이 되었다고 하는데 이 말이 벌써 재중 조선족에게도 적용된다니 격세지감을 느낀다.

많은 조선족 여성들이 농촌을 떠나 외국으로 가거나 도시로 진출하면서 이혼율이 급증하고 있다. 1994년~1999년 사이 기혼 가운데 37.5%가 재혼 여성이다. 1999년 연변 조선족 중에 4,403쌍 결혼했고 동시기 이혼은 2,103쌍이 된다. 결혼과 이혼의 비례가 2:1이다. 이로 말미암아 가정의 불안정을 초래할 뿐더러 자녀들의 교육에도 매우 좋지 않은 형상이 일어나고 있다.

동북 3성의 10개 중소학교의 4,280명 학생 가운데 1,961명의 학생은 한 쪽 부모가 출국하여 그 비율이 학생 총수의 45.82%를 차지했다. 어떤 학급은 심지어 70%가 넘는 학급도 있다.

출국한 부모의 자녀들은 할머니나 외할머니, 혹은 고모, 이모들이 기르고 있다. 이런 어린이 가운데 적지 않은 어린이들이 노인들의 지나친 편애로 인해 나약함과 고독감, 그리고 부모들에 대해서 불신감을 가지고 있다. 그런 학생들은 대부분 학습 성적이 좋지 못하거나 자신감이 결핍되어 대인관계 및 심리상태가 건강하지 못하다. 외국에 있는 부모들은 미안한 생각에 그런 정신적인 공백을 돈으로 메꾸어 보려 하지만 도리어 자녀들의 소비 습관만 그르칠 뿐이다. 「부모에 대한 요구」라는 제목으로 학생들의 심리를 조사한 결과 그들은 이구동성으로 "엄마 아빠, 빨리 돌아와요! 난 돈도 싫어요."라고 했다.

1952년 연변 자치주 성립시 조선족 인구는 총인구의 62%를 차지했으나 2000년에는 38.55%로 감소했다. 조선족 집단마을, 특히 국경지역의 조선족 마을은 이미 적지 않게 해체되었다.

민족구역 자치의 핵심은 민주·자율적인 자치권을 계속 유지하고, 민족의 특성에 따라 경제와 문화를 발전시키는 것이다. 만약 연변 조선족 인구가 이대로 계속 감소하여 20% 이하로 내려가거나 10% 이하로 내려간다면 연변 조선족 자치주란 허울만 남게 될 것이 분명하다.

출산과 육아대책을 서둘러야

앞으로 조선족들은 갈수록 감소가 심화될 것인 바, 그 해결책을 적극 모색함으로써 조선족 자치주의 번창을 꾀해야 한다.

그러기 위해서는 새로운 정책을 개발해야 한다. 중국 56개 민족의 일원인 조선족이 국가의 계획보다 50년을 앞서 인구 감소된다는 것은 매우 비정상적인 것이다. 2000년 12월, 연변 조선족 자치주 정부는 연변 조선족 출산에 관한 규정을 제정했지만 경제적으로 보조를 해준다는 조목은 하나도 없다. 이에 연변의 유력인사들과 여성들은 아래와 같은 조치를 취해 주기를 바라고 있다.

첫째, 아이 둘을 생육하는 부부에게 장려금을 지불해야 한다. 구체적인 액수는 생활수준에 따라 5,000~10,000원 정도로 할 수 있으며, 경제의 발전과 물가 인상폭에 비례하여 인상할 수 있다. 이 자금은 정부 재정이나 조선족 인구 발전기금 가운데서 지불한다.

둘째, 아이를 출산할 경우 장학금(유치원, 소학, 중학, 고중의 학비)을 지급하고, 농업세를 면제하며, 주택과 토지구입시 우대해야 한다.

셋째, 아이를 낳은 산부에 대해 1년 간 휴가를 주고 노임을 제대로 지불하는 동시에 정기 건강 검진도 해주어야 한다. 또 재혼한 부부가 다시 아이를 낳도록 우대정책을 펴야 한다.

학생부족으로 합병해 운영하는 농촌 학교나 국경지역의 학교, 그리고 학교에서 멀리 떨어져 있는 조선족 학생에 대해 정부에서 기숙사를 만들어 그들이 안심하고 공부할 수 있도록 해주어야 한다. 물론 학교의 교사들에게도 도시 교사 기준의 대우를 해주어야 한다.

연변에서 여성의 사회적 위치는 남성들과 버금간다.

2000년 말 현재, 연변의 직장 종업원이 48만 6,205명인데, 그중 여직원이 40% 남짓 차지한다. 농촌노동력은 3만 9,009명, 그중 여성이 50%이다. 시장경제와 산업구조가 부단한 조정을 거치면서 여성들의 취업 길도 넓어졌고, 각자의 특기에 맞게 변화하고 있다.

연변 자치주의 도시 및 농촌의 유통업과 민영기업 노동자 11만 768명 중 여성이 72%를 차지한다. 연길 서시장의 개인 사업과 유통업(상업)에 종사하는 여성 종업원은 90%나 되고, 그 중 농촌의 여성이 절반을 차지한다.

 여성들의 교육도 크게 발전했다. 2000년 현재 연변의 학생 중 일반대학의 여성 비례가 52%, 중등 전문학교가 68.8%, 성인 대학교가 46.7% 차지한다. 여성 전문기술자도 3만 8,168명으로 자치주 전문기술자의 49%를 차지한다.

 여성들의 사회 참여 수준이 높아졌고 정치권에서도 중요한 자리를 차지하고 있다. 연변 자치주 제11기 인민대표대회에서 17.4%이고, 연변 조선족 자치주 정치협상회의 위원에서는 20.8%이다. 여성 간부는 4만 7,600명으로 간부 총수의 46.5%를 차지하며 처장급 여성간부가 45명으로 동급 간부의 8.7%이다.

연변의 조선족을 빛낸 사람들

단계별로 본 발전과정

 연변의 조선족 간부의 발전과 역할은 대체로 5개 단계를 거친다.

 첫 단계는 혁명전쟁시기이다. 이 시기는 중국 조선족 간부, 특히 고위 군간부들이 크게 활약하던 시기이다. 일찍이 제1차 국공國共합작 때 일부 조선족 혁명가들이 광주 황포사관학교와 운남강무당云南講武堂 등, 혁명가의 요람에 들어가 교육을 받음과 동시에 북벌전쟁에 참가했다. 국공합작이 깨진 후 일부 조선족 혁명가들은 광주와 해륙풍海陸風 봉기 및 반토벌 전쟁과 유명한 2만 5천리 장정에 참가했다. 항일전쟁 때, 조선족의 열혈 청년들은 의용군을 조직하거나 항일 독립군에 참가해 태항산구, 동만, 남만과 북만 등, 광활한 지역에서 일본 침략자를 무찔렀다. 그 처절한 나날이 계속되는 동안 양림, 김산, 이철부, 이홍광과 같은 조선족 지도자들이 배출됐다.

둘째 단계는 동북 해방에서 자치주 성립에 이르는 시기이다. 1946년부터 1949년 사이 연변지역에 동북군정대학 동만분교, 길림성민족학원, 연변지역 당간부학교 등, 학교가 설립되어 조선족 군간부를 9,600여 명을 양성했다.

세 번째 단계는 연변자치주 승인 후부터 1965년까지이다. 이 시기 연변의 조선족 간부는 급속히 성장, 자질도 높은 황금시기라 할 수 있다. 1952년 자치주 수립시 연변의 조선족 간부는 1,700여 명밖에 안 되었으나 1965년에는 4,800여 명으로 늘어 1.8배 성장했다. 이 시기는 연변 역사상 조선족 간부의 사회적 진출이 가장 높았던 시기이다.

넷째 단계는 문화대혁명시기(1966년~1976년)이다. 이 시기는 민족간부, 특히, 조선족 간부들이 여지없이 타격을 받던 시기이다. 주덕해 등, 적지 않은 민족 간부들이 박해를 받고 직책에서 쫓겨나지 않으면 안 되었다.

다섯째 단계는 개혁·개방시기이다. 이 시기는 조선 간부들의 자질이 크게 개선되고 양적으로도 많은 발전을 하게 되어 건국 후

두 번째 황금시기라 할 수 있다.

개혁·개방 전 조선족 간부들은 주로 당과 정부기관, 보도출판, 문화교육, 체육위생 등, 상부구조와 이데올로기 분야에 집중되었다. 상대적으로 금융무역, 대외 경제사업과 공기업에 종사하는 간부는 아주 적었다. 그래서 조선족은 정부 조직을 관리하고 한족은 건설을 관리하는 불합리한 양상이 되었다. 하지만 지금은 상황이 바뀌어졌다. 현재 연변의 사기업 중 조선족이 경영하는 것이 70%를 차지하며 그중 70%는 조선족 여성들이 경영하고 있다.

20여 년 사이 연변의 대외경제 무역사업에 종사하는 조선족 간부가 수백 명에서 수천 명으로 늘어나 동업종 간부 총수의 60% 이상을 차지하고 있다.

간부 연령 구조에서도 큰 변화가 일어났다. 1978년 연변의 조선족 간부의 평균 연령은 48세였으나 1998년에는 42세로, 과장급 이상 조선족 간부의 평균 연령은 52세에서 46세로 내려갔다. 또한 50세 전후의 성급 간부와 40세 전후의 장년간부, 30세 전후의 청년간부가 배출되어 간부조직에 보다 활력을 주고 있다.

간부들의 전문화가 가속화되고 있다. 1978년부터 1998년 사이 연변의 조선족 간부 중 단과대학 이상 학력 소유자 비례가 52%에서 72%로 상승했다. 근년 들어 연변은 10여 개 나라에 파견한 여러 유형의 유학생, 연수생이 근 1만이나 된다.

조선족 간부들은 조기에 조직이 이루어져 토대가 건실하며, 문화적 자질이 높고, 잠재력이 크며, 전문성이 다양하고 활력이 넘친다.

여기서 조기에 이루어졌다는 것은 조선족 간부들의 조직과 성장의 시점이 보다 일찍 조성되었다는 것이다. 연변은 동북 항일투쟁의 주전장으로, 조선족 애국지사들의 반일투쟁은 일찍 20세기 초부터 시작되었다. 연변의 항일투쟁은 시종 조선족이 주력군이었다. 조선족 항일열사는 연변 항일열사가 90% 이상을 차지하고 있다. 자치주가 수립될 때 조선족간부들은 대부분 항일전에 참가했던 경력을 가지고 있었다. 그래서 토대가 건실하며 훌륭하다는 말이다.

조선족 간부는 인원수가 많아 한족에 비해 차지하는 비례가 크다. 현재 연변에는 5만 9,000여 명의 조선족 간부(1995년 통계)가 있는데, 이는 조선족 인구 총수의 7%를 차지하는 수치로서 전국 평균 수준보다 2% 높고 전국 소수민족의 평균 수준보다 3% 높다.

문화 자질이 높다는 것은 조선족 간부의 뚜렷한 특징이다. 자치주 조선족 간부 중 단과대학 이상 학력 소유자가 간부 총수의 60% 이상을 차지하는 바, 이는 중국 각 민족 가운데 문화 자질이 가장 높다. 연변의 과학·기술간부 중 중급 직함을 가진 조선족 간부가 동류 간부총수의 54%를 차지해 인구 비례보다 15% 높고, 고급위 직함 소유자가 60%나 되어 역시 인구 비례보다 20%나 높다. 그래서 조선족 간부들의 잠재력도 그만큼 크다.

여러 유형의 간부들이 골고루 다 있다는 것은 연변의 조선족 간부들이 당·정기관으로부터 문화·교육, 과학·기술, 언론·출판, 문학·예술, 체육·위생, 금융·재정, 대외 무역 등, 다방면에서 모두 자질이 높고 훌륭하다는 것이다. 현재 중국 각지에서 활약하고 있는 조선족간부들은 연변 출신이 적지 않다. 그들은 중국 조선족의 지도자들로서 중견 역할을 톡톡히 하고 있다.

당·정·군 정부기관을 보면 현재 3명이 국정 중앙위원이고 1명이 국가급 지도자이다. 또한 2명이 전국인대 상무위원으로 있고 2명이 전국정협 상무위원으로 있으며, 성급의 부장급 간부가 16명(퇴직간부 포함) 인민해방군 장군이 8명(상장 1명, 중장 2명)이다.

다음으로 조선족 간부의 분포를 보면 생산부서에 인재가 부족하고, 전반적인 자질이 높지 못하며, 배치가 비과학적이다. 따라서 조직의 효율성이 높지 못하고 인재 관리에 문제가 있다. 산업 전문기술인원이 총 기술인원의 41%밖에 안 되며, 만 명당 자연과학과 기술영역 전문인이 133명으로 전국 평균 수준보다 33명 적다.

다음, 인재 관리가 효율적이지 못하고 중간 퇴직현상이 심해 전문인력 공급과 수요간의 불균형이 두드러지고 있다. 일부 업종은 전문가가 없는가 하면 어떤 업종은 남아돈다. 1998년 연변의 여러 전문 기술인이 전해 대비 1,107명 감소했다. 매년 연변의 각 대학교와 중등 전문학교를 졸업한 학생이 7,000여 명 되지만, 1999년 연변에 배치된 4,721명 중 실제로 취직을 한 졸업생은 2,733명밖에 안된다.

또한 선진형의 인재가 부족하다. 연변에는 중국 내에서 영향력이 있는 학과나 기술분야의 리더가 적으며 특수 산업에 종사할 인재는 더구나 적다. 신기술과학 연구개발, 대외무역, 정보산업, 금융보험, 환경보호, 법률, 외국어 등의 인재가 부족하다. 특히 정보산업 인재가 1,000여 명밖에 안되어 태부족이다.

또 조선족 간부가 상대적으로 감소되었다. 1952년 자치주 수립 시 연변의 조선족간부는 전주 간부 총수의 74%로 인구 비례보다 12% 높았으나 1998년에는 42%로 줄 인구 비례보다 2.2% 높았을 뿐이다. 46년간 연변 조선족의 인구비례는 62%에서 39.8%로 22.2% 내려갔지만 간부 비례는 74%에서 42%로 내려가 하강폭이 32%나 되었다. 간부 비례의 하강폭이 인구 비례 하강폭보다 9.5% 높았다.

그 다음, 연변 조선족의 고급인재와 첨단기술자가 많이 부족한 편이다. 이를테면, 춤의 고향으로 일컫는 연변은 자치주가 성립된 지 반세기가 되었지만 아직 이렇다 할 영화나 TV 드라마가 없는 실정이다.

앞으로 연변의 조선족은 이러한 문제들을 종합적으로 풀어야 할 것이다.

제6부 중국에서 유일한 조선족 자치현, 장백현

장백 조선족 자치현

장백 조선족 자치현은 길림성 동남부, 장백산 남쪽 기슭의 압록강 상류에 자리 잡고, 동남으로 북한 양강도의 혜산시와 이웃하고 있는 중국에서 유일한 조선족 자치현이다. 현의 국경선 총길이는 260.5km이고 면적은 2,497.6km²이다. 행정구역은 6개 진, 5개 향과 77개 행정촌이 있으며, 인구는 8.7만 명 중 조선족이 16.4%를 차지한다.

장백현은 역사가 유구하다. 일찍이 4,000여 년 전, 신석기시대 말기에 인류가 이곳에서 살기 시작했다. 청나라가 중원을 통일하고 북경을 수도로 정한 후 장백산 구역이 청나라를 번영시킨 조상의 발상지로 여겨 1677년(강희 16년)부터 이곳에 주민이 이주하는 것을 금지시켰다. 그래서 그때부터 이곳에 주민이 살 수 없다가 1875년 광서 원년에 청나라 정부가 금지령을 취소하고 개발정책을 실시하면서 다시 인가가 들어서기 시작했다. 1908년(광서 34년)에 장백에 부府를 설치하고 땅을 개간해 국경을 부흥시키면서 인구가 점점 늘어났다. 사회주의 중국이 창건된 후 1958년 9월 15일, 국무원의 비준을 거쳐 장백 조선족 자치현이 수립됐다.

장백 조선족 자치현은 자치에 걸맞게 경제를 적극 발전시키고 있다.

북경 중앙에 위치한 천안문 광장에 선 필자 뒤편에 천안문이 보인다

장백현에는 산림용지가 21만ha이며, 삼림 식재율이 80.2%이다. 활엽목 보유량은 2,771㎥이고, 연간 벌채량은 16만㎥이다. 본 현은 현재 임산가공 기업이 14개로 위생 젓가락, 합판, 이쑤시개, 마루자재, 피아노틀 등, 10여 가지 품목의 60여 종 제품을 한국, 일본, 대만, 홍콩 등에 수출하고 있다. 목재로 전환율이 30%에 달하고 목재 이용률도 40%가 되어 임업생산 및 이용효율을 높이고 있다.

특용작물로 인삼 재배가 크게 발전되고 있다. 인삼 생산은 장백현의 농촌 경제발전의 중요한 기간산업이다. 20여 년 간의 발전을 거쳐 이미 인삼재배 면적이 400만㎡에 달하고 연간 생삼 가공량이 250만kg 정도 된다. 인삼 제품은 여러 차례 국가와 성급에서 양질 제품으로 선정되었다. 현재 장백현은 인삼재배 면적이 28만 5,340㎡되고 산삼을 5,000무 정도 재배한다.

광산업도 적극 발전시키고 있다. 마안산의 대형 규조토광硅藻土鑛은 매장량과 질이 중국에서 으뜸이며 총 매장량이 2억 톤에 달할 것으로 추정된다. 이미 채광된 것만 해도 3,500만 톤으로, 현재 미국의 한 회사와 합자 경영을 하고 있다. 마록구의 중형 고령석광도 채광된 것이 210만 톤이며, 지개석의 매장량이 200만 톤으로 채석된 것만도 100만 톤이다. 명반석은 매장량이 1,000만 톤이며 이미 채광된 것이 220만 톤 된다. 머지않아 광물 개발은 장백현 경제발전의 기간산업으로 발돋움할 것이다.

의약산업도 크게 발전하고 있다. 장백현은 야생식물 자원이 아주 풍부한 바, 약용식물 종류가 아주 많아 의약사업을 발전시키는 데 유리하다. 현재 장백쌍성약업 그룹에서 생산하는 회춘통림단, 복방수설편, 만청 캡슐, 활력보 등, 계열 약품이 거래되고 있다.

그밖에 관광업을 크게 발전시키고 있다. 주요 관광지역으로는 발해시대의 영광탑, 백두산 천지, 압록강 대협곡, 15도구道區 삼림공원 등, 여러 곳이 있다. 이러한 독특한 자연 풍경과 고색창연한 역사유적지, 그리고 이국의 풍경은 수많은 국내외 관광객을 유치하고 있다.

길림성의 주요한 경제개발구로서의 장백현은 북한을 상대로 무역을 활발히 진행하고 있다. 장백현 통상구는 국가 1급 통상구로 정부간 무역은 물론이고 민간 무역도 활기를 띠고 있다.

백두산 깊은 골짜기에 민족의 얼을 심은 교육

1998년, 4~6세의 유아가 3,274명(조선족 589명)으로 유치원 입학률이 86%이고, 7~12세의 어린이는 7,111명(조선족 1,210명)이며 입학률 100% 졸업률이 97.3%이다. 13~15세의 소년은 3,165명(조선족 653명)으로 입학률 100%이다.

1946년에 세워진 장백 제2중학교는 단일 조선족 중학교이다. 성(省) 중점학교인 이 학교는 지금까지 〈성省 정신문명학교〉, 〈교수기기와 실험실 건설 선진집체〉, 〈체육위생 선진단위〉 등의 영예를 수여받았다. 초급 중학교에 9개 학부로 학생은 350명, 고급 중학부는 6개로 학생은 180명이며 교사가 83명이다. 이 학교의 진학률도 비교적 높다. 1996년 이래 진학률을 시종 95% 이상을 유지하고 있다.

농촌 성인교육도 큰 발전을 가져왔다. 1993년부터 각 향·진마다 농민문화기술학교를 세웠다. 현재 11개 향과 진에 각각 농민문화기술학교가 있으며, 실용기술 교육을 받은 농민이 연 1만 5,000여 명으로 전체 노동력 총수의 71.8%를 차지한다.

본 현의 재직 종업원 중 단과대학 이상 학력 소유자가 95% 이상이 된다.

장백현의 문화 기구는 문화체육국 산하에 조선족 가무단, 문화관, 창작실, 문화시장 관리소, 문물 관리소, 영화공사, 과외체육학교 등이 있다. 또한 11개 향과 진에 모두 국영문화소가 있으며 마을마다 문화활동실이 있다. 그 영향으로 민족춤마을, 농민악대, 농민조각 등, 특색 있는 문화와 마을이 나타났다.

현재 장백현의 문화체육국 산하 문화사업 종사자는 150명이다. 그중 조선족이 절반을 차지하며, 민족가무단의 80%가 조선족이다.

장백현의 여러 향과 진이 성정부로부터 여러 차례 문화활동선진지역으로 표창을 받았다. 또 1998년 장백 조선족 자치현은 국가문화부로부터 「사회문화 전진단위」란 칭호를 받았다.

향후 장백조선족자치현은 민족 특색과 지방 특색을 삼림문화, 빙설문화, 수렵문화, 인삼문화, 민속문화 등으로 발전시켜 나갈 것이다.

훌륭한 인재가 절실해

민족 자치구역, 장백현은 소수민족 간부 양성에 박차를 가해 조직 확대와 자질 제고에 심혈을 기울이고 있다. 2000년 현 간부 5,625명 중 소수민족 간부가 1,036명으로 점유율 18.4%였다.

그러나 장백 조선족 자치현은 조선족 인구가 총인구의 16.15%밖에 안 되기에 간부들이 줄어들고 있고, 더욱이 자질을 높여야 하는 등의 문제가 대두되고 있다.

1958년, 조선족 자치현을 건립할 때 조선족 인구는 1만 27명으로, 민족 간부가 간부 총수의 39.7%를 차지했으나 2000년에는 소수민족 간부가 18.4%밖에 안 돼 1958년 대비 21 포인트 줄었다.

또한 소수민족 간부들의 분포와 구조가 불합리하다. 현재 대다수 조선족 간부들은 사회과학, 문화, 교육, 언론매체, 보건위생 등 부문에 많이 종사하고, 공업, 교통, 기업에는 적게 종사하고 있다. 전체적으로 생산부서에 종사하는 간부가 적다.

또한 조선족 간부들의 자질을 높이는 것이 급선무가 되고 있다. 시장경쟁에서 승패의 관건은 인재 양성과 자질에 있다고 판단한 현에서는 조선족 간부 양성과 자질 제고에 역점을 두고 있다.

향후 자치주 조선족 간부의 성장률을 한족 간부보다 5% 높이고, 조선족 간부를 조선족 인구 비례보다 8% 높여 2010년에 이르러서는 조선족 간부를 전체 간부 총수의 30%가 되도록 해야 한다. 현급 조선족 간부는 40%가 되게 하고, 현인대 대표 가운데 조선족 대표수를 30%정도 되게 해야할 것이다.

중국 공산당 정권이 수립되고 항일 투쟁에 앞장섰던 조선족들은 사실상 다른 소수 민족처럼 자치구를 기다리고 있었다. 모택동 주석도 자신이 자치구 약속을 하였음에도 불구하고 연변조선족 자치주, 장백자치현으로 승인하여 조선족의 위상과 영역을 결정하고 말았다. 그 때 연변이 자치구로 승인되었더라면 장백자치현은 자치주가 될 수 있었기에 아쉬움이 컸다. 필자는 압록강 물줄기 너머 북한 땅을 바라보던 1990년 중반기, 장백현을 둘러보고 항일 투사들의 숨소리가 들려오는 것을 느낄 수 있었다.

제7부 동북 3성 내몽골 조선족

안중근 의사의 얼이 숨쉬는 흑룡강성 조선족

흑룡강성의 조선족 개황을 살펴보면 조선족 인구는 약 46만 명으로서 재중 조선족 인구의 23.56%를 차지한다.

흑룡강성에 제일 먼저 이주한 조선족은 러시아의 연해주 지역에 이민 갔던 조선인으로써 이들이 다시 흑룡강, 우쑤리강을 건너 북만주로 이주했던 것이다. 기록에 의하면 1862년 러시아 연해주지역에 살던 조선족 농민 400여 세대가 아무르주의 해란포를 거쳐 1868년 흑룡강을 건너 애휘현과 손하 등지에서 황무지를 개간하며 벼농사를 지었다고 한다.

조선족은 일찍이 1933년에 이미 북위50°인 흑룡강 연안의 애휘 일대에서 벼재배실험에 성공하였지만, 지금 북위 50° 이북의 지역

연길 서문시장 앞에서 가두회의를 하고 있는 조선족 동포들

에는 조선족촌이 하나도 없다. 현재 제일 북쪽에 있는 조선족 촌은 흑룡강성 손오현 연강향 동광촌인데 북위 약49°5정도이다.

흑룡강성의 조선족은 대부분이 목단강, 송화강, 눈강, 목릉하, 해랑하, 마연하, 수분하, 탕왕하, 외긍하, 나림하 등 강과 하천 유역의 삼강평원, 흥개호평원, 송눈평원 등의 지역에 분포되어 있다.

흑룡강성 조선족 인구 중 64.97%가 목단강, 송화강 지역, 하얼빈시 등, 철도 근처에 거주하는 것은 교통의 편리를 고려하였기 때문일 것이다. 조선족 인구가 1,000명 이상인 현과 시는 45개, 1만 명이상인 현과 시가 14개이다.

조선족의 절대 다수는 작은 범위지만 자체로 부락을 이루어 모여 산다. 흑룡강성 조선족의 60.76% 이상이 54개 현의 491개 마을에 살고, 조선족 마을의 약 90%가 조선족의 단일 민족으로 구성되어 있다. 다른 민족과 혼합된 마을에서도 조선족들은 마을의 어느 한쪽으로 모여 산다. 조선족 부락의 규모는 일반적으로 50~120세대(200~499명)인 마을이 제일 많고 120~200세대(500~799명)인 마을이 두 번째, 200~500세대인 마을도 적지 않다.

조선족이 모여 사는 20개 민족 향에는 우리 민족의 학교, 보건소, 상점, 문화 활동실 등이 세워져 있다. 이러한 안정되고 화합된 생활환경은 조선족 농민들로 하여금 민족의 언어·문자를 사용하고 고유한 전통문화를 보존할 수 있게 하는 밑거름이 되었다. 그러나 대도시에 분산해 사는 조선족들의 경우 한족漢族문화의 영향을 많이 받게 되어 우리 민족의 전통문화와 한족문화가 공존하는 양상을 보여주고 있다.

인력송출에 앞장 선 흑룡강성 조선족 경제

흑룡강성의 조선족 경제는 조선족의 농촌경제와 도시경제가 포함된다. 흑룡강성의 조선족 농촌경제는 조선족의 2/3가 거주하는 491개 조선족 농촌의 경제 위주로 하고, 1/3을 차지하는 22개 조선족민족향이나 조선족-민족향식의 농촌경제를 보조로 하고 있다. 조선족 농촌의 경제는 벼농사를 위주로 한 것이나 향·진의 공업(촌기업 포함), 임업, 목축업, 어업, 건축업, 상업, 음식업, 서비스업, 대외 인력송출, 변경무역 등이 포함된다.

조선족 도시경제는 국유의 조선족 백화점, 조선족 병원, 조선족 여관, 조선족 공기업, 민영기업, 외자기업 등이 있다. 이런 곳의 주요 경영자와 종사자는 모두 조선족이다. 조선족 종업원이 총 인구의 30% 이상을 차지하며, 경영하는 품목도 주로 조선족을 상대로 하고 있다.

흑룡강성 조선족은 지금까지 벼농사에 주력해 많은 쌀을 생산하여 국가 건설에 지원했다. 흑룡강성 조선족은 인구가 비록 성 전체 인구의 1.3% 밖에 안 되지만, 그들이 경작하는 논 면적은 성 전체 논 면적의 1/3에 해당하며 벼의 생산량은 총 생산량의 45% 정도를 차지한다.

국가에서 개혁·개방 정책을 실시한 후 많은 조선족 농민들이 도시와 연해지구로, 그리고 해외로 나아갔다. 그들은 시야를 넓히고 낡은 관념을 바꾸게 되었으며 소득을 높여 가난에서 벗어나게 되었다.

그러나 다른 한 편으로 상품산업이 발전함에 따라 벼 생산을 위주로 하는 조선족의 단순한 산업구조가 해체되기 시작했다. 따라서 갈수록 많은 농민들이 도시와 국외로 나아가고 있다. 1998년 통계에 따르면 조선족 농촌 인구의 15.5%가 본 고장을 떠남으로서 조선족 농민들이 경작하던 농토의 24%가 한족 농민들에게로 넘어갔다.

조선족이 도시와 국외로 대거 이동하는 것이 소득을 높이고 삶의 질을 윤택하게 하는데 긍정적인 측면이 있는 반면, 자신들의 전통문화는 소실시키는 원인이 되고 있다. 또한 출산율 하락으로 인한 조선족 인구의 축소와 함께 빈부 격차를 심화시키는 등, 부정적 측면도 있다.

개혁·개방 이래 흑룡강 조선족들은 한국, 북한, 일본, 러시아 등, 여러 나라의 혈연, 지연관계를 통해 공기업과 무역회사를 설립했다. 그중에는 석산린, 최수진 등, 유명한 민영 기업가들이 출현하기도 했다. 하지만 여러 가지 원인으로 하여 타지방으로 옮겨가지 않으면 부도가 나게 되어 내세울 만한 민족 공기업이 없다는 것이 안타깝다.

경제도 그렇다.

조선족 경제가 성장함에 따라 농촌의 산업구조도 조정되기 시작했다. 단순한 벼농사에서 다양한 생산 활동과 제3산업이 급속히 발달했다. 1995년 491개 조선족 마을의 제1, 제2, 제3산업의 구조가 57:14.2:28.8이던 것이 1998년에는 52.43:9.27:38.30으로 조정되었다. 18개 조선족 향의 산업구조도 이와 비슷하다.

또 대외 개방이 끊임없이 확대되었다. 흑룡강성의 각 민족 중 조선족의 대외 개방이 특출했다. 조선족들은 혈연관계와 인맥관계를 이용해 한국의 자금과 기술을 적극 유치하고 한국, 일본, 미국, 싱가포르, 중동 각국, 아프리카에 대한 인력 송출에 열을 올리고 있다.

흑룡강성 정부의 통계에 따르면 1995년 전성의 조선족 농민들의 인력 송출 소득은 당년 총 소득의 17.3%를 차지했고, 1998년은 17.4%를 차지했다. 그중 해림시 조선족 농민들의 인력 송출 소득은 1억 위안, 오상시는 3억 위안에 달하여 그곳 자체의 총소득을 능가했다.

그런가하면 조선족 농민들의 생활수준도 일층 향상되었다. 흑룡강성 각 민족 농민의 인구당 소득 가운데 조선족 농민들의 소득이 가장 높다. 해림시 정부의 조사에 의하면, 조선족 농민들의 기와집 입주율은 53%에 달했고, TV보유율은 88.9%, 전화 보급률은 15.5%에 달했다.

인력의 재충전이 사회문제 해결의 열쇠

산업 구조가 불합리하다.

1995년, 491개 조선족 마을의 제1, 제2, 제3산업의 구조는 제1산업이 50.8, 제2산업이 36.1%, 제3산업이 13.1%이었다. 제2산업의 발전이 더디고 제1산업의 다품종 경영발전이 느리다.

또 경제 효과가 하강되고 있다. 1990년, 491개 조선족 마을의 투자와 생산의 비례는 42:100이었으나 1995년에는 54:100으로 내려갔고 1998년에는 다시 57.6:100으로 내려갔다. 그 주요원인은 생산단가가 오른 데도 있지만, 경제 지수가 낮은 데도 있다.

경제 발전이 불균형적이며 빈부의 격차가 심화되는 것도 문제다. 1998년, 성 전체 농촌의 조선족 세대 가운데 일인당 소득이 4,000위안 이상 되는 농가가 15%였다. 3,000~4,000위안 되는 농가가 24.2%, 2,000~3,000위안 되는 농가가 38.25%, 1,000~2,000위안 되는 농가가 15.9%, 500~1,000위안 되는 농가가 3.5%를 차지했다.

또다른 문제는 지도층 간부가 궁핍하다는 것이다. 조선족 농촌의 많은 지도층 간부와 기술 인재들이 인력 송출이나 합자기업, 대·중도시에 진출하여 농촌의 간부들이 보편적으로 부족한 상태이다.

조선족 농촌 인구의 감소도 문제다. 1998년 해림시 39개 조선족 마을의 신생 영아는 62명인데 반해 사망자 수는 156명이나 되어 조선족 인구가 94명이나 감소되었다.

21세기초 흑룡강성 조선족의 경제 목표는 2010년에 이르러 흑룡강성 조선족 지역의 국내 생산 총액을 연간 8%씩 성장시키는 것이다. 그때 가면 조선족 농촌의 인구당 소득은 7,072위안에 달하게 된다. 그리되면 세대마다 APT에 살고 칼라 TV, 전화 보급률이 100%에 달하게 되며, 조선족마을마다 정돈되고 깨끗하며 도시 부럽지 않은 풍족한 생활을 누리게 될 것이다.

농업에서는 벼 생산량을 높이고, 조선족의 국외 인맥을 살려 인맥송출을 적극 늘리며 자금과 기술을 적극 유치한다. 산업 구조의 다양화로 가정을 산업화하고 중소기업과 다양한 경영을 적극 발전시킨다. 과학영농을 보급해 농민들의 자질과 조선족들의 선진경제를 적극 발전시켜 농촌경제 발전의 모델을 제시하겠다는 것이다.

향후 조선족들은 시장경제의 발전에 따라 보다 많이 도시로 진출하여 생업을 꾸리고 상업에 종사하는 사람이 날로 늘게 될 것이다. 그런가 하면, 조선족 인구가 증가됨에 따라 일부 대도시와 현급 도시에는 코리아타운이 형성될 것이다. 그러면 조선족의 도시 경제가 조선족 농촌의 경제를 추월하겠지만 조선족 농촌의 자금, 기술, 정보, 문화도 그만큼 발전할 것이다.

창조적 예지를 발휘하는 조선족

흑룡강성 조선족의 과학기술 산업은 주로 벼재배기술을 보급하는 농업 기술로부터 시작되었다. 개혁·개방 이래 흑룡강성 조선족 지역의 과학기술인은 1만 여 명으로 늘어났다. 60여 명의 고급 농업기술인을 포함한 2,000여 명의 과학기술인들이 조선족 향과 촌에서 연구사업을 펼치고 있다.

다른 한 부분은 중앙 직속이나 성급 연구단지, 그리고 대학교와 대기업 업소에서 종사하는 조선족 과학기술 인재가 하얼빈시만 하더라도 600여 명이며, 그중 300여 명은 전문연구원 이상 고급 두뇌들이다. 하얼빈 공업대학의 정재만 교수, 홍병용 박사, 윤종대 박사, 권태범 교수, 흑룡강대학의 황득성 교수, 하얼빈 베어링 연구소의 황철규 등은 국제적으로 명성을 날리는 과학자들이다.

흑룡강성 조선족 과학기술인들은 서로간의 친목을 도모하고 정보를 교환하며 조선족들에게 과학기술을 보다 효과적으로 보급하기 위해 1983년에 「흑룡강 조선족 과학기술협회」를 창립해 활동을 활발히 진행하고 있다.

민족의 획기적 발전을 실현하려면 무엇보다도 우수한 인재가 많이 배출되어야 한다. 흑룡강 조선족 간부들을 볼 때 수적으로나 질적으로 모두 문제가 있다. 90년대 초까지만 하여도 조선족 간부 중 성급 1명, 청급 10명이 있었지만, 지금은 청급 간부 4명만 남았다. 현, 시급 간부 역시 정正직이 적고 부副직이 많으며, 실력파와 젊은 간부가 적다. 원로 세대들을 대체할 만한 후대들이 잘 보이지 않는 현실은 안타까운 일이다.

조선족의 교육 현황과 문화를 보면 인구가 비교적 적고 분포가 매우 분산된 형편이지만, 교육·문화·과학 분야의 발전은 타지방 조선족들에게 뒤떨어지지 않고 있다.

흑룡강성 교육은 유아교육에서 초·중, 고등교육까지, 보통교육

중국 대련 여순 안중근 의사 기념관 앞에서
홍일식 전 고려대 총장과 함께
- 교수형에 쓰이는 밧줄이 보인다

에서 전문교육에 이르기까지 눈부시게 발전한 때가 있었다. 하지만 지금은 단일 민족 형식의 조선족 교육체계가 해체되고 한어·한자 수업을 위주로 하고 있다. 따라서 조선족 학교 수가 급감함에 따라 민족교육의 전도를 예측하기 어렵게 되었다.

문화의 현주소를 알아보면, 흑룡강성에는 아래와 같은 조선족의 언론, 출판, 문화, 학술 단체들이 있다.

성급의 언론, 출판사로는 흑룡강신문사, 흑룡강조선말방송국, 흑룡강조선민족출판사가 있고, 시급市級 조선말유선방송국이 12개 있다.

문화, 예술단체나 공연장으로는 시급 조선족예술관이 3개(하얼빈, 목단강, 계서) 있고, 현급 조선족문화관 7개가 있다. 공연단체로는 목단강조선족가무단과 하얼빈시조선족예술단이 있고, 도서관 및 열람실이 60여 개 있다.

학술, 문화단체로는 흑룡강성조선어학회, 흑룡강성조선족창작위원회, 흑룡강성조선족음악가전업위원회, 흑룡강성조선문학연구회 등이 있다

동북 3성중 가장 북쪽에 자리하고 있는 흑룡강성은 그 면적이나

여러 가지 규모가 크기도 하지만 러시아와 국경을 접하고 있어 변경무역이 발전했다. 또 기후가 대단히 추워서 하얼빈의 얼음축제는 세계가 인정하는 대규모 축제로 발전되고 있다. 필자는 80년초 얼음축제에 초대되어 갔는데, 규모가 엄청나게 큰 것에 놀랐다.

특히 하얼빈역의 안중근 의사의 의거현장을 볼 수 있어 그 의미를 더해주었다. 안중근 의사는 중국에서도 존경받는 인물이며 그가 사형언도를 받은 감옥과 사형장은 중국인들의 역사 교육 현장으로 쓰이고 있다. 세계일보내 안중근 여순재단이 최근에 인수하여 원형을 유지하기 위해 노력을 경주하고 있는 것으로 알며, 필자도 여순 현지를 방문한 바 있다.

〈매하구〉표 쌀을 개발한 길림성의 조선족

길림성 조선족 인구는 118.19만 명이다. 그중 약 75%가 연변 조선족 자치주와 장백조선족 자치현에 운집해 있다. 나머지 25%(34.3만 명)가 12개 조선족 향(진)과 273개 조선족 촌에 살고 있으며, 장춘, 길림, 통화, 사평, 요원, 송원, 백성, 백산 등 대·중도시 및 현소재지에 분산 거주하고 있다.

길림성 조선족 분산거주지역의 농업과 농촌경제는 새로운 발전단계에 진입했으며, 농민생활도 안정수준에 도달하고 있다.

농업 생산구조를 조정하여 여타 지역보다 우수한 환경을 조성하고 있다. 이를테면, 동부 장백산 지역에 위치한 조선족 향·촌은 농지 면적을 적당히 줄이고 조림지를 늘이고 있다. 그리하여 중약재・녹색식품 등의 자원을 생산하며, 관광업 등, 친환경 산업을 대대적으로 발전시키고 있다. 그리고 중부 평원지구에 있는 조선

중앙노동경제연구원에서 재중동포 조선족 연길시지도자들이 연수를 받고 있다

족 향・촌은 시장 수요가 많은 무공해 쌀 생산에 주력하고 있다. 예컨대, 매하구시 조선족 향・촌에서 생산된 〈매하구〉표 쌀은 장춘과 사평 등지의 시장을 석권했을 뿐만 아니라, 상해 등, 남방지역의 시장에까지 진출하고 있다.

또, 농촌의 제2, 제3산업을 발전시켜 소도시 건설을 도모하고 있다. 장백산지구에서는 민족의 특색이 있는 산나물 식품과 느타리버섯, 송이버섯, 기름개구리 등, 실용 가치가 높은 식품을 개발하고 있다. 중부지구의 조선족 향・촌에서는 영길현 아라디조선족촌과 휘남현 루가조선족향의 경험을 일반화시키고 있다.

아라디촌은 마을 전체를 산업화했다. 양계업을 위주로 하는 한 농장에서는 병아리 부화, 사료 가공, 도살 냉동, 판매 서비스를 체계화한 기업으로서, 각 농가에 병아리와 사료를 공급해 주고,

축양관리도 지도해 주고 있다. 그런가 하면 시장 가격보다 높은 가격으로 수매하여 농민들의 수익을 보장해 주고 있다. 연간 300만 마리의 닭을 가공할 수 있는 이 업체는 주변 2개 현, 2개 지구, 12개 향·진과 49개 촌의 양계업을 발전시켰다.

그들이 생산한 제품은 국내의 5개 성·시와 2개 국가에 팔려 나가고 있는데, 1995년 소득이 8,800만 위안에 달했다. 아라디촌은 이 목축농장 외에도 12개의 주식회사가 있다. 1999년 아라디촌의 총 생산액은 1.6억 위안으로써, 인구당 소득은 6,000위안에 달하여 초요(稍饒 ; 살림이 제법 넉넉해짐)수준에 도달했으며, 길림성에서 첫번째로 '1억 위안 촌'이라는 목표를 달성했다.

장춘-백산 고속도로 구간에 위치한 휘남현 루가조선족향은 잉여 농산품과 노동력을 상업에 투입하는 소도시 건설에 착안했다. 2000년, 그들은 3,500만 위안을 투자하여 5,000㎡되는 시장을 건설하고, 점포 700개를 개업했다. 이밖에도 녹장鹿場을 중심으로 한 요식업, 오락전문거리까지 만들었다. 2000년 통계에 의하면 길림성 분산거주지역 조선족의 제2, 제3산업 소득이 농업 곡물 소득보다 1.93배 높았다.

질높은 과학기술과 교육, 문화

도시에 분산되어 사는 조선족들은 대학과 연구소 등의 지원을 받고, 선진 기술을 도입하여 민영기업을 설립, 조선족의 선진화를 이끌고 있다. 그 대표적인 기업들로는 장춘대화그룹, 길림성공업

보일러유한공사, 삼성냉동유한공사, 금두그룹, 장춘시인용실업유한공사, 쌍용과기개발공사, 장춘중력전기제조공사 등이다.

길림성 분산거주지구 조선족의 과학기술 수준도 만만치 않다. 최초에 설립된 재중 조선족 과학기술사업자협회 장춘분회, 길림분회, 길림성 조선족사회과학가협회, 길림성 조선족경제과학기술진흥총회, 길림성 조선족기업가협회 등, 단체들은 각종 기술 개발과 정보 교류, 국제교류 등의 활동을 활발히 전개하고 있다.

길림성 분산거주지구 조선족 과학기술 인재들은 대부분 국가와 성급 과학연구 단위, 대학 및 대기업에서 일하고 있으며 현·향급에는 비교적 적다. 그들 속에는 국가적으로 이름난 과학기술 인재들이 2,000여 명이나 된다. 그중 자기학 전문가 김한민 교수(길림대학), 초경재료 전문가 김중손 교수(길림대학), 광학정체재료 전문가 최봉주, 최승갑 연구원(중국과학원 장춘 광기소), 핵자기공진 전문가 배봉규 연구원(중국 과학원 장춘응화소), 집성화학 전문가 김

중국 길림성 장춘시에서 가진 두만강 개발전략 세미나에서 필자가 주제발표를 하고 있다

봉 연구원, 발명가 이명철 등은 세계적인 과학자들이다.

 길림성 분산거주지구(연변 조선족 자치주와 장백 조선족 자치현 제외)의 조선족 교육현황을 개괄해보면 소학교 103개에 재학생 2만여 명, 중학교 24개에 재학생 8,000여 명, 고등학교 12개에 재학생 3,000여 명, 직업고중 1개가 있다. 그중 8개 중학교가 직업기술반을 설립했는데 학생수가 800여 명이다.

 현재 조선족 학교에 존재하는 문제 역시 다른 지방과 마찬가지로 학생수가 적어지고 학교 규모가 적어지며 학교수가 급감하고 있다는 것이다. 그러니 인재, 교재, 물질 등 여러 면에서 큰 어려움을 겪고 있는 실정이다.

 길림성 분산거주지구 조선족 인구는 약 40만으로서 길림성 조선족 총수의 1/3 정도이며, 전국 조선 족인구의 1/5을 차지한다. 현재 장춘, 길림, 통화, 사평 등 4개 지구에 조선족 대중예술관이 있다. 장백, 집안, 매하구, 교하, 서란 등 5개 현에는 문화관이 있으며, 그 외 9개 조선족 향(진)에 문화보급소가 설치되어 있다. 조선족 간행물로는 〈길림조선문보〉 신문(장춘)과 〈장백산(장춘)〉, 〈도라지(길림)〉, 〈압록강(통화)〉 등의 잡지가 출판되고 있다.

 개혁·개방 이래 길림성 분산거주지구 문학 창작활동은 새로운 비약을 가져왔는 바, 풍성한 열매를 맺고 있다. 시인 남영전은 시집 10권을 출판했고 시인 송정환은 시집 외에도 인물전기와 사화를 편찬하였다. 소설가 고신일, 문창남, 김수영, 김재국 등도 많은 단편집과 중·장편 소설을 발표했다. 또한 많은 신인들도 배출되었다. 소설분야에 김남현, 정창호, 황영성, 이성태, 최천식, 강치생, 한정화, 성정숙, 이성채, 김운용 등이 있으며 시詩분야에는 최정수, 이승호, 김성, 유시홍, 신현란, 김기덕, 이인옥, 변창열, 금동춘, 이상학 등이 있다.

분산거주지역은 조선족 인구가 너무 분산되어 있기에 문화·교육 등에서 발전이 제한을 받을 수밖에 없다. 자체 출판사나 방송국, TV 등은 말할 나위도 없고 박물관, 도서관, 예술관조차도 몇 곳 되지 않는다. 한국어 서점은 더구나 찾아보기 어렵다. 길림성 내에서 조선족 문화가 발달한 연변자치주처럼 만들자면 앞으로 많은 노력이 필요하겠지만, 분산거주지역 조선족의 현실은 취약성이 많아 미래의 발전이 이룩될 수 있을지 막연할 뿐이다.

각 분야로 진출한 지도자들

길림성 조선족 분산거주지역의 간부들은 역사적으로 간부층이 두텁고 업무처리 능력이 비교적 우수하며 인구 비례도 높았다.

초기 간부는 토지개혁 중에 나타난 기층 간부이거나 군대에서 제대한 간부로 정부기관을 따라 연길에서 길림으로, 다시 또 길림에서 장춘으로 들어온 사람들이다. 따라서 조선족 간부들은 활동적이고, 사리판단이 빨라 각 분야에서 승진이 빨랐다. 여러 민족과 더불어 사는 속에서 적응과 협조성이 뛰어나 대중의 환영을 받았던 것이다. 그러나 반세기가 지난 오늘 조선족 간부들 앞에는 새로운 문제가 제기되고 있다. 즉, 조선족 간부가 감소되고, 더욱이 후계자마저 부족해지는 추세인 바, 2000년대에 들어와서 더 두

드러지고 있다.

이처럼 고위층 간부와 그 후계간부가 부족한 곳은 성의 기관일 수록 더욱 심하다. 원래 성 직속기관에는 조선족 간부가 성급 1명, 청급 30여 명, 처급 150여 명으로 각 부처마다 조선족 간부가 다 배치되어 있었다. 하지만 문화대혁명이후 간부의 정년퇴직으로 인한 자연 이직 및 후계 간부양성 조치가 따르지 못한 등의 원인으로 원래 청·국급 조선족 간부 30여 명이 6명으로 줄었고, 처급 간부도 반 이상이 감소되었다. 반석, 화전, 영길 등의 지역은 현급 조선족 간부가 공백이 되고 있다.

또한 간부 구조도 극히 불합리하다. 즉, 조선족 간부는 고위기관에는 적고 사무기관에 많으며, 공기업에는 적고 재정 무역분야에 많으며, 공업과 교통 행정부문에 적고 기술 분야에 많은 등, 간부 수의 총체적 감소와 더불어 질적으로도 요직에서 배제되고 있다.

이는 국내외에서의 조선족의 지명도에 비하여 현저히 차이가 나는 안타까운 실정이다.

시장경제의 모범을 보인 요녕성의 조선족

요녕성 조선족 인구는 23만 명으로 중국 조선족 인구의 11.995%를 차지한다. 그들은 12개 조선족 향(진), 4개 민족 혼합 향, 147개 조선족 촌에 운집해 살고 있다. 그 외에 심양, 무순, 철령, 안산,

단동, 대련, 영구 등, 대·중 도시 및 교외의 현·구 소재지에 분산되어 살고 있다. 특히 5만 여 명 조선족이 살고 있는 심양시 서탑거리는 서울의 한 거리를 방불케 한다.

요녕성에 조선족이 살기 시작한 때는 1845년부터였다. 북한의 평안북도 초산군의 80여 세대 농민들이 요녕성 통화와 관전의 훈강 유역에 이주해 황무지를 개간하여 벼농사를 지었고, 그 뒤를 이어 환인, 흥경(신빈), 안동(범사)등지에서 조선족 농민들이 땅을 일구어 벼농사를 지었다.

요녕성 조선족의 경제구조 및 특징은 크게 다섯 가지로 분류된다.

첫째, 12개 조선족 향의 경제이다.

이 부분은 요녕성 조선족 경제의 가장 특색이 있고 대표적인 것으로써, 조선족 경제 발전에 비교적 큰 영향을 미치게 된다.

둘째, 4개 민족연합 향(진)의 조선족 경제이다.

수적으로나 비중으로 보나 비록 주도적 지위는 아닐지라도 그

조선족은 어느 민족보다 시장경제에 밝다
사진은 훈춘시의 시장풍경

영향력이 크며, 분산거주지구 조선족의 발전에 연관되기에 무시할 수 없는 부분이다.

셋째, 150여 조선족운집촌의 민족경제이다.

범위로 보나 수적으로 보나 경제발전이 중요하지만, 처음부터 경제적으로 약소하므로 보다 많은 도움이 필요하다.

넷째, 도시 거주 조선족 경제의 주종은 매점, 부식품 도매시장, 식품거리 등을 들 수 있다.

도시 시장경제의 발전과 더불어 생겨난 이 부분의 경제는 생명력이 강한 경제 성장 포인트로서 마땅히 크게 발전하도록 해야 한다.

다섯째, 조선족 업주가 경영하는 많은 중소기업들이다.

조선족들의 자본 축적이 빨라지고 투자 범위가 확대되면서 생산, 가공, 판매, 무역 등, 기업이 날로 늘어나고 있다. 또, 신흥 서비스 산업도 발전 추세를 보이고 있다. 이 부분의 경제가 향후 요녕성 조선족 경제를 주도하게 될 것이다.

역사적으로 요녕성 조선족들은 그동안 다른 지역의 조선족들과 마찬가지로 벼농사 위주의 생활을 벗어나지 못했다. 그러나 개혁·개방이후 요녕성 조선족들은 시장경제를 적극 발전시켰다. 기업을 세우고, 서비스업을 발전시켰으며, 인력 송출을 늘리는 등으로 경제가 활성화되면서 생활수준도 크게 향상되었다.

12개 조선족 향(진)의 통계에 의하면, 농업 생산액은 향당 5,000여 만 위안에 달하고 공업생산액은 5억여 위안을 초과했으며, 재정소득은 향당 400만 위안에 도달했다. 농민들의 인구당 소득은 전체 성의 평균 수준에 도달했고, 개별 조선족 향(진)은 경제가 발달한 요남지구의 농민 소득과 맞먹는다.

특히 조선족들은 전에 없던 제2, 제3산업을 크게 키워 나가고 있다. 가공업체가 1,000여 개, 요식업체가 7,000여 개로 늘어났으며, 일부 가공 유통업체는 그 규모가 1억 위안을 초과하고 있다. 조선족 농촌의 산업구조는 농업 위주였으나 제2산업 위주로 바뀌었고, 제3산업도 상승세를 보이면서 농민들의 취업률과 소득이 날로 늘고 있다.

또한 요녕성 조선족들의 대외 개방도가 높다는 것이다. 그들은 지연, 혈연 등을 이용하여 한국과 일본 등, 가까운 나라와 경제교류 및 합작 면에서 탁월한 능력을 보여주고 있다. 촌급에서만 한국과 합자 혹은 독자 기업을 유치한 것이 100여 개나 되며, 투자액이 1,000여 만 달러에 달하는 기업도 생겨났다.

예컨대 심양시 우홍구 원동파문관제조유한공사는 농민들 자체로 자금을 모아 설립한 기업으로, 금속파문 보상기, 파문관 환열기, 금속연관, 정전수 처리기 등, 고기술 제품은 중국내의 대기업도 따를 수 없고 외국인들도 놀란다.

특히 요녕성에 세워진 수백 개 한국투자 기업은 조선족들의 기술 발전을 위해 좋은 기회를 마련해 주었다. 방직, 신발 등, 노동집약형 기업에 많은 조선족들이 진출해 한국의 선진 기술을 배우게 되고 한국 기업에 초빙된 조선족 과학·기술인들에게는 좋은 연구기지가 되고 있다.

조선족 과학자협회를 만들고

요녕성 조선족 과학기술 인재는 수백 명에 달한다. 중국 과학원 등, 첨단 과학 연구 분야에서 일하는 사람들이 있는가 하면, 생산 제1선에서 중요한 직책을 담당하고 있다. 국가 과학기술 상을 수상한 사람들만 하여도 80여 명에 달한다.

계산기분야의 박치순, 김호범, 김용경 씨와 지질 광산분야의 권항, 이상권, 전창열, 지영일 씨, 금속연구 분야의 이두성, 김명수, 강종석, 김주경 씨, 항공분야의 강진호, 김규섭, 채정학, 이재호 씨, 자동화분야의 김춘희, 김호섭, 김영선, 권영춘 씨, 생태분야의 전린걸, 남인호 씨 등, 80여 명은 과학연구에 많은 기여를 하여 국가급 과학연구 기술진보상을 수상했다.

1984년 5월에 창립된 요녕성 조선족 과학자협회는 조선족 과학기술 발전을 위해 많은 사업을 해왔다. 특히 조선족 업체에 많은 과학기술 인재들을 파견하여 농업의 현대화와 향·진 기업의 발전을 위해 크게 기여했다.

또한 요녕성 조선족 과학자협회는 학술회의(단체)를 조직하는 면에서도 국내외에서 인정을 받고 있다. 이를테면, 1994년 8월에 있었던 심양 계산기기술 및 응용국제학술세미나에는 한국, 중국, 일본, 미국 등의 국가에서 96명의 대표들이 참석하여 92편의 논문을 발표했다.

1996년 7월에는 한국, 중국, 카자흐스탄, 일본 등에서 200여 명의 학자가 참가한 '96 단동 신기술 및 전통산업국제학술세미나를 주최했으며, 1998년 8월에는 '98 심양 21세기 동북아농업발전 국제세미나를 갖기도 했다.

국내 학술회의로는 1995년 요녕성 민족과학자협회 제1차 종합학술회에 이어 1997년과 1999년에는 요녕성 민족과학자협회 제2차, 제3차 학술회의를 갖기도 했다.

요녕성 조선족 간부는 혁명전쟁, 특히 해방전쟁 때에 뛰쳐나온 많은 조선족 간부들과 해방 후 이념 속에서 양성 된 간부, 그리고 대학 졸업생 등, 지식형 간부 등으로 구성되었다. 이들 속에는 성급, 국급, 처급 간부들이 많았다. 그러나 정년퇴직 및 간부제도 개혁에 따라 요녕성 조선족 간부들에게도 적잖은 변화가 생겼다.

현재 만여 명에 달하는 조선족 간부들이 당, 정부, 경제, 과학기술, 문화, 교육, 위생 등 분야에서 일하고 있지만, 조선족 간부의 양성이 새로운 시대 요구와 적응되지 못하고 있다.

그러면 당면한 문제점들은 무엇인가?

조선족 민족향과 민족촌의 노회한 간부들이 계속 자리를 떠나는 반면 젊은 후계자 양성이 제때에 이루어지지 못하고 있다. 때문에 현 이상의 당정기관과 사업부처에 조선족 간부 수가 적으며, 특히 처급 이상의 지도간부 수가 감소되고 있다.

경제 발전과 더불어 조선족 기업 경영관리 인재가 나오고 있기는 하지만 전문지식과 관리 교육을 체계적으로 받지 못하여 시장경쟁 속에서 성공한 조선족 기업인이 많지 않다.

조선족의 대학 진학률은 높지만 인문계 학생은 많고 이공계 학생이 적어 과학기술의 성장이 더디다. 전에는 요녕성 내의 대학교나 과학 연구단지에 조선족 교수, 연구원, 고급기사들이 많았지만 현재는 젊은 인재가 너무도 적다.

특히 한국 바람이 불어오면서 많은 교사들이 학교를 떠나고 있어 중·소학교의 교직원 수가 모자라고 교수의 질이 떨어지고 있다.

이런 문제가 생기게 된 데에는 조선족의 내적 원인이 크다. 개혁·개방 이후 조선족 가운데 배금주의와 향락 이기주의가 만연되면서 사회에 대한 책임감과 사명감이 약해지고 있기 때문이다.

조선족 인재 양성에 나타난 이런 문제는 마땅히 개선되어야 할 민족적인 문제로서 상응한 대책이 마련되어야 할 것이다.

새로운 시대에 앞서가는 교육체계

요녕성 조선족 교육은 비교적 완벽한 체계를 갖추고 있다.

요녕성 교육청과 심양, 무순, 철령 등지에 민족 교육 행정기구가 설립되고 있다. 일부 시는 민족 교육 전직 간부를 배치해 민족 교육을 주관하고 있다. 또 성, 시, 현(구)에도 민족 교육 연구부가 있어 교육 업무를 지도하고 있다. 각급 정부의 지도로 조선족 교육은 유아 전교육부터 시작하여 소학교와 중·고등학교를 거쳐 사립대학에 이르기까지 비교적 완벽한 교육체계를 갖추었다.

1999년 11월 통계에 의하면, 요녕성 조선족 소학교는 136개, 학생수는 1만 6,879명, 초·중 14개, 완전중학교 7개, 독·립 고중 3소이며 학생수는 1만 1,900명이다. 소학교 교직원수는 2,080명이고, 중학교 교직원 수는 1,605명이다. 이 외에 4개 중학교에 부설 직업고중학교가 있고 사립대학이 1개 있다.

소학교 입학율은 99%로 소학생 전원이 무시험으로 중학에 진학하며, 초·중학생 80% 이상이 고·중에 진학하고 고·중학생 80%이상이 대학에 진학하고 있다.

문화 예술분야에서 신문·출판사로는, 요녕성 조선문보(1958년 창간), 요녕성 민족출판사(1975년 설립), 심양시 서탑 한국어서점(1948년 설립)이 있다.

문화 예술관으로는, 심양시 조선족문화예술관(1949년 설립), 대련시 조선족문화관(1954년 설립), 안산시 조선족문화관(1952년 설립), 무순시 조선족문화관(1951년 설립), 단동시 조선족문화예술관(1979년 설립), 영구시 조선족문화관(1979년 설립), 철령시 조선족예술관(1985년 설립), 본계시 민족문화궁(1985년 설립), 반금시 민족문화예술관(1991년 설립) 등이 있다.

사회 단체는, 요녕성 조선어학회(1981년 창립), 요녕성 조선족경제문화교류협회(1989년 창립), 요녕성 민족과학자협회(1984년 창립), 요녕성 민족과학보급협회(1984년 창립), 심양시 조선족문학회(1987년 창립), 심양시 조선족연의회(1988년 창립), 무순시 조선족음식연구회(1990년 창립), 단동시 조선족경제문화교류협회(1989년 창립), 환인만족자치현 조선족음악무용협회 등이 있다.

특히 요녕성에는 북한의 신의주와 마주보고 있는 단동시가 있고 한국기업이 수천 개 진출한 심양시가 있다. 필자는 심양시 요녕대학 한국어과에 컴퓨터를 기증하고, 학교 측으로부터 요녕대학발전에 기여한 공로로 대학 감사장을 받기도 하였다. 더욱이 심양시의 서탑은 LA의 코리아타운을 방불케하는 조선족 촌이다. 5만여 명이 넘는 조선족들이 모여 각종 산업과 생업에 종사하는데, 그 중심가에 가면 마치 서울의 명동에 와 있는 분위기를 느낄 수 있다.

청조말 철도 노동자로 들어온 내몽골 조선족

내몽골 자치구의 조선족 인구는 2만 2,641명으로 재중국 조선족 총인구의 1.178%를 차지한다.

내몽골 자치구에 조선족이 이주해 온 역사는 청조 말 민국초기로서 약 100여 년이 된다. 1897년 청나라의 중동 철도 부설권을 얻은 러시아는 본토의 연해주와 조선으로부터 많은 사람들을 인부로 고용했다. 1903년 철도가 개통된 후 조선족 인부들이 만주리, 하이랄, 짜란툰 등, 철도변에 남아 농사를 짓고 목재 노동자로 일했다.

그로부터 1945년, 일제가 멸망하기 전까지 내몽골에는 조선족이 3,300여 세대에 1만 6,000여 명이 살고 있었다. 그러다가 해방 후 대부분의 조선족이 모국으로 돌아 가 내몽골의 조선족 인구는 급감했다. 현재 조선족들은 1947년 5월 1일 내몽골 자치정부가 성립된 후 동북 3성으로부터 내몽골 건설을 지원하러 온 사람들이다.

1947년 자치구 성립이전 조선족 인구는 5,601명이었으나 1990년 6월 제4차 인구 조사 때에는 2만 2,641명으로 4배 증가했다.

조선족 인구의 분포를 보면, 수자원이 풍부한 동부에 농민들이 운집해 사는 반면, 중서부에서는 분산되어 있는데 이곳 자치구 조선족 총 인구의 절반이 농민들로서 25개 촌에 모여 살고 있다.

도시의 조선족은 주로 1950년부터 1960년 사이에 대흥 안령 임업 개발, 포두시의 철강기계 공업기지 건설, 자치구 소재지 훅호트의 도시건설 등을 위해 연변, 요녕 등지에서 지원 온 사람들로서 대부분 중등전문학교 졸업 이상 지식인들이다. 이밖에 해마다 국가로부터 발령받아 오는 퇴역 군인과 대학 졸업생들이 대부분이다.

현재 내몽골 조선족 인구는 급감하는 추세를 보이고 있다. 특히 농촌 인구의 도시 진출, 인력송출, 타지방으로의 이주, 출산율 하락 등으로 인하여 많은 조선족 운집촌이 붕괴될 위기에 있다.

내몽골 조선족의 경제분야를 살펴보자.

내몽골 자치구에 조선족이 거주하는 곳은 대흥안령 동남 기슭의 구릉지대와 크지 않은 평원지대이다. 역사적으로 이곳은 방목장이나 밭농사만 하던 곳으로 벼농사를 한 적이 없었다. 그러나 20세기 초부터 조선족이 이주해 오면서 상황이 달라졌다. 북위 $44°$~$48°$ 이상에 겨울 온도가 영하$40°C$~$50°C$에 달하며 무상기(서리가 내리지 않는 기간)가 100일~120일 밖에 안 되는 곳에서 논을 개간하고 벼재배에 성공한 것은 기적이 아닐 수 없다.

대흥안령 기슭에서 벼농사에 성공해

벼 생산이 발달한 일본에서도 북위 $45°$~$45°3$인 북해도 북단에서 벼를 재배한 것이 1929년이었다고 한다. 그러나 내몽골 조선족들은 그들보다 위도가 1°이상 더 높고 무상기도 더 짧은 대흥안령 기슭에서 벼재배에 성공했다는 그 자체만으로도 인류에 대한 기여가 아닐 수 없다.

80년대까지 내몽골 자치구의 벼재배 면적은 2만ha로 늘어나 조선족들의 역할이 절대적이었다. 그래서 조선족들은 정부로부터 주목을 받게 되었고, 경제생활에서도 다른 민족들보다 풍요로운 편이었다. 90년대 이후 내몽골 조선족 역시 동북 3성 조선족들과 마찬가지로 시장경제의 충격으로 공동체가 해체되는 진통을 겪었다. 울란호트시 삼합촌처럼 나름대로 경제 발전 5개년 계획을 세우고 그 목표를 향해 분투하는 모습을 볼 수 있다. 그들의 목표는 아래와 같다.

첫째, 5년 동안 벼 총생산량을 500만kg에서 650만kg으로 증가시킨다.

둘째, 자금을 유치하여 친환경 스낵 식기 공장을 세우고 농산품 가공 공장을 확대하여 부가가치를 높인다.

셋째, 농촌의 60~70% 잉여 노동력을 송출해 연간 500만 위안의 소득을 창출한다.

넷째, 농민의 인구당 소득을 현재의 2,850위안에서 5,000위안 이상으로 증가시킨다.

내몽골 조선족의 도시 자영업은 상대적으로 낙후되어 있다. 현재의 업종이라고는 겨우 식당, 여관, 양복점, 미용원, 치과병원 등으로 그것도 얼마 되지 않는다. 성공한 사업가로는 야커스 지하수 시추대의 윤영학 대장을 꼽을 수 있다. 길림성 수리전문대를 졸업한 그는 후룬벨맹에서 수문탐사와 시추사업을 하며 풍부한 경험을 쌓았다. 그가 이끄는 시추대는 남들이 찾지 못하는 복잡한 지층에서도 수맥을 찾아내 초원과 광산의 생명을 살려 주기에 사람들은 그를 풍수선風水仙이라고 부르며, 정부에서는 그의 공로를 인정하여 수차 표창을 하였다.

교육분야는 어떠한가?

내몽골 자치구에 조선족 중·소학교가 25개로 그중 중학교 3개, 소학교 18개, 타민족 학교에 부설된 조선족반 4개가 있다. 그러나 현재 학생이 없거나 계속 줄어드는 형편에서 타민족 학교에 부설된 조선족 반은 이미 그 존재가 없어졌고, 중·소학교도 축소되는 추세이다. 조선족 중·소학교의 위축 현상은 조선족의 자녀 교육이 위축된 것이 아니라, 새로운 형태 하에서 형식으로 새로운 발전을 시도하는 것으로 보아야 할 것이다.

내몽골을 움직이는 조선족 인재

내몽골 조선족 가운데 고위직함(부교수 고급기사 이상)에 있는 전문기술 인재는 100명 정도로 자치구 조선족 총인구의 0.4%를 차지한다.

과학기술 분야에서는, 정기록(내몽골 농업 과학원 원자 에너지 응용소 소장, 내몽골 농업 과학원 원장), 유홍혁(고급 농예사), 안병식(고급 농예사), 최용진, 박종은(고급 기사), 김응호(대흥안령 임업 설계원 부총기사), 이부웅(적봉 펌프공장 총기사) 등 30여 명이 있다.

문화·교육 분야에서는, 이동근(내몽골 농업대학 공학 교수, 박사), 박순희(내몽골 대학 생태학 교수), 오성건(내몽골 재정학교 부교장), 박신국(내몽골 공업학교 당위서기) 등 40여 명이 활동하고 있다.

의약 분야에서는, 이상율(적봉위생학교 당위서기, 주임의사), 고원열(내몽골 병원 마취과 주임), 이청산(적봉시 전염병 병원 부원장) 등 20여 명.

문학·예술 분야에서는, 강금봉(내몽골 가무단 안무가), 김성수(탤런트), 김훈(《어룬춘 문예》잡지 부주필) 등 10여 명이 있다.

내몽골 조선족의 간부들의 면면을 살펴보면 처급 이상 간부가 50여 명이다. 그중 청·국급 간부가 3명이다.

염호(내몽골 성향건설 환경보호청 청장, 당위서기 내몽골 정협위원), 천경필(내몽골 자치구 계획위원회 부주임), 어윤문(여 : 훅호트시 통계국 국장), 박성봉(포두시 곤도룬구 인민대표대회 상무위원회 부주임), 조영석(중공 울란호트 시위 부서기), 서창해(후룬밸맹 하이랄시 정협 부주석) 등이 있다.

내몽골 자치구는 우리가 잘 알다시피 중국 소수 민족 가운데 하나인 몽골인들의 자치구이다. 우리가 말하는 외몽골과 내몽골로 구분할 때 외몽골지역은 독립적 국가를 유지하고 있으나 내몽골지역은 중국영토의 소수민족으로 남게 되었다. 본래 몽골인은 한국인과 혈통의 근원이 같기 때문에 외모가 너무나 비슷하여 조선족과 구분하기가 어렵다. 대부분의 땅이 척박하고 사막화 되어 있는 환경을 극복하고 살아가는 우리 조선족이 자랑스럽다.

제8부 그 밖의 재중 조선족

중국의 중심 북경시의 조선족

　중화인민공화국의 수도 북경은 중국의 정치, 경제, 문화의 중심지로서 조선족 인재가 운집된 곳이기도 하다. 따라서 북경은 재중 조선족 중 최고의 엘리트들이 집중된 곳이라 해도 과언이 아니다.
　1990년, 제13차 중국 인구조사에 의하면, 북경시에 거주하고 있는 조선족 인구는 7,689명이었다. 이들은 대부분 지방에서 뽑혀 올라왔거나, 대학을 졸업하고 각 분야에 배치된 사람들로서 당과 정부조직 간부가 400여 명, 과학기술자가 200여 명이 있다. 보도, 출판, 문화, 예술분야에서는 전문인 1,000여 명이 있다. 이들은 본토박이 북경 조선족이며, 개혁·개방 이후 북경에 진출한 6만여 명의 조선족들과는 근본적으로 다르다.

개혁·개방이후 북경에 진출한 조선족들은 대부분 농촌 출신이거나 자영업자나 공직생활에서 중도 퇴직한 사람들이다. 그들은 북경 사람들처럼 혈연이나 지연도 없고, 대출 등, 우대 정책도 받을 수 없기에 규모가 작은 오락업이나 요식업을 경영하고 있는데 그 수가 1,000여 업소에 달한다. 이밖에 경제적 능력이 있는 사람들이 경영하는 기업, 공사(사무소), 여행사 등이 450여 개 있다.

북경의 혁명가 김산과 김무정

20세기 초 조국의 3·1 운동이 실패한 후 많은 애국청년들이 일제의 탄압을 피하여 중국의 동북을 거쳐 북경으로 몰려와 항일 구국투쟁에 참가했다. 그들 대부분은 조국의 열혈청년들로서 많을 때는 1,000여 명을 웃돌았다. 그들 중 적지 않은 사람들이 중국 공산당 조기 당원이 되어 중국 혁명에 참가했으며, 일부 우수한 당원 간부는 북평시(지금의 북경시), 천진시 및 하북성 지하당 조직의 책임자이기도 했다.

저명한 혁명가 김산(金山 : 본명 장지락)은 1920년에 동북 요녕성 삼원포 조선독립군 무관학교를 졸업하고 상해 조선 독립신문사에 취직했다. 이듬해 북경에 온 그는 1923년에 중국 공산주의 청년동맹에 가입하고 협화協和의과대학에서 공부하며 《혁명》이라는 잡지를 창간하여 공산주의를 선전했다. 1929년 북평 지하당 조직(시위) 조직부장, 서기대리, 화북 지하당 조직 위원회 위원을 역임했다.

김무정金武亭은 1923년에 북경에 왔다. 그리고 그 이듬 해인 1924

년에 보정군관학교 포병학과를 졸업하고 1925년 북경에서 중국 공산당에 가입했다. 1929년 서금으로 가 중국 공농홍군에 가입하여 팽덕회가 지휘하는 제3군단의 포병 소대장을 역임했다. 2만 5천리 장정을 거쳐 팔로군 포병 연대장을 역임하고, 1942년 조선 의용군 총사령관에 임명됐다. 1945년 8월 11일, 조선 의용군을 인솔하여 동북으로 진군. 일제가 투항한 후 동북기지 건설에 참여했다.

항일전쟁 승리 후, 국민당 정부가 북평에 주둔하면서 반동적인 대민족大民族주의 정책을 실시, 미군 선박을 이용하여 북평, 천진, 하북 일대의 조선족을 남한으로 강제 수송했다. 결과 북평의 조선족은 1,000여 명에서 200여 명밖에 남지 않았으며, 그나마 핍박에 못 이겨 동북짗방으로 피난하는 수밖에 없었다.

1948년 11월, 중국 동북지방을 해방한 제4야전군의 80만 대군이 파죽지세로 연이어 당산, 당고, 천진 등지를 공략하고 북평을 포위했다. 당시 북평과 천진에 있는 적들의 연계선을 끊고 북평을 포위하는 임무가 제1병탄에 맡겨졌는데 그 병탄 소속의 제3, 제6, 제10중대는 조선족 장병들이 제일 많이 집중된 부대였다. 거기에 철도병, 공병, 포병 및 위생부대의 조선족 장병을 합치면 도합 1만 8,000여 명이 되었다. 그들은 무력으로 천진을 해방하고 북평을 평화적으로 해방하는 데 혁혁한 공헌을 했다.

중화인민공화국이 성립된 후, 소수민족의 지도자와 국가 건설 인재를 양성하고자 하는 중국 공산당의 정책으로 조선족을 포함한 많은 소수민족 간부들이 북경에 들어와 사업을 하게 되었다.

1949년 1월, 북평이 평화적으로 해방된 후, 해방군 중의 일부 조선족 간부가 최초로 북평에 남게 되었다. 그리고 1950년에는 동북 등지에서 한국어, 중국어, 일어에 능통한 조선족 간부 300여 명을 선발하여 인민 해방군 총부, 외교부, 국가 민족사무 위원회, 중앙 방송국 등에 배치하였다. 1953년에는 중국 인민지원군 총부의 일부 조선족 간부들을 북경에 배치해 조선족 간부 수가 400여 명에 달했다.

제1차 5개년 계획이 실시된 후, 해마다 적지 않은 조선족 간부가 북경에 배치되었다. 건국 전후 북경에 들어온 조선족 간부의 자녀들까지 성장하여 사업에 참가하니, 조선족 수는 1,500여 명으로 증가했다.

북경에서 중국을 움직이는 조선족 지도자들

개혁·개방 이후 정부로부터 정·부사국급正副司局級으로 승진한 조선족 간부가 40여 명 되었다. 이들 중에 부부장(차관급)급으로 승진한 간부가 2명으로, 문정일文正一과 황광학黃光學은 각각 민족사무위원회 부주임을 역임했다.

'80년대 이후 조선족의 중앙 간부들을 살펴보자.

조남기趙南起상장은 길림성 연길시 태생이며, 1945년에 혁명에 참가했다. 그뒤 연변 조선족 자치주 주장, 길림성군구 부정위, 정위, 길림성위 부서기, 서기를 역임했으며 1985년 북경으로 전근되어 중국 인민해방군 총후근부 부부장, 부장, 중앙군사위원회 위원을 역임했다. 1988년에 상장으로 진급했다. 1988년부터 군사과학원 원장으로 전근, 1997년에 전국 정치협상회 부주석에 당선되었다. 그는 중공 제12기 중앙후보위원, 제14기 중앙위원이다.

이영태李永泰 공군 중장은 요녕성 신빈현 태생으로 1945년에 혁명에 참가했다. 그는 비행단 단장, 부사장, 사장, 부군장, 무한군구 공군 부사령원을 역임했다. 1982년에는 중국 인민해방군 공군 부사령관으로 승진했고, 1988년에는 공군 중장이 되었다. 그는 제8기 전국 인민 대표대회 상임위원회 위원이다.

국가민족사무위원회 주임 이덕수李德洙는 1943년 길림성 왕청현에서 출생했다. 1967년 연변대학을 졸업한 그는 공청단 길림성위 부서기, 길림성청년연합회 주석, 길림성위 상무위원 겸 연변 조선족 자치주 주위서기를 역임했다. 그 후 1990년, 북경으로 전근해 국가민족사무위원회 부주임, 중앙통일전선부 부부장 겸 국가 민족사무위원회 주임으로 승진했다. 그는 2003년에 국가민족사무위원회 주임으로 연임되었으며 당 12기 중앙후보위원, 14기, 15기, 16기 중앙위원이다.

정순주鄭順舟 소장은 인민해방군 40집단군 정치위원이며 전국 정치협상회 위원이다.

이재덕(李在德 : 여)은 항일 유격대원, 전국 인민대표대회 상무위원 판공청 비서국 국장을 역임했다.

김려金黎는 전국 정치협상회위원, 국제우호연락회 부회장을 역임했다.

김원金源은 경관대학 당위서기, 위만주국 황제 부의 등 1,200명 전범 교육 개조사업에 특수한 기여를 했다.

이밖에 각 행정부처에서 중견 역할을 하고 있는 조선족 간부들로는 인민무장부대 삼림森林지휘부 참모장 박동혁朴東赫 소장, 국무원 재정경제부 기율검사조 조장 김연숙(金蓮淑 ; 여), 국가 민족사무위원회 위원, 문교 선전사 사장 방학춘方鶴春, 김성화(金聖華 ; 여), 중앙민족대학 당위부서기 겸 부교장 정옥순(鄭玉順 ; 여), 민족출판사 부사장 박문철朴文哲, 민족어문 번역중심 부주임 오수제(吳水娣 ; 여), 중앙 방송국 민족방송중심 부주임 이춘남李春楠, 국제방송국 아시아 방송중심 부주임 백일승白日升 등이 있다.

북경시의 세계적 과학기술의 조선족 선구자

북경시 조선족 과학자들은 주로 중국 과학원 소속 응용연구소, 자동화연구소, 물리연구소, 생물연구소와 중국 항천부연구소 및 북경지진국 지질연구소에 집중해 있다. 이밖에 북경대학, 청화대학, 북경화공대학, 국방 분야의 대학과 연구단지 등, 그 분포가 광범위하여 집계가 어렵다. 북경지역의 중국 조선족과학기술자협회에 가입한 회원 수만 해도 100여 명 되며, 부교수급 이상 과학분야의 과학기술자만 해도 200명이 웃돌 것으로 짐작하고 있다.

북경의 조선족 과학기술 산업인들 가운데 성과를 올렸거나 현재 성과를 올리고 있는 사람들은 거개가 35세 이상의 고위 직함을 가진 사람들이다.

제1군체群体라고 하면 55세 이상으로 그들은 중국 조선족의 제1세대 과학기술사업인으로 해방 후 대학을 갔거나 유학하고 돌아온 신중국의 첫 과학기술군인들이다.

안태상安太庠은 저명한 고생물학자, 지질학자, 북경대학 교수, 중국 치아형석齒牙形石 연구분야의 창시자이다. 국제 학술계에서는 그가 발명한 생물속屬 1개, 생물종種 2개를 그의 성씨로 명명했다. 그의 연구 성과는 중국 석유탐사에 과학적 근거를 제공하여 승리유전 등을 탐사하게 했다. 그는 중국 고생물학회 부회장 겸 교육주임이며, 중국 과학 명사술어 심사위원이다.

김일광金日光은 북경화공대학 고분자재료과학 및 국가중점공정학과 수석首席 박사생도사(박사지도교수)이다. 그는 제4 통계역학 이론 즉, '모호군자론'을 정립한 신형 고분자 물리화학 분야의 전문가이다.

강경산姜景山은 중국과학원 공간과학 및 응용연구 중심의 연구원으로서 중국 조선족 중 유일한 양원(兩院 : 과학원, 공정원) 원사이다. 그는 중국 미파원격감응 기술의 개척자로서 자연재해 원격탐측 분야에서 세계적으로 인정받았다.

김종철金宗哲은 중국 건축재료과학원 연구원이고 아태지구 재료강도연구회 부회장이다.

한경청韓京淸은 중국 수학 및 계통과학 연구원 박사생도사이고 중국 조선족과학기술사업자협회 상무이사이다.

김록송金綠松은 중국 과학원 생물물리연구소 연구원으로 중국 계기학회 이심기전업위원회 주임이다.

차용태車用太는 1969년 중국 과학원 연구생원을 졸업한 후 중국 과학원 지질연구소와 북방교통대학과 중국 지질국 지질연구소에서 일했다. 박사생도사로 있는 그는 현재 중국지질국 지질연구소 학위평심위원회 주임이고 중국지질학회 이사로 있다. 20여 년 동안 그는 30여 국가와 성급 과학연구 과제를 맡아 논문을 100여 편 발표했고, 9권의 저서를 편찬·출판했다. 그가 수여받은 부급 과학기술진보 1등, 2등, 3등 상이 7개나 된다. 그는 두 차례에 걸쳐 지하 핵실험 감측과 연구, 장강 3협의 지진유발 감측 시스템 건설 등, 국가의 중대한 프로젝트를 책임지고 완수했다.

박동욱(朴東旭)은 박사생도사로 연구원이며, 현재 중국 재생연구센터 인체조직 공정연구소 소장, 중국 생물의학공정학회 생물재료분회 이사로 있다. 의학용 고분자, 생물재료 및 조직공정의 기초 및 응용개발연구에 종사하고 있다. 그는 군사, 의학, 방직, 농업 관련 논문을 90여 편 발표하고 3개 특허를 출원했으며, 고급 연구원을 12명 양성했다. 이 외에 김주경, 고인재, 계덕수, 김수복, 동서윤, 박룡규, 등도 국가급 전문가들이다.

제2군체는 35세 이상 55세 이하 사람들이다.

김홍광(金紅光, 46세)은 공학박사, 박사생도사, 중국과학원 공정열(熱)물리연구소 연구원, 에너지 환경부 주임이다. 현재 중국 공정열물리학회 이사로 있는 그는 1999년에 중국 과학원 100인 계획에 선정되었으며, 그 해에 국가의 청년기금을 획득했다. 그는 중국 과학원 자연과학 2등상, 과학기술진보 3등상, 석유부 과학기술 1등상을 수상했다. 그는 4개의 일본 국가급 과학연구 프로젝트(NEDO)와 최선진 영역의 과학기술연구 프로젝트를 담당해 연구하고 있다. 주로 에너지의 트랩 이용 및 에너지 시스템의 이론연구에 종사하면서 에너지와 환경 영역의 교차되는 전연과제를 연구하고 새로운 화학환경 현상을 발견해 미국과 일본, 2개국에서 특허를 획득했다.

우일성(禹日成)은 박사학위를 취득한 후 현재 중국 과학원 물리연구소에서 일하고 있다. 그는 길림성 교육위원회 과학기술진보 1등상, 제8회 중국 고압물리학술 세미나에서 우수 청년논문상을 수상했다. 물리연구 방면의 뛰어난 성과로 그는 1999년 중국 과학원의 100인 계획에 선정되었다.

이광범(李光范)은 중국 전력학 과학원 고압연구소 소장이요, 고급기사이다. 주로 고전압 기술연구, 전기설비 절연연구, 고전압 실험연구, 신형 절연재료의 응용연구 등에 종사하고 있다. 그는 논문과 발명품으로 여러 차례 부와 전력과학원의 연구성과상을 수상했다. 현재 그는 중국 전기기계공정학회 측시기술 및 기기전문위원회 비서장, 전국 전력업종 변압기 계기위원회 부주임, 전국 전력업종 고전압기술 표준위원회 주임으로 있다.

이찬동(李贊東)은 중국 농업대학 교수로 박사생도이다. 가금류 배태공정 및 멸종 위기 조류 보호연구가이며, 세계에서 처음으로 오리 난외부화에 성공한 여박사이다. 중국 농업대학의 가장 젊은 교수, 여박사인 그녀는 국가 863계획 프로젝트의 책임자이며, 또한 그 학과의 권위자이기도 하다.

이현옥(李賢玉:여, 1966년 생)은 제2 포병부대의 모 연구소에서 일하고 있다. 그는 미사일 발사 지휘계통의 다매체 연구 프로젝트로 수차 수상한 젊은 여성 과학자이다. 그녀는 젊은 국방과학 종사자로서 전국 과학기술진보 2등상을 수상했고, 4차례나 부대 과학기술진보 2등상을 수상했다.

한동일(韓東一 : 40세)은 이비인후과 박사이다. 그는 1990년에 해방군 총의원 이비인후과 주임의사, 교수로 승진했다. 1996년 박사연구생과 박사후도사로 승인 받았다. 1999년 해방군 이비인후과연구소 부소장으로 승진했다. 그의 논문과 발명 기술은 국가 과학기술진보 2등상, 해방군 과학기술진보 1등상, 2등상을 수상했다. 또한 해방군 총후근부로부터 '과학기술의 별'이란 칭호를 수여받았다.

유해봉(劉海峰 : 43세) 교수는 중국 골상학회 회장이며, 삼화양광기술개발유한공사 이사장으로 있다. 그는 선조들이 물려준 비방으로 골상을 치료하는 신비한 약물인 〈삼화접골산〉을 발명해 골상 치유는 90일이 걸린다는 고정관념을 깨고 21일이면 치유되는 기적을 창조했다.

이밖에 중국 민족대학의 민족학부 황유복黃有福 교수, 민족문예연구소의 이암李岩 교수, 민족이론 교과부 김병호金炳鎬 등 젊은 학자들이 국내외에서 활약하고 있다.

독창성과 다민족문화

베이징에는 보도, 출판, 문화, 예술업에 종사하는 조선족이 1,000여 명이 있는 바, 그들은 중국 조선족의 엘리트들이다.

현재 북경의 조선족 보도 기관으로는 중앙인민방송국 조선어부, 중국 국제방송국 조선어부, 민족출판사 조선어편집실, 중국민족번역센터 조문실, 〈중국민족〉 잡지사 조선어편집부 등이 있다. 그외 중앙TV, 민족화보사, 인민미술출판사, 상무인서관, 중국노년잡지사 등 보도 출판분야에서도 조선족 종사자들이 중요한 위치에서 활약하고 있다. 또한 북경의 음악, 무용, 미술 등 단체에 조선족들의 엘리트들이 수두룩하다. 그들은 비단 국내서 뿐만 아니라 국제적으로도 명성을 떨치고 있다.

출판, 보도, 간행물 분야의 매체들은 다음과 같다.

중앙인민방송국 조선어부는 1956년 7월에 설립되었고 국내의 조선족뿐만 아니라 한국, 북한, 일본, 러시아 등 여러 지역을 대상으로 방송한다.

중국 국제방송국 조선어부는 1950년 7월에 설립되었다. 1999년에는 중국내 조선족을 상대로 한 방송도 개시했다. 현재 매일 한반도를 대상으로 4시간씩 방송하고 있으며, 중국내 조선족을 상대로 2시간씩 방송을 하고 있다. 또한 인터넷 사이트를 개설해 매일 문자로 프로그램을 전송하고 있다. 조선어부는 국제방송국 산하 43개 언어 방송부에서 우선적으로 생방송과 사무 자동화를 실현한 언어부가 되었다. 이 방송국은 국외에 중국을 소개하고 조·중, 한·중 사이의 친선을 도모하는 전파교량 역할을 하고 있다.

민족출판사 조선문 편집실은 1953년에 설립되었다. 중국에서 유일하게 조선족 독자를 상대로 하는 중앙 1급 조선문 간행물 출판사이다.

중국민족 번역센터 조선어문실은 1975년에 설립되었다. 주로 국가급 대회, 이를테면 전국 당대표대회, 인대회, 정협, 부녀대표대회, 청년대표대회의 서류번역, 동시통역을 하며 국가의 중요한 문헌, 중앙서류 및 기타 서류의 번역을 한다.

〈중국민족〉잡지사 조선문 편집부의 전신은 〈민족단결〉 잡지사 조선문 편집부이며, 1988년에 설립되었다. 조문판 〈민족단결〉은 국가민족사무위원회의 기관지이다.

상기 보도, 출판 분야에서 일하고 있는 조선족들은 북경의 조선족들 가운데 영향력이 크며, 또한 북경과 중국의 민족문화사업 발전에 큰 기여를 하였다.

신문·출판 분야에서 조선족 지도간부와 전문가들로는 중화전국 신문사업자협회 서기처 서기인 이현덕, 민족번역국 국장 이대만, 민족출판사 총편집 김만선, 〈민족문화〉잡지의 주필 저명한 시인 김철 등이 있다.

김철은 중국작가협회 이사, 중국 소수민족작가협회 상무부회장이다. 그는 시 2,000수에 시집 20여 권을 출판했다.

이철준은 국가 1급 작가로 중국 소수민족작가협회 이사이다. 주요 작품으로는 장편소설, 〈설야〉 등이 있다.

음악가로는 중국 영화교향악단 상임지휘자 김정평이 있고, 국가 1급 작곡가로 김봉호와 김천일이 있다.

가수로는 방초선, 김영철, 최건, 최경호, 이성주, 김만, 김월녀, 김학봉, 김해심 등이 있다.

미술가로는 김태호, 조규일이 있고, 서예가로는 유광호가 있다.

촬영가로는 중국 TV예술가협회 서기처 서기이며 PD인 김민첩이 있고, 중앙TV 촬영기자 김덕현이 있다.

무용가로는 최미선(민족무), 김학성(현대무)이 있다.

이상 문화예술 분야의 조선족들은 국내뿐만 아니라 국제적으로도 인지도가 높은 예술가들이다. 북경에 진출한 가전제품, 자동차 등 수많은 기업들은 북경에 거주하는 조선족들로부터 통역, 번역, 법률, 바본, 기타중국제도 등에 대한 모든 분야에서 크게 도움을 받고 있다.

한국기업의 전진기지 천진시의 조선족

천진시는 동북 3성에서 중앙으로 통하는 지리적 요지에 있으며, 또한 한반도와 바다를 사이에 두고 마주보고 있는, 중국의 4대 직할시의 하나이다. 때문에 한민족은 역사적으로 천진과 깊은 인연을 갖고 있으며, 해방 전부터 조선족들이 살고 있었다.

1982년 통계에 의하면, 천진시의 조선족 거주민은 828명으로서 전시 인구의 0.01%에 불과했다. 그러나 1991년 제4차 인구조사 때에는 1,788명(전시 인구의 0.02%)으로 증가했다. 1996년에는 상주(常住)인구가 5,636명으로 유동 거주인구까지 합치면 2만 명이 넘는다. 천진시는 한국기업이 공단 안에 진출하여 인력을 채용할 때 조선족을 우대하는 바람에 많은 조선족들이 중국각지에서 몰려들어 유동인구까지 합치면 5만 명에 육박하고 있다.

다음으로 천진시 조선족들의 경제활동 살펴보자.

해방 전 천진시와 그 주변 농촌에는 조선족이 비교적 많이 살고 있었다. 그들은 주로 농업과 상업에 종사했다. 지금까지도 유명한 천진 〈쇼짠 입쌀〉은 그 당시 조선족이 생산한 것이다. 일본인이 개간한 루타이농장에는 정미와 밀가루 가공공장을 경영하는 김진근 등, 기업인과 일정한 상점 규모를 갖춘 조선족 상인들도 있었다.

그러나 해방 전야와 해방 초기 천진시 조선족들은 대부분 한반도로 돌아가고 소수만 남게 되었다.

시내에 남은 사람들은 봉재공장을 세우고 의류 가공과 비닐 박막(실크) 인쇄업으로 생계를 유지했다. 농촌에 남은 사람들은 동려구 신립촌 보원촌에 조선족 마을을 세우고 농사를 짓는 한편, 안경알 가공 공장을 운영해 오다 도시가 확장되면서 도시 주민이 되었다.

개혁·개방 이후 천진시 조선족 경제는 큰 변화를 가져왔다. 1984년부터 동북의 조선족들이 천진에 들어와 사업을 하기 시작했는데, 현재 조선족이 경영하는 크고 작은 사업체가 400여 개 된다. 경영업종으로는 호텔, 음식점, 무역업, 비즈니스, 상점, 오락, 헬스, 건축, 인테리어 등 제3산업이 주종을 이룬다. 제조업종으로는 제지, 편직물, 복장, 전구, 낚시대, 의약품, 급수설비, 농산물 가공 등이 있으며 종업원 수가 수천 명에 달한다.

천진시 조선족 경제의 또 다른 특징이라면 한국의 3자 기업이 발전함에 따라 조선족 종업원 및 그 가족이 급증했다는 점이다.

현재 천진에는 삼성, LG, 현대, 대우, 금호 등, 한국의 대기업이 진출해 있는가 하면, 1,200여 개에 달하는 중소기업이 천진에 등록되어 있는데, 그 투자 총액이 18억 달러에 달한다. 이처럼 많은 한국 기업이 천진에 진출하게 된 데는 많은 조선족들이 다리를 놓고 기업의 경영관리를 도와주기 위해 노력한 결과이기도 하다.

특히 이런 기업에 종사하는 1만 여 조선족 종업원들은 생산자들일 뿐만 아니라, 소비자들이기에 천진시 경제 발전에 크게 기여하고 있다.

대중문화와 자치문화

천진시는 조선족 인구가 적은데다 사방에 흩어져 살고 있기에 행정적으로 단독 기구를 만들 수 없는 형편이다. 하지만 조선족이 날로 늘어나는 추세여서 조선족들은 자기들을 단합시킬 수 있는 민간단체를 조직해 줄 것을 요구했다 하여, 시 정부와 민족사무위원회의 의결을 거쳐 1988년 11월 〈천진시 조선족 자치회〉가 정식 설립되었다.

자치회가 설립된 후 경제 무역, 과학기술 자문, 대중문화 교육사업, 외자유치 등, 많은 일들을 해 왔다. 정부 해당 부문에 조선족의 염원과 요구사항을 반영하고 합법적인 민족 권익을 확보하기 위해 적지 않은 노력을 경주했다.

다음, 교육분야를 살펴 보면 천진시 조선족들은 비록 모여 살지 않고, 학생수가 적지만, 민족의 언어·문자를 배울 수 있는 학교를 설립하려는 뜻을 시종 버리지 않았다.

건국 초기 소수의 조선족 자녀들은 천진시 조선인협회(중국 국적에 가입하지 않은 조선인 단체)가 1951년에 설립한 조선학교(당시 1~4학년까지)

에 들어가 공부 할 수 있었다. 그러나 이 학교도 결국 학생이 적어 1958년에 폐교되었다. 그 결과 천진에서 20~30년 살아온 조선족의 2세대는 민족의 언어와 문자를 모르기에, 그들에게 민족의 언어와 문자를 가르쳐주는 것이 절박한 문제로 다가 왔다. 이에 천진시 조선족 자치회에서는 1990년에 한국어 기초 학습반을 개설했다. 제1기 학습반의 36명 학원생들은 대부분 직장에 다니는 성인들이었다. 1994년에는 천진시에 한국어 공부 바람이 불어 한국어 학습소가 17개에 달했다. 90년대에 들어와 동북의 조선족들이 대량으로 천진시에 진출하여 한국인 기업에 조선족 사원수가 부쩍 늘어나면서 그들의 자녀 교육이 당면한 문제로 제기되었다. 그래서 1993년 7월 흑룡강성 영안현에서 교육사업을 하던 김정국이 천진에 와 조선족 학교,〈신성소학교〉를 세웠다. 설립 초기 이 학교는 교실이 없어 몇 번이나 이사를 옮겨 다녀야 하는 어려움을 겪어야 했다.

마침내 1998년 7월에 이르러 이 학교는 민족사무위원회, 교육국, 조선족자치회 등, 사회 여러 단체들의 지지와 도움으로 조선족이 모여 사는 동려구 신립촌 보원촌에 기숙사와 식당을 겸비한 새 학교로 바뀌었다. 현재 이 학교에는 13명의 교원과 70여 명의 학생이 있다.

천진시 인구 중 1,000분지 1도 안 되는 조선족이지만, 개성이 뚜렷한 그들만의 독특한 문화는 천진시 곳곳에서 그들의 존재를 느끼게 하고 그 분위기에 매료되고 있다.

천진시 조선족 자치회의 조직 하에 해마다 범시민의 행사로 조선족 이벤트를 갖고 있다. 정월 대보름에는 실내 극장에서 문예 공연과 오락 활동을 조직하고, 8월 추석에는 운동장에서 그네, 씨름, 널뛰기, 축구, 배구 등 민속놀이와 구기운동을 진행한다.

이렇게 수년 동안 내려오는 사이에 노인들과 부녀들을 중심으로 하는 문화활동 조직이 묶어져 열성 봉사자들이 생겨났으며, 연변 가무단이나 평양 만수대예술단, 한국의 여러 예술단체 등 국내외 예술단을 초청하여 한민족의 우수한 문화 예술을 알리고 감상하는 기회를 갖고 있다. 이에 현지의 민족적 긍지는 대단하다.

전문 관리 인력을 양성하고

1991년 통계에 따르면, 천진시 조선족 간부(국가 공무원)는 약 400명이었다.

이들은 대부분 동북 3성에서 전근해 온 기술, 외국어 등, 전문 기술 간부와 행정 간부이다. 이밖에 개혁・개방과 더불어 천진에 와 상업, 기업, 서비스업 등에서 관리직을 맡은 조선족이 1,600여 명에 달한다. 이들은 대개 천진시에서 호적 없이 활동하는 이가 많다.

중화인민공화국을 수립하기 전 역사 자료에 의하면, 20세기 초에 많은 조선의 애국지사들이 천진지구에서 항일 애국활동을 했다. 그중 저명한 반일 혁명가로는 아래 3명을 꼽을 수 있다.

이철부李鐵夫는 1928년 2월, 일제의 핍박과 독립운동 내부의 파벌 투쟁을 피하여 상해로 온 뒤 중국 공산당에 입당했다.

1929년 5월, 천진으로 파견되어 온 그는 〈계급투쟁〉잡지를 창간하였고, 1933년에는 중공 하북성위 선전부장을 역임했다. 이 시기 그는 좌경기회주의 노선과 투쟁하였으며, 그 결과 막대한 타격을 받기도 했다. 그러나 그는 낙심하지 않고 1935년 당 조직의 위임을 받아 해하 동쪽의 빈민지역에서 중공 천진하동구위원회를 설립하고 당원 발전사업을 전개했다. 1936년 유소기가 중공 중앙북방국 대표로 천진에 와서 좌경적 오류를 시정하고 이철부를 중공 천진시위원회 서기로 임명했다.

1937년 5월, 당중앙은 연안에서 전국 백색구역당대표회의를 소집했다. 이철부는 백색구역 대표로 팽진(대표단 단장)과 함께 회의에 참가 했다. 회의 기간에 모택동은 이철부를 만나 당의 사업을 위해 올바른 의견을 견지할 줄 아는 사람이라고 칭찬했다.

주문빈周文彬은 본명이 김성호金成鎬로 북경시 통주에서 성장하여 1926년, 통주 요하중학 시절에 중국 공산당에 가입했다. 1928년 고·중학교를 졸업한 그는 북경 행정구에 살면서 당시 북경대학과 보인대학 등, 대학교 학생과 청년교사들에게 중공과 소비에트 정책을 선전하고 혁명에 참가하도록 격려했다.

1936년 여름, 주문빈은 당산에서 공위서기를 담당해 1938년 당산 광산 노동자 대파업과 무장폭동을 영도했으며, 그 후 봉기한 7,000명 노동자를 인솔하여 기동(冀東 ; 하북성 동부) 항일군에 참가시켰다. 당시 주문빈은 기동 제1유격대 정치부 주임, 기동지위 서기, 기동 동부지위 서기 등을 역임했다. 1943년 7월 중공 이열변구 특별위원회 조직부장으로 승진한 주문빈은 1944년 10월 반포위전에서 일제의 적탄에 맞아 장열하게 희생되었다. 그의 무덤은 당산시 열사 능원에 안치되어 있다.

왕위王巍는 원명이 박일우朴一禹로, 일찍 중국 혁명에 참가하여 시종 기동지구에서 항일투쟁을 했다. 1938년 7월 천진시 계현 항일정부 현장을 담당했으며, 1945년 말 항일전쟁이 승리한 후 북한으로 건너갔으나 김일성에 의해 숙청되었다.

건국 초부터 20세기 말, 즉, 건국 초부터 개혁·개방이전까지 천진시 조선족 간부는 대부분 과학기술, 교육, 위생분야에서 중요 직책을 담당하고 있다. 그중에서 가장 뛰어난 인물이 김현택이다.

김현택金顯宅은 1904년 4월 한국 서울에서 출생하여 1990년 9월 천진에서 서거했다. 그는 중국 종양의학의 창시자로서 천진 인민병원 종양과 주임, 종양병원 원장, 종양연구소 소장을 역임했다. 또한 전국 정치협상회 제6, 제7기 상무위원 93학사 중앙 상무위원을 역임했다.

김인섭金仁燮은 1940년 길림성 연길시에서 출생했다. 1958년 참군하여 일반 사병, 분대장, 소대장, 군부 정찰처 처장까지 최하층에서 한 단계 한 단계씩 피나는 노력으로 승진하였다. 1981년 우수한 성적으로 북경군사학원을 졸업하고 1983년에 사단장으로 승진, 1983년 중국 월남 자위 반격전에 참가하여 1년 사이 그가 지휘한 326차 전투는 모두 승전을 하여 중앙 군위로부터 축전을 받았다. 1990년 10월 중국 인민 무장부대 참모장, 그 후 북경 위수구부대 부참모장, 천진 위수구부대 사령원, 성도부대 참모장을 역임했고, 계급은 중장까지 올라왔다.

이선학李善鶴은 1936년 6월 출생, 국가 건축기재국 시멘트공업 설계원 원장겸 당위 서기 등을 지냈다.

유신순兪辛淳은 1932년 출생해 천진 남개대학 역사학부 교수, 중국 일본사학회 고문이다. 그의 저서 〈9·18 사변시기 중일 외교사 연구〉는 일본 학술계로부터 역사적 가치가 있는 전문저서라고 높은 평을 받고 있다.

이 외에도 100여 명 조선족 과학기술자들이 남개대학, 천진대학과 국가설계원, 석유탐사, 지진연구, 전자통신, 기계설계, 식품, 의학, 환경보호 등, 연구분야에서 뛰어난 성과를 올리고 있다.

우리와 가장 가까운 곳 산동반도의 조선족

산동성은 중국 동부 연해, 황하 하류에 위치해 있다. 동서 길이는 700여 km, 남북 거리는 400여 km이며, 반도와 내륙으로 구성되어 있다. 반도는 황해와 발해 사이에 삐어져 나와 있고 내륙은 하북, 강소, 하남, 안휘 등, 4개 성과 인접해 있다. 중부에 태산이 자리잡고 있고 황하가 동서로 가로질러 흐르는 이곳은 중화민족 발상지의 하나이다.

산동성 총면적은 15.3만 km²이고 총인구는 8,738만 명이며, 성 소재지는 제남시이다. 현재 14개 시, 34개 현급 시 및 95개 현으로 구성되어 있다. 산동성은 연해 경제구역의 하나로서 중국의 주요한 대외무역 통상구이기도 하다.

산동반도와 한반도는 최단 거리가 90해리밖에 안 되는 가까운 이웃이기도 하다.

일찍이 신라국은 당나라와의 경제, 문화 종교 등의 교류에서 왕래가 빈번했었다. 기원 8세기부터 9세기 산동반도의 모평, 해양, 영성, 청주일대에 조선인이 수천 명 살고 있었다 한다. 후에 청나라의 쇄국정책으로 대부분 조선인들이 귀국하고 남아 있는 일부는 신분을 감추고 살았다고 한다. 지금도 산동반도의 곳곳에서 그 당시 신라인들의 전설이 전해지고 있다.

개혁·개방 후 산동반도의 연해 현·시들은 지리적 여건과 역사적인 연원淵源을 이용하여 일찍 한·중 수교 전인 80년대부터 한국의 외자를 유치하기 시작했다.

영성시 한곳만 하여도 1987년에 한국공단을 설립했다. 선진 기업의 대량 유입과 조선족 인재에 대한 긴급 수요는 국내 특히 동북 3성 조선족에게 더 없는 기회를 마련해 주었다. 그리하여 초빙되어 오거나 품팔이와 장사를 하기 위해 찾아오는 조선족들이 해마다 늘어나 현재 청도시, 연대시, 위해시, 유방시 등에는 조선족 운집거주구가 형성되는 추세이다. 현재 산동반도에 거주하는 조선족은 7만여 명으로 집계된다.

개혁·개방 전에는 산동성에 거주하는 조선족이 아주 드물었다. 대학 졸업생이나 퇴역 군인이 얼마간 배치되어 왔을 뿐이었다.

개혁·개방 이후 산동성의 유리한 지리적 환경과 우대정책에 힘입어 한국 기업체와 상공인들이 줄지어 들어서면서 동북의 조선족들이 그에 따라 대거 진입하게 되었다. 물론 한국 기업들과 상부상조하면서 조선족들의 기업과 제3산업이 줄기찬 발전을 가져오게 되었다.

현재 산동성 내의 조선족 기업은 이미 그 기반이 다져졌다. 일정한 규모를 갖춘 특색이 있는 기업체로 부상되어 산동성 경제의 비약적인 발전에 일조하고 있다.

통계에 의하면, 2000년 현재 산동성 내에 등록된 조선족 기업은 500여 개이다. 총 등록 자금이 1.5억 위안이며, 연간 경영 금액은 4억 2,800여 만 위안이다. 수출 외화창출 금액은 3,800여만 달러이며, 연간 세금액은 8,300여 만 위안이다. 또한 기업체의 종업원 총 수는 1만 2,000여 명에 달한다.

여기서 말하는 조선족 기업이란 산동성 내에 등록된 기업으로서 조선족 기업가가 전액 투자했거나, 합작기업 중 조선족이 주식을 다수 소유하여 회사를 통제하는 지위에 있는 기업을 말한다. 이런 기업은 아래와 같은 몇 가지 특징이 있다.

첫째, 산동성 조선족 기업도 산동성 외자기업의 구조적 특징과 비슷하다. 산동성 한국 기업은 가공수출형 기업이 주종인데, 조선족 기업도 가공업이 다수이다. 그들은 한국 기업으로부터 주문을 받고 있기에 한국 기업들과 운명을 같이 해야 하는 처지에 놓여 있다.

산업구조로 보면 대다수 기업들이 완구, 가방, 액세서리, 의류, 식품 가공 등 제2, 제3산업들이다. 이런 기업이 전체 기업의 1/3을 차지하며 150여 개에 달한다.

둘째, 한식, 오락문화가 특징인 서비스형 업체가 많다는 것이다.

이를테면 수정궁 사우나, 선미미 한국요리, 서라벌 호텔, 미아리, 풍산 노래방 등과 같은 서비스형 업체들이다. 160여 개에 달하는 이런 업체들은 산동성의 외자유치, 외국 상공인들의 생활 정착과 오락문화 활동을 위해 양질의 서비스를 제공해 줌으로써 각광을 받고 있다.

셋째, 신기술 산업이 발전하는 추세를 보이고 있다.

21세기의 앞서가는 기업으로 발돋움하기 위해 조선족 기업가들은 신기술 개발 산업과 고부가가치 생산형 기업 경영에 몰두하고 있다.

현재 조선족 기업인들이 경영하는 중지용접기, 아혁소방판, 신동아화공 등, 신기술 산업이 산동반도에서 각광을 받고 있다. 이런 기업들이 생산한 신기술 제품은 중국내에서 선도품목으로 되었다. 또한 국제 선진기술을 따라잡았으며, 연간 매출액이 1억 위안을 육박하는 대형기업도 있다.

넷째, 그동안 조선족은 한국 기업의 유치를 위해 다리를 놓았을 뿐더러 한국 기업의 경영을 주관하고 있다.

통계에 의하면 산동성 4분지1의 한국 기업은 조선족이 소개하여 유치한 기업이다. 아울러 산동성 내 3,000여 개 한국 기업에서 경영, 기술, 사무요원으로 일하는 조선족이 6,000여 명이나 된다. 이들은 중국내 각 대학을 졸업한 지식인이 아니면 대·중형 기업의 관리와 기술직에 있었던 간부들이다.

3차 산업을 발전시킨 조선족의 교육과 문화

개혁·개방 전에는 산동성에 조선족학교란 없었고 조선족들의 문화생활이란 더구나 말할 여지가 없었다.

개혁·개방 이후 산동성에 한국 기업과 상공인들이 입주하고 조선족이 몰려들면서 조선족의 교육과 문화는 새로운 단계로 부상하게 되었다.

산동성에는 정부가 지원하는 조선어 교육제도가 있다. 이를테면, 1990년 초에 청도 대외무역학교에 조선어반을 개설하고 조선족 대학 졸업생을 교사로 초빙했다. 그리고 한국어 학부에서 학원생을 모집했다. 산동대학 위해분교, 청도대학, 연대대학, 청도해양대학 등에 한국어 학부 혹은 한국어 연구실을 설립했다.

또, 정부가 지원한 단기 조선어 강습반도 있다. 산동성 사수당학교와 제남시에서는 조선어 강습반을 만들어 한국 기업에 급히 필요한 학생 200여 명을 양성해 냈다. 한편 청도 TV에서 한국어 교육 프로그램을 별도로 진행하였는데, 그 시청자가 무려 10여 만 명에 달했다.

한국인협회에서는 자체로 한국어학교를 설립했다. 현재 청도 한국기업협회가 자체로 만든 성양구 유정한국어학교와 연대한국어학교가 있다.

그럼에도 현지 주민들이 한국 기업에 취직하기 위해 가정교사를 초빙해 한국어를 배우고 있는 세대가 현재 100여 세대 된다.

조선족이 자체로 설립한 영신전문학교는 컴퓨터와 한국어를 겸

비한 인재를 양성하고 있다. 이밖에 개인이 시설한 한국요리학원도 생겨났다.

2001년 12월 청도시 정부는 이창구에 조선족소학교설립을 인가했다. 1학년부터 5학년까지 학급이 개설된 이 학교는 현재 학생이 90여 명 된다.

또한 현재 산동성 내에는 한국어 교사가 250여 명이 있다.

산동반도에 세워진 신라촌

8세기부터 통일신라와 당나라 사이의 교류가 빈번함에 따라 산동반도는 조선의 고유문화가 발달한 곳으로 알려졌다. 8, 9세기에 신라의 상인, 유학생, 종교인사, 농민들이 지금의 산동반도 청주시 일대에 거주구역을 형성하면서 신라촌, 신라여관 등이 생겨나 그곳에서는 신라인들의 풍속과 활동이 자유로웠다고 한다. 또한 해상의 제왕 장보고의 활동 무대가 되기도 한 지역이다.

근대에 이르러 한국에 거주하는 화교의 대부분이 산동반도 출신들로서 그들을 통한 양국의 문화교류 또한 끊이지 않았었다.

하지만, 조선족의 문화활동은 개혁·개방 이전에는 볼 수 없었던 것이다. 그 당시 산동성 조선족은 불과 몇 백 명이었으며, 거주지가 분산되어 그들 사이의 상호 왕래가 극히 적었다.

이렇듯 한·중 관계가 정상화 되면서 한국 기업이 늘어났고, 동북 3성의 조선족이 산동에 진출하면서 조선족의 전통문화와 음식문화가 활기를 띠기 시작했다.

자식들을 따라 산동반도에 들어온 조선족 노인들은 자발적으로 노인회를 조직하여 조선족 전통문화를 살려가고 있다. 현재 청도시 이창구, 위해시, 연대시에 조선족 노인협회가 설립되고 문예공연단까지 조직되어 정기적으로 우리 민족의 전통문화 이벤트를 벌이고 있다.

〈흑룡강신문사〉 청도지사는 산동성의 조선족과 한국인 기업을 상대로 〈연해소식〉이라는 주간지를 발행하여 산동성 내 조선족과 한국인들의 전통과 문화생활을 풍부히 해주고 있다.

또, 대중성 가요경연대회를 정상적으로 갖는 한편, 연변가무단, 청도가무단 그리고 한국의 유명한 가수들을 초청해 공연함으로써 조선족의 문화 정수를 이어받도록 했다.

겸하여 체육대회를 통한 민족간의 문화교류를 추진하고 있다. 한국 기업과 조선족이 비교적 집중된 청도시, 연대시, 위해시, 제남시 조선족들은 1998년부터 해마다 조선족 운동회를 개최하고 있다. 청도시 조선족들은 또 산동 장백산축구팀을 조직하여 현지 축구팀과 친선경기를 벌이고 있으며 등산과 골프팀도 조직했다.

한편으로는 민족의 인재를 발굴하여 미술, 촬영작품 전시 이벤트를 전개하고 있다. 산동성에는 중국 10대 벽화 예술가의 한 사람인 허문길과 유명한 사진작가 남룡해 등이 있으며, 그들이 경영하는 기업 또한 명성이 높다. 반면에 조선족들의 문화 오락장소가 별도로 개설되지 않은 것이 유감이다. 향후 산동반도의 조선족이 거주하는 지역에 조선족 문화관 같은 것이 세워져야 할 것이다.

공자가 태어난 곳, 산동성

산동성의 조선족 간부는 680여 명으로서 그들의 거주지와 기관은 극히 분산되어 있다. 간부의 직급으로 보면 청 국급 간부가 12명(군대 포함)이다. 부연구원, 부교수, 교수 직함 소지 간부가 15명이며 현, 진급 간부가 18명이다. 이 외 보통간부 575명은 거의가 개혁·개방 이후 외지에서 산동성에 온 젊은 층 간부들이다.

간부의 신분으로 보면 각급 당과 정부기관에서 일하는 간부가 22명이고, 산동성의 중앙 및 성 직속 과학기술 단지에서 사업하는 사람이 16명이다. 또한 각 대학교에 25명, 산동성 주둔군에 60여 명, 대중형 기업에 30여 명, 조선족 민영 기업에 82명, 한국, 일본 등 외자 기업에 345명이 있다.

산동성 조선족 간부 중에는 국가급 과학기술 성과상 수상자가 5명, 성급 과학기술 성과상 수상자가 3명 있다. 또한 전국 인민대표 1명, 성 정치협상회 위원 1명, 시 인민대표 1명, 현·구 인민대표, 정치협상 위원이 3명이다. 이밖에 성 노력 모범인 2명, 국가 특허제품 발명가가 2명 있다. 또 제로석유화학그룹 연구원 이문기, 중국 과학원 해양연구소의 김준묵, 중국 국토자원부 해양지질 연구소 부소장 겸 학술위원회 주임 허동우, 원 제남군구공장 관리국 부국장 현귀춘 등이 있다.

산동성은 우리 한국과는 깊은 인연을 갖고 있다. 산동성 제남에서 얼마 떨어지지 않은 태안에 공자 탄신지가 있고 우리 교과서에 실려있는 양자언의 시조 '태산이 높다하되 하늘아래 뫼이로다' 하는 태산이 그 곳에 있다. 또 동양의 나포리라는 칭도가 있으며, 우리가 많이 먹는 중국 자장면은 이 산동성 음식이다.

임시정부의 수도 상해시의 조선족

상해시는 역사적으로 조선인들의 발길이 끊이지 않았던 유서 깊은 도시이다.

일본이 조선을 합방한 후 조선의 수많은 애국지사들이 상해로 망명했다. 그리고 그들은 상해에다 대한민국 임시정부를 세우고 조선민족 해방동맹 등, 반일 독립조직을 결성했다. 아울러 많은 조선 상인들이 상해에 들어와 장사를 하였다.

항일전쟁이 승리한 후 수많은 조선인들이 중경, 의창, 장사, 한구 등지에서 상해로 밀려와 1946년 1월에는 그 수가 7,000여 명에 달했다. 후에 그들 대부분은 한반도로 돌아가고 남은 사람들은 중국 국적으로 입적했다. 1953년 인구 통계에 의하면, 조선족은 35명뿐이었다. 그 후 대학 졸업생이나 기타 경로를 통해 상해에 들어온 조선족 인구가 점차 불기 시작하여 1964년에는 245명, 1982년에는 462명, 1990년에는 742명으로 증가했으며, 2000년대에는 1만여 명이 웃돌았다.

상해시의 조선족은 비록 인구는 적지만 자질이 매우 높아 항천航天사업의 발전을 비롯한 국가 건설과 대외관계 발전을 위해 뛰어난 기여를 하고 있다.

그중에는 과학·기술인들도 많이 있다.

이상영李相榮은 오랜 기간 국방과학 연구사업에 종사해 왔으며, 상해 신중화기계공장의 연구원이다. 그는 폭풍1호, 실천2호 미사일 및 701-공정 총체 설계사였다. 또한 인공위성을 쏘아 올린 장정3호, 장정4호 운반 로켓의 제작과 작동을 책임지고 이 두 로켓의 총체적 설계에서 경제성과 선진성을 확보하는 데 큰 역할을 했다. 그는 국가 계획위원회, 국가 과학기술위원회 국가 항천부로부터 수차 수상했다.

이주석李柱錫은 현재 상해 재정경제대학 교수이다. 그는 화동정법학원, 상해 사회과학원 경제연구소, 상해 교육학원, 상해 외국어학원, 상해 재정경제대학 등 대학에서 경제학 교수와 학문 연구에 종사했다. 그의 저서 〈서방현대경제학원리〉는 재정대학의 실용 교과서로 편찬되었으며, 〈사회주의 경제운행론〉과 〈중국 공농업의 성장궤도에 관하여〉란 저서는 상해 철학사회 과학 논문상을 수여받았다.

전두환全斗煥은 상해 보강그룹 무봉철관공장 공장장이다. 그는 인간을 중심으로 하고 설비관리를 주로 하는 종합관리 시스템을 응용하여 철관 생산량이 세계 동류 기계 라인의 최고 수준에 달하게 하였다. 품질 또한 세계 최고 권위 조직이 발급하는 API 로고 사용권을 취득하여 세계 각국에 수출할 수 있게 하였다. 1993년 그는 전국 소수민족 우수공장장으로 선정됐다.

이철호李哲鎬는 시멘트 선박 연구 제조자이다.

강상진康相鎭은 대형 여객기 〈運10〉의 설계사이다.

권영삼權寧三은 양질 남보석 정제연구 제작으로 상해시 중대과학 기술 연구성과 2등상을 수상했다.

그 외에도 김명, 최택수, 전학일, 손옥광, 이신자 등 명망 높은 과학자들이 있다.

대학교 교수와 강사등, 교육자들의 현황은 어떠한가?

대학교 교수와 강사들로는 복단대학에 13명, 상해 외국어대학에 4명, 화동사범대학에 1명, 상해 재정경제대학에 1명, 상해 음악학원에 1명, 상해 체육학원에 3명의 조선족 학자들이 진출해 있다.

한·중 수교 이후 한국 기업의 많은 진출은 조선족 인재들의 상해 진출을 이끌었다. 상해를 중심으로 강소, 절강일대 외자 기업에 종사하는 조선족과 조선족 자영업자를 합치면 근 만 명에 달할 것으로 추산된다.

중국의 경제를 주도한 포동

'30년대 중국의 영화 황제 김염은 두 살에 중국 동북으로 건너가 중국 국적을 획득했다. 후에 상해 남화중학, 산동 제미중학, 제로중학, 천진 남개중학에서 공부했다. 1927년에 상해 민신영화공사 배우로 데뷔, 이듬해에 남국예술연극사에 입단했다. 〈살매〉, 〈카르멘〉, 〈봄노래〉 등, 유명 오페라에서 주역을 맡았다. 1930년 연화공사에서 제작한 영화 〈야초염화〉의 주연을 맡아 명성을 떨쳤다. 뒤이어 그는 20여 편 영화의 주역을 담당함으로써 '30년대 중국의 영화 황제라는 자리에 올랐다.

그는 사회주의 작가연맹에 참가하여 항일 구국운동에 뛰어들었다. 상해가 함락된 후 그는 홍콩, 성도, 중경 등지를 전전하다 1946년에 상해로 되돌아와 상해 영화제작소 배우극단을 설립했다. 그는 상해시 제1기부터 5기까지 연속적으로 인민대표로 당선 되였고, 상해 연극협회 부주석, 상해 영화제작소 예술위원회 주임 등을 역임했다.

무술분야에서 두각을 나타낸 사람도 있다.

주문초朱文初는 정산개석(頂山開石 : 배 위에 돌을 놓고 깨는 기술)과 금사장金砂掌 등의 묘기 소유자로서 화동 무술왕 칭호를 받았다.

주문화朱文華는 내공內攻과 운기運汽가 뛰어나고 격투와 금나擒拿술이 뛰어나서 별칭은 금사장이다. 몸 위로 자동차가 지나가기(汽車過人), 정산개석 연기로 1982년에 전통무술 경기공 1등상을 수상했다. 그는 자주 출국하여 중국의 우수한 기예와 종목을 세계에 전파하고 조선인으로서 기개를 세계에 떨쳤다.

상해 안전국 정승열丁升烈 국장은 중앙에서 근 30년 근무한데 이어 상해에서 20여 년간 중앙과 상해의 안전을 위해 많은 일을 하였다. 그는 2000년 봄에 병으로 서거했다.

현재의 상해, 즉 상하이는 중국 발전의 핵심 전략지구로 등장했다. 원래 외국의 조차지구로 전락한 불행한 역사도 있지만 개혁·개방이후 강택민을 배출하고, 중국정부의 야심찬 현대화 계획에 따라 상해시는 금융, 무역, 정보 등, 종합대단지로서 세계적 도시가 되었다. 특히 포동지구는 놀라운 발전을 하여 2001년 김정일이 둘러보고 천지개벽이 되었다고 탄성을 했던 곳이기도 하다.

제9부 조선족의 전통과 풍습

의복과 음식, 그리고 문화

 중국은 조선족, 한족, 몽골족, 회족, 장족, 위글족, 묘족, 이족, 쫭족, 부이족, 만족 등 56개의 민족으로 구성된 통일된 다민족 국가이다. 56개의 민족 중에서 한족 인구가 전국 총인구의 93.3%를 차지하고 있다. 기타 55개의 민족 인구는 전국 총인구의 6.7%밖에 안 되므로 이들을 소수민족이라 한다.
 조선족은 소수민족 중에서 열한 번째로 인구가 많은 민족으로 주로 동북 3성의 동남지구에 운집되어 있다. 조선족은 중국의 고유한 소수민족이 아니라 조선족에서 이주하여 온 민족이다.
 17세기 말부터 19세기 중기에 이르는 동안 조선의 통치자들이었던 양반계층의 잔혹한 압박과 착취, 특히 1869년 조선 북부지방의 대지주들의 횡포로 인하여 많은 소작농들이 빈 손으로 연변일대에 들어와 정착을 하게 되었다. 빈 손으로 중국에 들어온 그들은 한족과 만족의 도움을 받으면서 황무지를 개간하고 살림을 꾸렸다. 그리하여 중국 조선족의 일원이 되었다. 그들은 우리 민족의 언어와 풍속 습관을 그대로 보존하면서 농경문화와 생활 습속을 거의 원형 그대로 보존하고 있다.

조선족의 생활 풍습을 살펴보면 현재 우리가 소홀히 하는 것들을 그들은 비교적 원형대로 잘 간직하고 있어 가슴 뭉클하게 하는 것도 있다.

조선족은 예로부터 흰옷입기를 좋아하였기 때문에 〈백의민족〉이라고 불렀다. 조선족 옷의 특징은 옷섶이 짧고 단추를 채우지 않고 고름을 매게 되어 있는 것이다.

남자들은 가부좌跏趺坐를 틀고 앉기 편하도록 가랑이를 넓게 만든 바지를 입고 바지의 발목에 닿는 부분을 대님으로 졸라맨다. 겉에는 저고리에 색조끼를 받쳐 입는 것을 좋아하며, 나들이를 할 때에는 그 위에 두루마기(양식은 저고리와 같고 하단이 무릎 아래까지 닿는다)를 입는다.

청장년들은 일반적으로 흰색이 아닌 회색이나 검은색 바지를 입으며, 남녀가 입는 저고리의 깃 위에 흰 천으로 동정을 단다. 지금은 조선족 남성들의 이런 전통적인 바지와 저고리, 두루마기 등은 노인들이 명절이나 환갑을 맞이할 때 더러 입을 뿐, 젊은이들과 장년들은 대부분 양복이거나 중산복을 입는 데 습관화 되었다.

젊은 여성이나 소녀들이 입는 저고리는 끝동이나 깃을 고운 비단 천으로 꾸민다. 저고리 고름도 붉은 빛, 자주 빛, 남빛 비단으로 꾸민다. 또 겨드랑이에 색감을 넣는 반회장저고리도 즐겨 입는다. 나이든 여성들은 흰 치마를 입기 좋아하며, 머리에는 흰 천으로 만든 머리수건을 곧잘 두른다. 그리고 겨울에는 겉은 비단 천에 안은 양털을 댄 등거리를 받쳐 입는다.

중년여성 이상은 통치마를 입지 않고 꼬리치마를 많이 입는다. 꼬리치마는 좌우 쪽으로 잘게 주름을 잡고 선단을 달아 발뒤축까지 드리우게 만든 긴 치마이다. 통치마는 무릎 아래까지 드리우기 때문에 일하거나 길을 걷는데 편리하다. 그러므로 여성들이 일할 때에 통치마를 많이 입는다. 조선족 처녀들과 젊은 여성들이 입는 저고리와 치마는 울긋불긋한 원색이나 아름다운 무늬로 된 화려한 옷을 입기도 한다.

어린이들의 저고리 팔 소매는 대부분 칠색단(일곱 가지 빛이 나는 비단)으로 지으므로 어린이들이 입으면 마치 무지개가 드리운 것 같다. 조선족은 예부터 무지개를 광명과 아름다움의 상징으로 인정해 왔다. 그러므로 어린이들이 더욱 아름답고 예쁘게 크라는 뜻에서 칠색단으로 옷을 지어 입힌다.

조선족의 음식은 평소에 먹는 음식과 특별히 만든 음식으로 나눌 수 있다. 평소에 먹는 음식에는 밥, 국, 반찬 등이 포함된다. 밥은 주로 입쌀과 좁쌀로 하고 국은 일상 식사에 반드시 있어야 할 음식이다. 국의 종류는 30여 가지나 되고 평소에는 보통 된장국을 잘 해 먹고 여름철에는 냉국을 많이 해 먹는다. 배추김치는 조선족의 음식물 가운데서 반드시 갖추어야 할 민족적 특색을 띤 부식이다.

특별 음식에는 떡, 당과류, 냉면 등이 있다. 지난날에는 정월 초 나흗날 점심에 냉면을 먹는 습관이 있었다. 그것은 이 날 긴 국수 요리를 먹으면 백세까지 산다는 속설 때문이었다. 그래서 그것을 장수국수라고 하였다. 지금은 일년 사시사철에 다 먹을 수 있다. 만일 겨울에 냉면을 먹기 싫으면 온면을 먹을 수 있다.

당과류에는 엿, 태식, 유밀과, 다식과, 전과 등이 있다. 조선족 은 양고기·오리고기 등, 기름기 있는 음식을 싫어하고 소고기· 닭고기 등을 좋아한다. 개고기는 조선족이 먹기 좋아하는 육식의 하나이다. 조선족은 무더운 날에 개고기를 먹으면 보신한다고 생 각하기 때문에 일반적으로 삼복더위에 개고기, 곧 보신탕을 먹은 다음에는 냉수를 마시지 않는다. 지금은 계절을 가리지 않고 보신 탕을 먹으나 초상이나 제삿날에는 개고기를 먹지 않는다.

조선족의 주택은 일반적으로 나무를 기본 재료로 하여 집을 짓 고, 네 면이 경사지게 볏짚, 조짚, 혹은 기와로 지붕을 덮는다. 벽은 흙과 모래를 섞어 바르고 회칠을 한다. 해방 후에는 생활수 준이 나아짐에 따라 벽돌집과 기와집이 늘어났다. 살림집은 일반 적으로 3칸(조건이 좋은 사람은 4칸 집을 짓는다)으로 되어 있고 중간 방이 제일 큰데, 그 중간 방의 3분의2에는 구들을 놓지 않고 곳간으로 쓴다. 다른 큰 칸의 웃간은 전부 구들을 놓고 중간을 가로막아 양 지쪽 칸을 손님방으로 쓰며, 북쪽 칸은 아들·딸들의 침실로 쓴 다. 손님이 오면 남성손님은 손님방으로 들어가고 여성손님은 정 재(부엌)로 들어간다.

방에는 방문이 하나씩 달려 있다. 방문은 위로부터 아래에 이르기까지 살대(문살)를 가로세로 네모나게 짜서 맞추고 그 위에 창호지를 발라 햇빛을 받아들이게 한다. 지금은 대부분 유리문을 단다. 과거에는 방바닥에 갈대나 수숫대 또는 멍석을 깔았다. 지금은 대부분 비닐장판을 깔거나 장판지를 바르고 그 위에 장판 기름을 바른다.

옛날 조선족들은 결혼할 때면 먼저 신부집에 가서 결혼식을 올린 뒤 일년 반 동안 살다가 신부를 신랑집에 데려와 또 한 번 잔치를 베풀었다. 그러므로 조선족들은 총각이 성가했는가를 물을 때 '처를 맞아들였는가?'라고 묻지 않고 '장가를 들었는가?'라고 묻는다. 즉 '장가를 든다.'는 말은 곧 색시집에 든다는 말이다. 이런 언어 유래는 상술한 바와 같이 결혼 습관에서 온 것이다. 이러한 결혼 방식은 14세기까지 지속되어 내려왔고, 한반도 일부 지역에서는 20세기 중엽까지 줄곧 지속되어 내려왔다.

14세기 말엽에 이르러 조선의 유학자들은 이런 결혼 방식은 하늘과 땅이 뒤바뀌고 양이 음에 속이는 격이어서 완전히 잘못된 풍속이므로 금지하여야 한다고 강력히 주장한 바 있었다. 그래서 조선족들은 남자가 여자집에 장가들던 방식이 점차적으로 여자가 남자 집에 시집오는 방식으로 고쳐졌다. 그러나 이런 신부맞이 방식은 중국 고대의 신부맞이 방식과 완전히 같은 것은 아니며 그것은 중국의 신부맞이 방식과 한반도의 전통적인 결혼 풍속이 서로 결합되어 이루어진 것으로 반영친半迎親 형식이었다.

조선족은 집안에 상사(喪事 : 초상이 난 일)가 발생하면 친척들과 벗들, 그리고 동네 사람들이 모여와 조상을 한다. 먼저 고인故人에게 두 번 절을 절하고 나서 상주와 절을 하면서 위안하는 말을 나눈다. 조상하러 가는 사람들은 약간의 조의금품을 가지고 가는데, 예전에는 초 한두 봉지를 가지고 갔으나 지금은 대부분이 술을 가지고 간다.

지난날에는 기수 날을 택하여 장례했으나 지금은 그런 습관이 없어졌다. 지금 도시에서는 화장을 하나, 농촌에서는 여전히 옛 습관대로 매장한다. 옛날에는 어른인 경우에는 3일, 또는 5일, 7일 만에 출상하였으나 지금은 일반적으로 2일장 또는 3일장을 지낸다. 과거에는 관을 상여에 얹고 마을의 청장년들이 메고 출상하였으나, 지금은 전반적으로 상여를 쓰지 않는다. 지금은 농촌에서는 수레를 쓰며 도시에서는 자동차를 쓴다. 지난날에는 풍수를 모셔다 묘자리를 택했으나, 지금은 그런 습속이 없어졌다. 제례에 있어서는 과거에는 신분과 등급을 따라 같지 않은 경우가 있었다. 지금은 직계 가족이 사망하면 일반적으로 3년 동안 제사를 지낸다. 초상 일년 후에 지내는 제사를 소상小祥이라 하고, 초상 후 이년 만에 지내는 제사를 대상大祥이라고 한다.

조선족들은 옛날부터 지금에 이르기까지 음력으로 명절을 지낸다. 1년 사철 많은 명절이 있기에 거의 달마다 있는 셈이다. 많은 명절 가운데서도 설, 보름, 청명, 단오, 추석 등, 5대 명절은 지금까지 잘 지켜지고 있다.

설은 1년 명절 가운데서도 가장 중요한 명절이다. 조선족들은 평상시에 신을 문밖에 벗어놓지만, 이날만은 밤귀신에게 도적 맞을까 봐 집안에 들여다 놓는다. 날이 밝으면 새옷을 입고 차례와 세배를 하고 음식을 먹는다. 손님이 오면 세찬(歲饌 ; 세배 온 사람에게 대접하는 음식)으로 떡국을 내놓는데, 그것은 결백한 마음으로 새해에 들어선다는 것을 상징한다.

설날이 되면 여러 가지 오락과 놀이를 벌인다. 남자들은 장기나 바둑, 그리고 야외에서 연을 띄우고 여자들은 널뛰기를 즐겨한다. 더러는 오색찬란한 옷을 입고 악기를 불고 두드리면서 새해 벽두를 맞는다. 청명에는 술과 음식을 가지고 조상 묘소에 가서 제를 지낸다. 먼저 묘에 흙을 얹는데, 그것을 가토 혹은 개사토라고 한다. 그런 다음 제사를 지낸다.

보름은 대보름과 작은 보름의 구별이 있는데, 정월 14일을 작은 보름小十五이라 하고 15일을 대보름이라 한다. 작은 보름이 되면 농가의 아이들은 나무막대기를 쥐고 뜨락에서 김을 매는 흉내를 내며 '이건 나의 밭이다. 이것도 나의 밭이다.'하고 말한다. 이날 농부들은 자기 집 뜨락에다 볏짚장대를 세운다. 대보름날에는 찹쌀, 수수, 팥, 콩, 대추 등 다섯 가지 알곡과 과일을 섞어 지은 오곡밥을 먹고, 아침에는 귀밝이술을 마심으로써 좋은 소식을 더 많이 듣기를 희망한다. 이날 낮에는 연을 띄우거나 널뛰기를 하고 저녁이 되면 높은 산에 올라 달맞이를 한다.

단오날이 되면 수리취떡을 먹고 여자들은 창포에 머리를 감는다. 또 온 마을 사람들이 한곳에 모여 씨름도 하고 그네도 뛴다.

추석에는 집집마다 햅쌀로 만든 음식과 신선한 과일을 가지고 조상 묘소에 가서 벌초하고 제를 지낸다. 제를 지내는 방식은 한

식날에 제 지내는 방식과 같다. 전통적인 음식으로는 대추, 콩, 고구마 등을 속에 넣은 쌀만두인데, 이것은 오곡이 풍성함을 상징한다. 이날에도 씨름, 널뛰기, 그네뛰기 등을 하고 밤이 되면 달구경을 하며 노래 부르고 춤추면서 명절의 밤을 즐긴다.

그밖에 조선족의 독특한 명절이 있다. 이 명절은 광복 후 중국과 북한의 공산화 영향을 받았다. 이를테면, 놀이에 의미를 부여하는데 지나치게 집단성과 전투성을 강조한다거나 이데올로기적 의미 부여를 하는 것 등이다. 그렇다 하더라도 그들의 명절 중에 〈자치주 창건 기념일(9월 3일)〉, 〈연변 노인절(8월 15일)〉, 〈아동절(6월 1일)〉과 같은 새로운 명절은 눈여겨볼 만하다.

연변 노인절은 다른 민족들 사이에서는 볼 수 없는 특유의 명절로서 차세대들에게 '효'를 잇게 하는, 징검다리 역할을 하는 의미 있는 명절이다. 단순히 그 의미 뿐 아니라, 중국의 억제로 8월15일 광복절을 축하하지 못하게 되자 편법으로 노인절을 만들었다고 한다.

아동절은 정신적으로 해이해 가는 젊은 세대들에게 바른 길을 보이는 미래지향적 명절이라고 할 수 있다. 하지만 조선족 내에서도 한 자녀 가정이 늘어나면서 어린이들은 버릇없고 독립심도 약하면서 소황제로 군림하는 어린이들이 늘고 있다. 아동절에 어린이가 있는 집이면 빠짐없이 공원등지로 가족 야유회를 가는데, 사돈 집안까지 합세해 용돈과 선물을 준다. 또한 TV 보급이 확산되면서 가정마다 TV를 덜 보게 하려는 부모와 자식 간의 실랑이가 벌어지고 전자오락실에 드나들며 돈을 낭비하는 아이들로 골치를

조선족 유치원생들이 야외교육을 나가고 있다

앓고 있는 실정이다.

오늘날 한국 사회가 안고 있는 노인문제와 갈수록 늘어가는 범죄를 사전에 예방하는 차원에서 노인절이나 아동절을 권장하고 싶다. 어찌되었거나 우리를 되돌아 볼 과제의 열쇠가 연변 조선족에게 있음을 깨닫게 한다.

조선족은 예절을 중시하는 민족으로 손아래 사람은 손위 사람에게 꼭 경어를 써야 한다. 하루 세끼 식사 때에도 노인에게 드릴 진지, 국, 반찬을 먼저 준비하며 노인이 숟가락을 들어야 온 집안 식구들이 식사를 시작한다. 그리고 식사할 때에는 숟가락을 국사발에 놓아두어야 하며, 숟가락을 밥상에 놓으면 그것은 식사가 끝났다는 것을 표시하는 것이다.

명절에 색다른 음식이 있으면 많건 적건 간에 이웃과 같이 나누어 먹는다. 부자父子 간에 한자리에서 술을 마시지 못하며 담배를 피우지 못한다. 즉, 손아래 사람은 손위 사람 바로 앞에서 술을 마시지 못하며 담배를 피우지 못한다. 젊은이들이 노인들과 한자리에 앉지 않으면 안 될 경우에는 젊은이들이 노인을 존중하는 뜻에서 술잔을 들고 뒤로 돌려대고 마신다. 한 동네에 사는 노인이나 친척 중의 연장자들과 동행할 때에는 젊은이가 반드시 노인 뒤에 서서 걸어야 한다.

조선족은 가정에서의 예절이 비교적 엄격하다. 부모와 선조들에게 효성을 다하는 것은 전 가족이 다같이 지켜야 할 예절이요, 윤리이다. 그것을 위반하는 자는 사회적 여론의 엄한 질책을 받는다.

춤추며 노래하며

전통 춤을 연구하는 김정훈 선생은 중국 조선족의 춤이 과거 가혹한 삶의 고통을 반영한다고 하였다. 이를테면, 〈아박춤〉은 율동이 직선적이고 전투적이다. 원래 이 춤은 학이 조용히 나래를 펴고 호숫가에 앉으려 하는 은은한 궁중춤이었다. 우리가 익히 아는 〈동동〉이 바로 그런 춤이다. 그러나 살의 위기를 표현한 춤은 몸부림을 칠 수밖에 없다. 극적인 변신이 필요했던 것이다.

구전에 의하면, 쪽박 차고 살길을 찾아 중국으로 건너간 일행이 안도현 송화의 두메산골에 닿은 것은 땅거미가 진 뒤였다. 사나운 눈보라에 굶주림과 피곤이 겹친 일행은 더는 옴짝달싹도 못 했다. 동사 직전이었다. 이때 50여 세 되는 복실 어머니가 도끼로 참나무를 쪼개어 두 손에 들고 절규했다.

"자, 모두들 아박춤을 춥시다. 춤을 추면 춥지 않아요. 얼어 죽지 않을 사람은 빨리 춤을 춥시다!"

그래서 모두 굶주린 창자를 달래기 위해 놋대야에 눈을 끓여 마시면서 춤을 추었다. 짚신 구멍으로 삐죽삐죽 나온 언 발을 굴려가며 춤을 추었다. 아박춤은 이렇게 해서 생겨난 민간춤이 되었다. 소도구도 상아가 아니라 참나무를 쪼개어 썼고, 후에는 참대를 다듬어 썼으며, 구멍을 뚫어 삼색 끈을 끼워 쓰기에 이르렀다.

지금은 기억조차 하기 싫은 중국 조선민족의 괴로웠던 삶의 역사였다. 광복을 맞고 이제 살맛이 날까 하는데, 남북분단이라는 또 하나의 장애가 생겼다. 남북통일을 기원하는 마음은 조국의 동포들 못지않게 절실할 것이다.

이 시기의 민속춤으로는 승무·농악무·남무·한량무·살풀이·강강술래 등이 있다. 하지만 조국으로부터 그대로 옮겨온 전통 춤 중에서는 뭐니뭐니해도 농악이 으뜸이었다. 가장 먼저 농악대가 구성된 곳은 1928년 왕청현의 어느 마을이라고 하나, 규모가 갖추어지고 영향력을 가진 농악대로는 1938년 길림성 안도현의 신촌마을의 농악대였다.

경남에서 이주한 1백여 가구가 1938년 이곳에 자리 잡았다. 그들이 올 때 꽹과리·징·장구·북·소고 등 농악에 필요한 최소한의 소도구를 가지고 왔다. 그들은 낮에는 밭을 일구고, 밤에는 모닥불을 피워 놓고 농악으로 피로를 풀며 망국의 설움을 달랬다. 그 후 1941년 남사당패에서 농악을 추었다는 광대 이원보 씨를 전라도로부터 모셔와 본격적으로 연수를 받았다. 그리하여 20명 내외로 구성된 신촌 농악대는 마을 마당놀이(지신밟기)·두레굿·집돌이 농악의 수준을 넘어 무대공연으로 진출하기에 이르렀다. 이에 자극을 받은 농민들은 자체의 마을 농악대를 조직하려는 의욕을 보이기 시작했다.

민속춤으로는 〈쾌지나 칭칭나네〉가 가장 많이 추어졌다. 특히 정월 보름날 줄다리기에 나가기 위한 선행 놀이로서 이 춤을 추었다고 하는데, 사기를 진작시키는 데 큰 역할을 했다. 해방 전 동북 3성이 조선족 마을에서 주로 제인들에 의해 추어진 민속춤으로는 승무·탈춤·칼춤·학춤·사자춤·수박춤·양산도 등을 볼 수 있다. 물론 이것들은 전문 광대들에 의해 무대에서 추어진 것이 태반이다.

해방 전의 항일투쟁에서 자생한 몇 가지 춤들을 빠뜨릴 수 없다. 항일 전투가 지속되는 긴박감 속에서 여성대원들이 군복을 재봉하는 모습을 극화시킨 여성 군무인 〈재봉대원의 춤〉을 비롯하여 〈기병대 춤〉, 〈무장춤〉 등이 1930년대부터 항일투쟁 집단에서 공연되었다.

이 외의 춤으로는 이금덕이 이리 권번에서 노래·기악·춤을 익히고 40년대에 이주하여 보급시킨 〈양산도 춤〉과 〈수건춤〉이 있다. 김선덕은 14세 때 평양 권번에 들어가 음악과 무용을 익히고 이주 후 〈칼춤〉과 〈남무〉를, 김재산은 1914년 길림성 안도현으로 이주하여 〈학춤〉과 〈거북춤〉을 퍼뜨렸다. 조정국은 8세부터 기예를 배워 활동하다가 해방 후 이주하여 〈승무〉, 〈한산 춤〉, 〈봉산탈춤〉등을 추었다. 이밖에 박정록과 김학천 같은 재인이 있었다.

특히 김학천의 〈수박춤〉은 유명하다. 김씨네 집에서 5백년이나 전승된 춤이라고 한다. 알몸으로 허리에 짐승 가죽을 두르고 맨발로 추는 이 춤은 악기라고는 물을 담은 큰 함지 안에 작은 함지를 엎은 것인데, 이를 두드리는 정도이다. 이 두드리는 소리에 박자를 맞추어 연무자가 두 어깨를 으쓱거리며 두 손으로 자기 몸을 치면서 추는 춤이다. 도중 갖가지 새소리와 짐승소리를 낸다. 사냥꾼의 모의 춤이라 할 수 있는 이 춤의 끝은 맹수를 정복한 사냥꾼의 희열로 끝난다.

박정록이 전수시킨 〈접시춤〉은 30년대부터 훈춘지방에서 추어진 것인데, 그 지역에서 자생된 춤으로 알려진다.

두만강에 남겨진 사연들

한국인이나 조선족치고 두만강을 모르거나 두만강 뱃사공 노래를 불러 보지 않는 사람은 없을 것이다.

쪽박 차고 두만강을 넘은 조선족은 죽느냐 사느냐의 갈림길에서 사선을 넘는 사투를 하지 않으면 안 되었다. 당시 빈 손의 이주민을 맞아준 것은 처절한 냉대뿐이었다. 거의 대부분이 중국인의 땅을 개간하는 소작인으로서 겨우 입에 풀칠을 하는 정도였고, 중국인 관리들의 횡포는 입에 담을 수 없을 정도였다. 재물의 약탈, 부녀자 납치는 극에 달했다. 본국에서 왜놈에게 위안부로 끌려갔던 비운의 주인공들도 정도의 차이는 있으나 이곳 만주벌의 텃세는 여전했다.

두 번 다시 기억하고 싶지 않는 당시의 비참했던 참상이 지금은 설화로 구전되고 있다. 악질 지주로부터 착취당하는 민초의 고통을 담은 전설〈장생초〉,〈백운봉〉,〈신성봉〉,〈와호봉〉,〈방학대〉등이 있으며 여자 겁탈을 담은 내용으로는〈봇나무와 민병초〉,〈신선 꽃사슴〉,〈금붕어 처녀〉등이 있다.

왜놈들의 가혹한 탄압을 피해 중국으로 이주했건만, 맞아준 것은 실망뿐이었다. 여기서 생존할 수 있는 유일한 길은 오직 단결하는 것뿐이었다. 횡포와 텃세를 극복할 수 있었던 것은 조선족의 단결이었다. 설상가상으로 일본의 침략이 만주벌까지 미치었으나 조선 이주민들은 최후까지 저항으로 맞섰다. 끝내 그들도 조선족의 단결을 흐트러뜨리지는 못했다.

중국동포 조선족 사이에는 속속 민간 고사가 발굴되기 시작했다. 그 중에 차병걸 노인은 혼자서 무려 설화를 4백20여 편, 민요 3백여 수, 속담과 수수께끼 1백여 개, 판소리 10여 편을 1년에 걸쳐 공연했다. 그러니 인간문화재가 되고도 남을 만큼 놀라운 구전문학의 산증인이다.

중국의 56개 민족 중 인구 2백여 만 명밖에 안되는 소수 민족이지만 조선민족의 구전문학이 가장 뛰어나다고 하는 것은 중국인 학자들 사이에서 공인된 사실이다. 필자는 그동안 중국에서 출판되는 한국어·중국어 문자로 된 중국 조선족의 설화 자료집을 닥치는 대로 수집해 검토했다. 놀라지 아니할 수 없는 것은, 이미 한반도에서는 끊겨버린 자료와 설화가 생생하게 살아 구전되고 있는 것이다.

이곳에선 구전설화를 기능별로 구분한다.

전설은 〈역사〉로, 민담은 오락 중심에서 〈거짓말〉로, 교훈이나 아이들에게 들려줄 만한 이야기는 〈덕담〉으로 구분하고 있다. 그리고 민요는 과장도, 허구도 없는 마음의 노래이기에 진실되다 하여 〈참말〉이라고 한다. 진실로 개념설정이 확연하다.

바람과 눈과 먼지와 싸우는 기나긴 만주벌의 겨울을 상상만 해도 지겹다. 구수하고 짭짤한 〈거짓말〉과 〈덕담〉없이는 견디기 어려운 살벌한 나날이었을 것이다. 그러므로 많은 이야기가 보존 될 수 있었고 만들어질 수 있었을 것이다. 또한 도덕과 덕성을 기르는 데 이런 구전설화가 아주 큰 몫을 했다. 이렇게 13억 중국의 인구 중에서도 2백여 만 명밖에 안 되는 중국 조선족의 정신적·문화적 유산인 구전설화가 보존되고 전승되고 있음은 정말 다행인 일이다.

19세기 초, 압록강과 두만강 연안에 살던 우리 민족은 봄이 되면 강을 건너 중국 땅에서 황무지를 일궈 작물을 가꾸었다. 그리고 가을이 되면 알곡을 잔뜩 지고 다시 강을 건너 고향으로 돌아왔다. 그 무렵 중국 땅으로 건너가 생활하던 빈농들이 부른 민요는 거의 삶의 몸부림이었다. 노동을 할 때 일의 능률을 위한 민요도 있고 새타령도 있다. 시간이 흐름에 따라 가난한 농민들은 가족들을 데리고 월강하여 그곳에 정착을 했다. 그리하여 조선족 마을을 형성했다.

전통 민속놀이분야에서 만주벌에 사는 중국 조선족의 공功을 간과해서는 안 된다.

그들은 바로 전통 민속놀이를 계승 발전시킨 주역들이다. 더욱이 연변에서는 항일의식을 고취시키는 촉매로써 민속놀이를 활용했을 뿐 아니라, 민족운동이라는 차원에서 육성 발전시켰다. 예컨대 씨름은 원래 단오놀이로 생산 증식을 위한 주술적 의례로 출발한 민속놀이였지만, 이곳 연변에서는 씨름판이 항일의 의분을 폭발케 해주는 장소가 되기도 했으며, 씨름판에 모인 사람들을 항일 대열로 유도하는 의식화 운동의 산실이기도 했다.

그네 또한 민중들의 단결과 항일 의식의 토대가 되는 계기를 마련해 주었다.

이와 비슷한 놀이로서 널뛰기가 있다. 널뛰기는 여성들의 발랄한 전통놀이였다. 그러나 연변 여성들은 널뛰기의 단순한 의미를 벗어나 일본의 압제로부터 일탈하여 항일로 무장한다는 의식화놀이로 발전했다.

그러므로 씨름, 그네, 널뛰기는 명절뿐 아니라 수시로 개최되었으며, 개최될 때마다 뭉치면 살고 흩어지면 죽는다는 집단의식으로 무장하는 계기가 되었던 것이다. 오히려 전통놀이라기 보다는 사회운동이라는 인상이 짙었다.

1945년, 일본의 패전으로 항일운동은 사라졌다. 그렇지만 고국이 아닌 이국땅에 사는 조선족은 단결이 필요했고, 연대 의식의 강조는 아무리 부르짖어도 무리가 아니었다. 그래서 씨름·그네·널뛰기는 조선족을 대표하는 민속운동으로 뿌리내리게 되었다.

이렇게 중국 조선족의 예술 활동을 조감해 보는 것은 여러 가지 의미로 가치 있는 일이다. 특히 해방 전의 이주민들이 펼쳐온 놀이마당을 현대적 시각에서 검토하는 것은 한국의 전통 예술을 되돌아 볼 수 있기 때문이다.

 이주 1백년을 회고해 볼 때 중국 조선족의 예술 활동은 조국보다 훨씬 복잡한 변화의 과정을 밟았다. 우선 해방 후 중국 조선족은 소수 민족으로서의 조선족이란 위상 확립을 위해 몸부림을 쳤고, 문화혁명 시기에는 갖은 탄압을 받아가면서도 예술 활동을 멈추지 아니했다. 그리고 북한의 끈질긴 교화를 받으면서 지내오다 최근에는 한국의 영향으로 예술 활동의 변화라는 파도를 타고 있다. 그럼에도 불구하고 우리 민속에 뿌리를 둔 예술성은 굴절되지 않고 맥을 이어가고 있다.

제10부 재중 동포들에게 국적을 돌려주어야 한다

모국의 국적을 돌려주어야

우리는 순수한 혈통으로 면면히 내려온 단일 민족으로서의 자긍심과 우수성을 늘 자랑스럽게 생각해왔다. 15세기 세계에서 가장 우수한 문자를 만들어 세계를 놀라게 했으며 그런 저력으로 이동통신 전화기와 TV 등으로 세계 시장을 석권하고 있는 사실이 얼마나 자랑스러운가. 그러나 이러한 자긍심은 재중동포 조선족 앞에서는 여지없이 무너지고 만다.

우리는 그들을 얼굴이 같다는 사실만을 인정할 뿐, 진정한 피붙이로 받아들이지 않는다. 이는 우리 민족의 이 시대 절대절명의 심각한 문제가 아닐 수 없다.

중국의 동북지역으로 조선족이 이주하게 된 것은 역사의 흐름 때문이었고, 19세기 중엽부터 시작된 조선족 대이동의 결과이다. 또 재중 조선족과 모국은 끊을래야 끊을 수 없는 혈연적 관계를 갖고 있다. 하지만 한국은 이런 사실을 잘 용인하려 하지 않고, 조선족을 곱게 보지도 않는다. 그 예가 바로 '재외동포법'과 조선족에 대한 '출입국 관리정책'이다.

'모국인 대한민국이 재외동포에 대하여 관심과 애정을 나타내는 상징'(박상천 전 법무부장관)이라고 표방한 '재외동포법'이 1948년 정부 수립 이전에 한국을 떠난 동포들을 제외시켰기 때문에 재중동포인 조선족과 재러시아 동포들은 대부분 해당되지 않는다.

그래서 결과적으로 재중 동포들을 다시 한 번 내팽개침으로써 200만 명의 동포 가슴에 뼈저린 아픔을 안겨주었다. 과거 버리다시피 했던, 또는 역사적 상황 때문에 돌볼 수 없었던 재중 동포들을 또 한 번 울린 것이다.

이제는 모국으로부터 마음의 위안조차도 받을 수 없다는 느낌에서 한국 정부에 대해 실망감을 들어내는 재중동포들이 많아졌다. 그럴수록 조선족들은 '모국이 우리의 운명을 걱정해주지 않는다.'고 결론 내렸고, '우리는 중국의 조선족이다. 따라서 우리는 중국 사람이라는 운명을 선택한다. 우리의 미래와 희망은 중국에 의지함으로써만 가능하다.'는 생각을 굳히게 되었다. 중국에 있는 조선족 동포들은 남북의 모국에서 모두 대우를 받지 못하고 있다. 심지어 외국 사람보다 더 푸대접받는다고 생각하고 있다.

일부 조선족들은 스스로 자신을 동포라 한다. 하지만 한국은 조선족을 동포로 보지 않는다. 그들은 2등 국민으로 무시당하고 있다. 한국 국적을 취득했다 하더라도 그 처지는 변함이 없을 것이다. 마치 한국인이 미국의 영주권을 취득했다고 하여 미국사람 대접을 받지 못하는 것과 같을 것이다.

설사 재외동포법에 재중동포 조선족이 적용 대상이 된다고 하여도 중국의 소수민족 정책과 같은 너그러운 혜택을 받을 수 있을지 의문이라는 것이 재중동포들의 공통된 의견이다. 그러기에 재외동포법이 발효된 지 3년이 지났지만, 재중조선족들은 별로 큰 관심이 없다. 다만 오랫동안 남의 나라에서 살다가 고향이 그리워서 찾아간 사람에게 "오, 너 고향 찾아 왔구나."라는 정도로 대해 주길 바랄 뿐이다.

지금 조선족에 대한 한국 정부의 출입국관리 정책은 불신과 오해만을 초래하고 있다. 사기 피해와 불법 체류, 밀입국, 위장결혼 등, 온갖 범법행위를 초래시키는 결과를 낳았다고 조선족들은 주장하고 있다. 한국관광공사는 중국에서 매일 한국으로 관광 오라고 홍보를 요란히 하고 있지만 정작 조선족은 마음대로 한국으로 올 수도 없다.

조선족이 바라는 것은 이중국적 취득이 아니다. 중국을 떠나 한국에 가 살겠다는 사람도 극히 드물다. 조선족의 바람은 한국 방문 및 인력 수출의 문호가 개방되어 좀 더 자유롭게 한국을 방문해 사기당할 위험이나 불법 체류의 고통 없이 경제활동을 할 수 있도록 해 주기 만을 바랄 뿐이다.

지금까지 한국의 문제점을 지적했다면, 이제는 모국에 대한 조선족의 그릇된 태도와 오해도 비판하고 조정할 때가 되었다고 생각한다.

현재 한국에 나와 있는 재중 조선족 수는 15만~20만 명으로 추산된다. '96년 무렵 만해도 절대다수 조선족들이 '숙식이 가능한 회사'나 식당 같은 데서 일했지만 지금은 구로지역이나 안산 등지에 조선족촌이 형성되어 한국 거주민이 되었다. 이에 따라 조선족의 이미지도 흐려지고 있다.

필자는 재중동포 친구에게, "왜 조선족은 한국의 좋은 모습을 보려 하지 않고 오직 자신들의 피해 부각과 추한 한국 들추어내기에 열중하는가? 이제 한국 때리기는 그만둘 때가 되지 않았는가?" 하고 물었다. 그 친구는 "매우 지당한 말이다. 조선족의 가장 큰 문제점이라면 한국의 돈을 벌면서도 한국의 법을 위반하고, 한국을 욕하는 점."이라고 꼬집었다.

사실 재중 조선족은 한국의 혜택을 많이 받아 경제적 성장을 하게 된 것도 인정해야 한다. 연변 한 곳만 예를 들어도 2002년 연변 해외 근로자 외화 송금액은 2억 3,500달러(인민폐 약 19억 2,700만 위안)로 지방 재정 수입을 훨씬 초과했으며, 그 중 조선족의 예금액이 70%를 점한다. 물론 중국 내에서 모은 것도 있지만 한국에 나가 벌지 않았더라면 이런 결과는 결코 생길 수 없었을 것이다.

그런데도 한국에서 불법체류자로 붙잡혀 중국으로 강제출국을 당하게 되면 한국을 욕하면서 '한국 쪽으로는 오줌도 안 싸겠다.'고 한다. 그러나 벌어간 돈을 다 쓰고 나면 또 돈을 들여 다시 한국에 나오려한다. 심지어 밀입국까지 스스럼없이 감행한다.

다음으로 혈연에만 집착해 소위 동포의 정이라는 것으로 일체의 문제를 풀려 하기에 부정적인 일들이 발생하고 있다. 최근 몇 년 간 적지않은 조선족들이 한국에서 가혹한 노동조건으로 혹사당하고 멸시와 모욕을 받은 것이 사실이다. 그렇긴 해도 한국을 뭉뚱그려 욕하며 반한 감정을 조장시키는 사람들이 있음도 사실이다.

그런데 일본으로 진출한 조선족은 말썽이 없다고 한다. 그 이유는 일본에서의 생활이 만족스러워서가 아니라, 일본에서는 아무리 큰 모멸을 느낀다 해도 그냥 자연스럽게 받아들이는 데 있다. 같은 민족이 아닌만큼 '정이 없다'는 식으로는 받아들이지 않고 그저 당연하다고 생각하며 받아들이는 것이다.

그런데 한국에서 조그마한 문제점만 생겨도 '정이 없다.', '깔보고 업신여긴다.'는 식으로 감정을 실어 비난하고 간단한 경제문제마저 감정차원에서 해결하려 한다. 조선족과 한국 간의 갈등에는 이러한 이중적인 감정으로 부풀려진 부분이 많다.

또 다른 문제는 조선족의 단기적 사고와 경박성이다. 무슨 일을 함에 원대한 계획 없이 눈앞의 이익에만 열중해 경박하고 소홀하며, 인내심이 없고 조급하다. 시작한 일을 끝까지 해내지 못하고 하루에도 열두 가지 생각을 하며, 정서적으로 예민하고 충동적이다. 그러기에 남을 배려할 줄 모른다. 어느 한 곳에 진득하게 못 있고, 돈 한 푼이라도 더 준다고 하면 이튿날 말도 없이 떠난다. 자기가 주인한테 끼친 손해는 생각하지 않고 월급을 잘 안 준다고 타박만 한다. 중국에 진출한 한국기업에서도 조선족들이 불신을 당하는 것은 이 때문이다.

이런 근시안적이고 경박한 사고방식과 처신은 조선족으로 하여금 '한국병'에 걸리게 했다. 원래 법 없이도 살 민족으로 존경받았던 조선족이 '한국바람'이 불면서 그것이 깨졌다. '한국 꿈'을 실현하기 위해서 법규를 무시하는 사람도 무더기로 나타났다.

그 결과 중국약장사, 산업연수, 위장결혼, 밀입국, 불법체류 등으로 젊은이들이 한국으로 빠져나가 조선족 사회에서는 총각이 장가를 가지 못해 심각한 사회문제가 되고 있다. 유흥업소에는 '조선족 아가씨'들이 득실거리고, 처녀들이 한국인의 현지처로 호강을 누린다. 이로 인해 숱한 가정이 파탄, 이혼율이 해마다 늘어나고 있다. 미풍양속도 다 거덜이 났다.

교육에 대한 영향은 더욱 심각하다. 교원들은 돈벌이를 위해 교직을 이탈하고, 학부모의 30~50% 정도가 아이들을 팽개치고 한국으로 나가는 바람에 후대後代마저 끊길 위기에 있다. 전통적 가치체계가 '한국바람'에 여지없이 무너져 버렸다. 지금 재중 조선족 농촌에 가보면 자기의 근면과 성실로 살려는 것이 아니라, 출국 꿈에 부풀어 그저 남의 혜택으로 잘 살아보려 하는 사람이 대부분이다.

이제 조선족은 바로 알아야 한다. 돈만이 행복하게 해주는 것이 아니라는 사실을. 그리고 한국에서 몇 년 고생하면 중국에서 잘 살 수 있다는 생각보다 한국에서 잘 사는 방법 즉,

일자리를 달라고 호소하는 조선족들의 눈망울은 무엇이 우리와 다른가

제10부 재중 동포들에게 국적을 돌려주어야 한다

시장경제에 대한 여러 형식을 배워 간다는 생각을 가져야 한다. 이러한 사실들은 재중동포들의 한결같은 이야기 속에서 찾아낸 공통분모다.

현재 의학계의 학자들은 어떤 민족이 타지역에 50년 이상 거주하게 되면 그 나라의 정치, 교육, 문화 등, 제반 여건에 의해 유전인자까지 변화한다는 설을 제기하고 있다. 이 설이 성립된다면 중국의 조선족은 분명히 한족들에게 상당한 면에서 동화되고 있다는 사실을 인정해야 할 것이다. 조선족은 확실히 한족의 '만만디' 성격, 중국의 음식문화나 처세술에 젖어 한국인과는 뚜렷한 차이를 보이고 있다.

오늘날 한국인과 조선족 사이에 갈등이 생기게 된 것은 결코 우연한 것이 아니다. 지나온 역사 배경, 교육, 문화, 체제의 차이, 경제, 가치관의 차이로 말미암아 정신적으로, 또 물질의 이해관계로 충돌이 빚어지기 때문이다. 그러므로 이런 갈등을 해소하는 것이 조선족 사회에서 풀어나가야 할 중대한 과제가 되고 있다.

조선족은 한국과 관계를 맺어 온 지 10여 년, 이제 나름대로 중국과 한국 사이에서 자신들의 위치를 설정한 것으로 보인다. 그들은 고국과 정당한 관계를 맺고 살아가기를 바라고 있다.

재외동포법은 개정되어야 한다

재외동포법이 잘못되었다는 것은 이제 더 이상 비밀이 아니다. 최근 재외동포재단 주최로 열린 세계한인회 회장단회의에서도 모두 이 법의 문제점을 지적하였다. 대통령과 여당도 개정 필요성을 인정하고 있다.

그럼, 재외동포법은 무엇이 문제인가?

우선 재외동포에 대한 정의이다. 우리는 재외동포를 크게 두 범주, 즉 '재외국민'과 '외국국적 동포'로 구분하고 있다. 재외동포재단법 제2조의 재외동포 개념 정의에 따르면 '재외국민'은 '대한민국 국민으로서 외국에 장기체류하거나 영주권을 취득한 자'로, 그리고 '외국국적 동포'는 '국적을 불문하고 한민족의 혈통을 지닌 자로서 외국에 거주 생활하는 자'로 구분한다.

한편 재외동포의 출입국과 법적 지위에 관한 법률(이하 '재외동포법') 제2조는 전자를 '대한민국의 국민으로서 외국의 영주권을 취득한 자, 또는 영주할 목적으로 외국에 거주하고 있는 자'로, 후자를 '대한민국의 국적을 보유하였던 자, 또는 그 직계비속으로 외국국적을 취득한 자 중 대통령령이 정하는 자'로 규정하고 있다.

재외동포법의 규정과 법무부의 유권해석에 따르면 한민족 혈통을 가진 자 가운데 1948년 대한민국 정부수립 이전의 해외 이주자는 외국국적동포의 범위에서 제외된다. 그러나 이것은 어디까지나 입법상 편의 차원에서 자의적으로 규정한 것으로서 객관적인 개념 정의로 보기 어렵다. 이보다는 재외동포재단법의 개념 정의가 더 객관적이라고 할 수 있다.

정확하지는 않지만, 재외동포 가운데 약 1/3정도가 재외국민인 것으로 알려지고 있다. 구체적으로는 재일동포 대부분과 재미동포 가운데 절반가량이 여기에 속한다. 재외국민과 외국국적동포는 법적 지위면에서 차이가 있으며, 이로 말미암아 정책 집행시 구분이 불가피하다. 재외국민의 경우에는 정책 집행시 내국민과 형평을 고려하여야 하고, 외국국적 동포의 경우에는 외국인과 형평을 고려해야 하기 때문이다.

재외동포법의 제정으로 많은 재외동포가 모국 출입국과 체류, 경제활동면에서 일반 외국인에 비해 혜택을 보게 된 점은 부인하기 어렵다. 하지만, 개념 정의와 그 유권해석에서 재중동포와 재러동포 및 1948년 이전 해외 이주자를 제외시킴으로써 전체 재외동포의 절반 이상이 이 법의 적용을 받지 못하는 결과를 낳았고, 이로 말미암아 잘사는 지역 동포는 우대하고 못사는 지역 동포는 무시하는 불평등한 법이라는 비판을 받고 있는 것도 사실이다. 특히 모국 취업을 희망하는 재중동포의 열망을 외면함으로써 그들로부터 집중적인 비판을 받고 있다.

정부는 재중동포사회와 시민사회단체의 비판이 거세지자 재중동포를 달래는 보완대책을 내놓았는데, 그 내용은 (1) 국적 취득 기회의 일부 확대, (2) 단기 비자와 상용 비자 발급요건 완화, (3) 친지 방문 대상자의 연령을 50세에서 45세(2000년 7월 후부터)로 하향 조정, (4) 친지 방문시 1년 체류 허용과 부분적 취업허용, (5) 외국인 산업연수생 가운데 재중동포 비율 상향 조정 같은 제한적인 국내 입국요건 완화 조치이다.

그러나 여전히 기타 지역 동포, 예컨대 중앙아시아와 러시아지역의 동포와 일본의 거류민단이나 조총련 집단을 제외시키고 있을 뿐만 아니라, 보완대책에도 불구하고 재중동포는 상대적으로 불이익을 받고 있다는 문제점을 안고 있다.

가장 심각하고 파급 효과가 큰 문제는 국내에 불법체류 취업하고 있는 재중동포의 인권보호 문제일 것이다.

만일 정부가 재외동포법의 적용 대상에 재중동포를 포함시킨다면, 재중동포도 2년 이상 장기체류하며 취업을 포함한 경제활동을 비교적 자유롭게 할 수 있다. 만일 이런 상황이라면 불법체류 취업은 원천적으로 발생하지 않는다. 하지만 재외동포법에서 재중동포를 제외시켜 보완대책에도 불구하고 여전히 입국에 제한을 가하다 보니 상대적으로 좁은 문호를 뚫으려고 치열한 경쟁과 막대한 비용을 들이고 있다. 결국 이것이 장기 불법체류 취업을 유발하는 악순환의 고리를 만든 것이다.

불법체류 취업은 다시 고용주의 전횡을 초래하여 심각한 인권유린이 곳곳에서 발생하고 있다. 불법체류 취업자의 인권 유린에 대해 정부 차원에서 나름대로 대책을 세우고 고용주의 불법행위를 처벌하는 한편, 시민사회 단체도 나서서 구제 활동을 벌이고 있지만 크게 개선되고 있지 않다.

특히 2000년 8월 31일, 김대중 대통령은 국무회의에서 재외동포법과 관련해 "중국과 러시아지역 거주 동포들도 우리의 동포임을 인정하고 실질적으로 같은 혜택을 받도록 해야 하며, 국내의 불법체류 동포들에게도 생활 안정과 귀국을 보장하라"고 지시하였음에도 불구하고 법무부의 단속 추방 조치는 줄곧 멈춘 적이 없었다.

한편 한국에서 태어나 중국으로 이주한 동포들 중 호적이 버젓하게 살아 있으며, 현재 한국에 머물고 있는 이들이 이제 남은 여

생을 고국에서 살다가 고국산천에 뼈를 묻겠다고 하는데 법무부는 "호적은 국적이 아니다"라고 하면서 불법체류자로 규정, 국적 회복을 불허하고 있다. 그러나 실제 이들 해당자 대다수의 나이는 60세를 넘어서 70~80세에 이르러 있고, 그 숫자도 얼마 되지 않는다. 이들은 "언제 나갔다가 다시 들어오느냐?"면서 그냥 여기서 여생을 마치겠다고 원하고 있으니 국가가 조속한 조치를 취해야 할 사항이다.

정부는 다행히 재외동포법 개정시 시행령을 통해 1948년 정부수립 이전에 해외로 이주 했더라도 1922년 호적 신고대장에 본인이

조선족 동포들의 절규 - 경찰의 규제를 받고 있다

나 부모, 조부모가 등재되어 있으면 국적을 취득케 해준다고 한다. 그러나 법무부는 체류율이 50%를 넘는 20개국 국적동포에 대해서는 엄격한 조건을 심사한 뒤 부여할 방침이어서 재중동포나 재러시아 및 독립국가연합(CIS)동포 등은 사실상 혜택을 받기 어려울 것이다.

호적이 북한에 있는 경우나 호적제도 이전에 국외로 이주한 동포들의 후손에 대한 대책이 전혀 고려되지 않았기 때문이다. 그렇

기 때문에 '재외동포법'이 잘못되었다는 것이고 따라서 반드시 개정되어야 한다.

그럼 어떻게 개정할 것인가?

그것은 개념 정의의 수정부터 시작되어야 한다. 차별 없는 개념 정의의 채택이 필요하고, 특정 지역 또는 특정신분의 동포를 제외시켜서는 안 된다.

그리고 이 법은 만들어지게 된 목적부터 틀렸다. 이 법률안이 대통령 특별지시에 의하여 만들어지게 된 최초의 목적은 일반적인 해외동포 자체에 대한 모국의 애정 때문이 아니라, 소위 IMF 체제 속에서 한국의 경제 회생을 위하여 외국으로부터의 투자를 촉진하기 위한 방편으로 재외동포(특히 재미동포)의 모국 투자를 유도하기 위한 것이었다. 그러나 이것은 '법'이라는 형식을 남용하는 것이었다.

어느 국가나 재외동포 정책을 수행함에 있어서 "재외동포가 고국을 위해 무엇을 할 수 있는가." 보다는 "고국이 재외동포를 위해 무엇을 해줄 것인가."에서 출발함은 당연하고 지극히 상식적인 것이다. 하지만 이번 재외동포법의 제정은 앞의 의도가 지나치게 드러나 고국에 무엇인가 줄 수 있는 동포만을 적용 범위에 포함하고 그렇지 못한 동포를 제외함으로써 이번 재외동포법은 "고국에 무엇을 줄 수 있는 재외동포를 위한 출입국 및 법적 지위에 관한 법률"이란 비난을 면치 못하고 있다.

대한민국은 전통적으로 단일민족 국가임을 자랑으로 여겨왔고, 바로 이것이 오늘의 분단 상황에서 통일의 당위성을 도출하고 있다. 또한 대한민국이 전 세계 한민족의 유일하고 합법적인 조국임을 자처하고 있다. 대한민국 정부 수립 후에 외국으로 진출한 다른 지역의 동포들은 대부분 그것이 자의에 의한 것인 반면, 중국과 러시아의 동포는 한반도의 운명에 따라 그리된 것이니 그들 스스로 비켜설 수 없는 상황이었던 것이다. 요컨대 본 법률안은 이러한 국가 이념이나 민족 정서에 위배되는 것이며, 역사의식도 결여된 것이라 할 수 있다.

재중동포 그들은 국권을 상실한 일제 강점기에 조선총독부의 수탈정책에 견디지 못한 농민들, 나라 잃은 울분을 참지 못하고 빼앗긴 나라를 되찾기 위해 큰 뜻을 세웠던 우국지사, 일제가 급조한 민주괴뢰 정부를 지탱하기 위해 징발한 강제이주자가 대부분이었던 것으로 역사는 기록하고 있다.

그렇다면 그들은 위정자를 잘못만나 정든 고향 땅을 등진 뼈아픈 역사의 희생자가 아닌가.

살을 에는 혹한의 만주벌판에서 말달리던 독립투사의 아들딸들이 구로공단과 안산공단의 공장에서 나에게도 한국인의 자격을 달라고 울부짖고 있다. 이들은 자녀들의 교육을 위해 고국을 떠나는 자발적 이민자들과는 다르기 때문이다.

재중동포로 불러 달라

재중동포 조선족의 중요성은 어느 측면에서 이야기하든지 부정·부인될 수 없다. 그들은 한반도의 통일과 미래를 위해 이미 중요한 역할을 하고 있고, 또 할 수 있는 〈인적 자산〉이다. 21세기 정보화의 세계에서 그들은 〈문화적 영토〉요, 〈한민족 네트워크〉의 일원이라는 중요성을 갖는다. 그런데 이런 동포들을 위한 정책들이 잘 되어 있다고는 말하기 힘들다.

대한민국 정부수립 이후 최근까지 우리 정부에 일관된 해외동포 정책은 없었다. 그래서 어떤 학자는 우리 정부가 해외동포에 대하여 '무관심·몰이해·무대책'의 3무無정책으로 일관해 왔다고 평가하는가 하면, 다른 학자는 우리 정부의 해외동포 정책은 기민棄民 정책이었다고 비판하기도 한다.

우리가 잊고 지냈던 조선족과 직접 관계를 맺은 것은 80년대 후반인데, 그에 대한 정책도 깊은 고려 없이 그때그때 사정에 따라 열탕과 냉탕을 왔다갔다한 형국이다. 조선족에 대하여, 1992년 한중 수교 이전 우리 정부는 '86년 아시안게임과 88올림픽 이후 중국에 우호적인 신호를 보내면서 여행증명서 발급만으로 한국 방문을 가능하게 했다. 초기 조선족의 한국 방문은 제한된 범위의 친척 방문이었으나 한약 판매라는 사회적 문제를 야기하였고, 이어서 취업을 목적으로 하는 조선족 대량 유입과 불법체류를 양산했다.

이에 따라 조선족들은 1990년부터 중국 국적으로 사증을 받아 입국해야 했으며, 1992년부터는 중국 국민에 대한 사증 발급업무가 외교통상부에서 법무부로 바뀌고, 친지 방문도 55세 이상인 사람으로 제한됐다.

이는 우리 정부가 조선족을 더 이상 '동포'로 보지 않고 '불법 체류 가능성이 높은 외국인 노동자'로 보기 시작함을 의미하는 것이었다.

한국 입국이 어려워지면서 중국 조선족 사회에는 한국 여권 밀매 현상이나 불법적인 비자 발급, 중개인 및 밀항 증가, 이와 관련된 사기사건의 증가 등, 많은 문제가 나타났다. '한국바람'은 중국의 조선족 공동체를 '붕괴위기' 또는 '벼랑 끝에 서게 한' 가장 큰 원인으로 지목된다. 우리 정부의 정책도 조선족 사회의 위기를 해소시키는 쪽으로 작용했다기보다 위기를 증폭시키는 방향으로 작용했다고 할 수 있다. 그러기에 대부분의 한국 체류 조선족들에게 적용되는 외국인 노동자 정책이 불법 체류자를 양산해 내고 있다고 비판하는 목소리가 높은 것이 사실이다.

우리 정부가 〈신교포정책〉이라 하여 해외동포 정책의 원칙을 세운 것은 1993년 김영삼 정부 때의 일이다. 그 기본원칙은 교포들

금강산 해금강 호텔에서 남북관계 발전과 북한의 핵문제에 대한 세미나를 갖은 후 고 정몽헌 씨 묘소에 들렀다 - 좌에서 세번째가 필자

이 거주국 사회의 모범적인 구성원으로 성장하도록 지원한다는 〈교포의 세계시민화〉 정책이었다. 당시 〈세계화추진위원회〉는 '對 중국 조선족 교류 세부시행지침'을 마련하였고, 후에 외교부는 '조선족 동포가 중국 국민이라는 인식의 바탕 위에서 중국 내에서 조선족 사회를 유지, 안정적으로 성장할 수 있도록 지원한다.'는 방침을 조선족 정책의 기본으로 삼게 된다. 이는 조선족을 기본적으로는 〈중국 국민〉 즉 〈외국인〉으로 보겠다는 것을 분명히 한 것이며, 이런 인식은 이후 현재까지 조선족 정책의 기조를 이루고 있다.

1996년 조선족의 출입국과 관련해 사기사건 등, 각종 문제가 발생하여 여론의 압력이 커지자, 정부는 조선족의 취업 기회를 확대하고 국내 체류기간을 90일에서 1~2년으로 늘렸다. 대상 연령도 만 40세로 하향 조정하는 내용의 '사증발급지침' 개정작업을 법무부 주도로 추진하였으나, 다른 관련 부처의 반발로 없었던 일이 되었다. 이런 상황에서 〈재외동포기본법안〉과 〈재외동포 특례법안〉 등의 제정이 법무부와 〈새정치국민회의〉등에 의해 추진된 후, 우여곡절의 과정을 거쳐 지난 2002년 12월 부터 〈재외동포의 출입국과 법적 지위에 관한 법률(재외동포법으로 약칭)〉이 시행되었다.

〈재외동포법〉은 재외동포들에게 출입국과 체류상의 혜택을 부여함으로써 동포에 대한 이제까지의 어떤 조치보다 진일보한 것으로 평가 받는다. 그러나 제외동포를 '대한민국 국적을 보유하였던 자'로 정의함으로써 재중동포, 재러동포, 그리고 기타 지역 동포들 가운데 1948년 정부 수립 이전에 해외로 이주한 동포를 적용대상에서 제외시킴으로써 근본적인 결함을 지니고 있다. 이는 과반수가 넘는 동포를 재외동포법 밖에 방치한 것으로, 형평성을 잃은 조치라고 비판받고 있다.

재외동포법의 정의는 '혈통주의'에 반대하는 외교부의 의견이 반영된 것이라는데, 외교부에 따르면 혈통주의는 국제관례에 어긋날 뿐 아니라, 외교 분쟁의 소지가 있으며, '과거 국적주의'가 국제관례라고 한다. 그러나 국적법 전문가들은 오히려 혈통주의가 국제관례에 어긋나는 것이 아니며, 과거 국적주의를 국제관례라고 하기도 어렵다고 한다.

재외동포법에서 제외된 재중동포

시민단체와 학계의 강력한 반대에 직면한 법무부는 대통령의 지시에 따라 지난해 10월〈재외동포법 보완대책〉을 마련하여, 재외동포법에서 제외된 재중동포에 대한 후속 조치를 취하였다. 그러나 이 조치는 조선족의 출입국이 다소 용이해지는 효과가 있을 뿐, 재외동포법의 적용을 받는 동포들과 비교하면 그 혜택이 크게 부족한 수준이며, 실효성이 의문시되는 조항을 다수 포함하고 있다. 또한 이 조치는 지난 '96년 조선족에 대한 사기사건이 문제가 되었을 때 정부가 추진하기로 했으나, 제대로 시행하지 않고 있는 조치의 수준을 넘어서지 못하고 있다는 평가다.

그렇다면 우리는 무엇을 어떻게 해야 할지 해결책을 찾아야 한다.

첫째, 재중동포 정책과 관련한 법적 논리를 개발할 필요가 있다. 헌법 2조 2항은 '국가는 법률이 정하는 바에 의하여 재외국민을 보호할 의무를 진다.'고 규정하고 있다. 조선족을 이 규정에 포함시킬 수 있는지는 논란의 여지가 있다. 이와 관련, 유엔은 '소수민족·종족·종교·언어 집단에 속한 사람의 권리에 관한 선언' 제2조에서 '이들은 어떠한 방해나 차별 없이 개인적으로나 공적으로 고유한 문화를 향유하고, 고유한 종교를 신앙하고 수행하며, 고유한 언어를 사용할 권리를 가진다. 또한 모임을 결성하고 유지할 권리가 있으며, 다른 국가의 국민을 포함한 같은 집단에 속한 여타 구성원과 자유롭고 평화적인 관계를 수립하고 유지할 수 있는 권리가 있다.'고 규정하고 있다.

기본적으로 재외동포법을 제정함에 있어 재중동포를 법적용 대상에 넣느냐 마느냐 하는 것은 순전히 국내 법적 조치이다. 또한 재외동포법은 국제법적 측면에서 유엔의 규정에 따라 중국의 조선족이 '자유롭고 평화적인 관계를 수립하고 유지할 권리'를 누릴 수 있도록 도와주는 차원에서 이루어진 것으로 해석할 수 있다. 미국·일본·러시아 등, 다른 국가들은 재외동포법과 관련해 문제 제기를 하지 않는데, 중국 정부만 우리의 수준을 넘어서는 의사를 우리 정부에 전달했는 바, 그것은 국제 관례를 넘어선 내정간섭이라고 지적할 수 있다.

둘째, 외교적인 측면에서의 노력이 필요하다. 조선족 문제는 중국 정부에게 상당히 민감한 부분이다. 이 점에서 중국 정부를 자극하지 않고 되도록 '조용한 외교'를 펼치려는 외교부의 노력은 이

해할 수 있다. 그러나 올바른 외교는 자국의 입장과 이익을 명확히 하고 상대국에 양해를 구하거나 타협을 위해 '제 목소리를 내는 것'이니. 우리 정부는 조선족이 〈중국국민〉임을 분명히 인정하고, 중국 정부에 우리 정책의 의도와 한계를 명확히 함으로써 오해의 소지를 없애야 한다.

우리의 정책 목표는 '조선족이 중국 사회에서 모범적인 구성원으로 성장하여 중국의 발전에 기여하도록 조선족을 도와주려는 것' 임을 명확히 해야 한다. 그래야 중국 정부가 조선족을 포함한 제도와 재외동포법의 적용에 반대할 근거가 줄어들 것이다.

셋째, 외국인 노동자 정책에 대한 전면적인 재고, 또는 개혁이 필요하다. 대부분의 한국 체류 조선족들은 재외동포법의 적용대상이 아니므로 외국인 노동자 정책의 대상에 속한다. 시민단체나 노동문제 전문가들은 산업연수생 제도를 근간으로 하는 외국인 노동자 정책이 송출과정의 불투명성, 불법 체류의 확산 등, 많은 문제를 제공해 왔다고 지적한다. 외국인 노동자의 송출 비리를 없애고, 불법체류의 소지를 줄이도록 한 고용허가제, 또는 노동허가제를 보완했다하더라도 일본이나 독일에서 실패한 예를 거울삼아 새로운 정책의 검토가 요구된다.

외국인 노동자를 선발하는데 보다 투명하고 공정한 제도를 시행, 비리를 근절하는 한편 '한국어 능력 시험'을 도입하는 등, 조선족 우대정책을 쓸 필요가 있다. 외국인 노동자 충원과정이 공정한 원칙과 투명한 절차에 따른다면 다른 나라의 정부나 노동자들도 차별 대우를 항의할 수는 없을 것이다.

넷째, 이 기회에 재외동포에 관한 정책 전반을 재고해 보아야 한다. 재외동포법규와 관련, 재외동포 정책의 대강과 원칙을 내외에 천명할 〈재외동포기본법〉을 제정할 필요가 있다.

재외동포정책의 효율화 및 조직화를 위하여 김대중 정부가 약속했던 해외교포 문제를 전담할 교민청 설치의 문제 등을 재검토할 필요도 있다. 현재 재외동포에 대한 정책은 지나치게 여러 부서에 분산되어 있으며, 이를 총괄 조정할 목적으로 설치된 〈재외동포정책위원회〉나 외교부 산하의 〈재외동포재단〉은 예산이나 조직면에서 그 한계를 가지고 있다. 또한 외교부의 영사업무도 서비스 기능을 강화해야 한다.

다섯째, 무엇보다도 한국과 중국 조선족 사이에 발생하는 많은 문제의 뿌리가 우리 사회에 있음을 인식할 필요가 있다.

우리 사회가 반성하고 변하는 모습을 보여주기 위해서 잘못된 제도는 하루 바삐 고쳐야 한다. 재중동포나 외국인 노동자를 위해 불법체류를 양산하는 법을 고치고, 유예기간을 두고 계도한 뒤, 법은 반드시 지켜지도록 해야 한다. 사기사건·임금체불·산업재해 등과 관련된 경우에는 불법체류라 할지라도 현안이 완전히 해결된 후 출국하도록 배려해야 한다.

정부는 물론이고 국민들도 우리 사회를 야만사회가 아닌 보다 건전한 사회로 만들기 위하여 노력해야 한다. 부끄러운 우리의 천민자본주의 의식, 인권의식의 부족, 준법정신의 결여, 제도화의 부족 등을 후발 사회인 조선족 공동체에 그대로 물려준다면 그것은 참으로 부끄러운 일이다.

조선족의 참모습을 보자

조선족은 남북 분단으로 오랫동안 단절돼 온 한국과의 급격한 교류로 시장경제 체제를 접하면서 중국내 소수 민족으로서의 정체성 확립에 혼란을 겪고 있다. 격변하는 중국사회에서 조선족들은 내부 갈등, 위기의식, 한국과의 접촉 확대로 심화되고 있는 금전 만능주의 문제들로 또다른 시련을 겪고 있다.

중국 정부는 현재 산업화·도시화·정보화 추세 속에 민족 문제가 불거질 것을 우려해 의도적으로 한족漢族을 소수 민족 자치주에 이주시키고 있고, 따라서 연변 조선족 자치주의 조선족 비율이 점차 낮아지고 있다.

반면에 중국의 개방 정책과 조선족의 한국행 등으로 기존의 농촌사회가 급격히 해체되면서 위기감을 느낀 조선족들이 공동체를 유지하고 민족 문화를 지키기 위해 집단촌을 만들고 있다.

한편, 도도한 산업화의 물결에 따라 시장경제가 도입된 이래 많은 관광객이 몰려오고 외화 수입도 늘어났다. 그러나 질서의 붕괴를 부르는 자본주의의 이기심이 만연되어 사회 병리현상으로 발전한 것도 사실이다. 예컨대 가정의 불화로 인한 이혼율이 높아지고 있다는 것도 그 중의 하나이다. 그런데 이혼에서 나타나는 한 가지 특징은 대부분 여성이 이혼을 제기한다는 점이다.

또다른 문제점은 청소년들의 비행이다. 유흥업소의 범람은 청소년들에게 과소비 풍조를 부채질 했다. 3청(무도청·오락청·커피청)을 다니면서 먹고, 마시고, 즐기는 것만을 추구하게 된 것이다.

이전의 청소년 범죄의 주종은 폭력이었는데 최근에는 성범죄가 으뜸을 차지하고 있다.

조선족은 대체적으로 한국 문화와 생활 풍습에 그 토대를 두고 자체적으로 보존, 발전시켰다. 하지만 세대가 거듭될수록 한민족이라는 정체성이 흔들리고 있다. 비록 그들의 국적이 중국일지라도 그들의 뿌리는 분명 한국이다. 그들의 삶에서 표현되는 모습 하나하나가 이를 보여준다. 따라서 모국인 한국은,

첫째, 조선족이 엄연한 우리의 동포임을 잊지 말고,

둘째, 소수 민족인 조선족의 비애를 살피고 지속적인 관심을 가지고 지원하며,

셋째, 교육과 문화교류를 통해 민족의 자부심을 일깨워야 하겠다. 그리고 중국의 조선족을 통해 북한의 변화에도 영향을 줄 수 있도록 폭넓은 배려를 해야 한다. 북한동포의 가슴을 훈훈하게 녹여 통일이 되었을 때 적대감정으로 굳어진 적개심이 없이 동족애로 승화되도록 하는데 재중동포 조선족들이 기여하도록 해야 한다.

최근에 일고 있는 중국사회과학원이 제기한 역사의 문제, 즉 고구려사 왜곡만 보더라도 그곳에 거주하는 재중동포 조선족의 위상이 어떠해야 하는가를 잘 설명해 준다.

끝으로 한국에 거주하며 국적을 돌려달라고 절규하는 조선족들을 위해 곧 국회에서 통과될 것으로 예상되는 재외동포법 중 개정령안을 옮겨 싣는다. 재외동포가 아니더라도 같은 동족으로서 재외동포법에 대한 깊은 관심을 가져줄 것을 기대해마지 않는다.

재외동포의 출입국과 법적 지위에 관한
법률시행령 중 개정령 안

1. 개정이유

 재외동포의 출입국과 법적 지위에 관한 법률 제2조 제2호 소정의 외국국적동포를 동법 시행령 제3조에서 '대한민국 정부수립 전·후'라는 해외이주시점에 따라 차별한 것은 헌법에 합치하지 아니한다는 2001. 11. 29.자 헌법재판소 결정에 따라, 동법 시행령 제3조를 개정하여 해외이주 시점에 따른 구분을 폐지함으로써 위헌상태를 해소하려는 것임

2. 주요골자

　가. 외국국적동포의 정의에서 대한민국 정부수립 전·후에 따른 구분을 폐지 (안 제3조)

　나. 외국국적동포의 범위가 무한정 확대되는 것을 피하기 위해 직계비속의 범위를 2대로 한정 (안 제3조)

3. 참고사항

　가. 관계법령 : 생　략
　나. 예산조치 : 별도조치 필요없음
　다. 기　　타 : (1) 재외동포의 출입국과 법적 지위에 관한
　　　　　　　　　　법률시행령 중 개정령안, 별첨
　　　　　　　　(2) 신·구 조문대비표, 별첨

대통령령 제   호

재외동포의 출입국과 법적 지위에 관한
법률시행령 중 개정령안

 재외동포의 출입국과 법적 지위에 관한 법률시행령 중 다음과 같이 개정한다.

 제3조를 다음과 같이 한다.

 제3조(외국국적 동포의 정의) 법 제2조 제2호에서 "대한민국의 국적을 보유하였던 자 또는 그 직계비속으로서 외국국적을 취득한 자중 대통령령이 정하는 자"라 함은 다음 각 호의 1에 해당하는 자를 말한다.

  1. 대한민국의 국적을 보유하였던 자로서 외국국적을 취득한 자
  2. 부모의 일방 또는 조부모의 일방이 대한민국의 국적을 보유하였던 자로서 외국국적을 취득한 자

부   칙

 이 영은 공포한 날부터 시행한다.

신·구조문대비표

현　　　행	개　정　안
제3조(외국국적 동포의 정의) 법 제2조 제2호에서 "대한민국의 국적을 보유하였던 자 또는 그 직	제3조(외국국적 동포의 정의) "대한민국의 국적을 보유하였던 자 또는 그 직계비속으로서 외국국적

계비속으로서 외국국적을 취득한 자중 대통령령으로 정하는 자"라 함은 다음 각호의 1에 해당하는 자를 말한다. 1. 대한민국 정부수립 이후 국외로 이주한 자중 대한민국의 국적을 상실한 자와 그 직계비속 2. 대한민국 정부수립 이전에 국외로 이주한 자중 외국국적취득 이전에 대한민국의 국적을 명시적으로 확인받은 자와 그 직계비속	을 취득한 자중 대통령령으로 정하는 자"라 함은 다음 각호의 1에 해당하는 자를 말한다. 1. 대한민국의 국적을 보유하였던 자로서 외국국적을 취득한 자 2. 부모의 일방 또는 조부모의 일방이 대한민국의 국적을 보유하였던 자로서 외국국적을 취득한 자

재외동포의 출입국과 법적 지위에 관한 법률시행규칙 중 개정령안

1. 개정이유

　　재외동포의 출입국과 법적지위에 관한 법률 제2조 제2호 소정의 외국국적동포를 동법 시행령 제3조에서 '대한민국 정부수립 전·후'라는 해외이주 시점에 따라 차별한 것은 헌법에 합치하지 아니한다는 2001. 11. 29.자 헌법재판소 결정에 의거, 동법 시행령 제3조를 개정하여 해외이주 시점에 따른 구분을 폐지함에 따라, 관련규정을 삭제하려는 것임

2. 주요골자

　　재외동포의출입국과법적지위에관한법률시행령 제3조를 개정, 해외이주시점에 따른 외국국적동포에 대한 구분을 폐지함에 따라 동 조항에 의거하여 외국국적동포에 대한 정의 및 입증방법을 규정한 동법 시행규칙 제2조를 삭제

3. 참고사항

　　가. 관계법령 : 생　　략
　　나. 예산조치 : 별도조치 필요없음
　　다. 기　　타 : (1) 재외동포의 출입국과 법적지위에 관한
　　　　　　　　　　　 법률 시행규칙 중 개정령안, 별첨
　　　　　　　　　(2) 신·구 조문대비표, 별첨

법무부령 제　　　호

재외동포의 출입국과 법적지위에 관한
법률시행규칙 중 개정령안

재외동포의 출입국과 법적지위에 관한 법률시행규칙 중 다음과 같이 개정한다.

제2조를 삭제한다.

부　　칙

이 규칙은 공포한 날부터 시행한다.

신·구조문대비표

현 행	개 정 안
제2조 (외국국적동포의 정의와 입증방법) ①재외동포의 출입국과 법적 지위에 관한 법률시행령(이하 "영"이라 한다) 제3조 제2호에서 "대한민국의 국적을 명시적으로 확인받은 자"라 함은 거주국 소재 대한민국 재외공관 또는 대한민국정부의 위임을 받은 기관·단체에 재외국민등록법에 의한 등록을 한자를 말한다. ②영 제3조 제2호에 해당하는 자가 그 사실을 증명하는 서면을 갖출 수 없는 경우에는 재외동포의 출입국과 법적지위에 관한 법률(이하 "법"이라 한다) 제2조 제1호의 규정에 의한 재외국민 또는 법 제5조의 규정에 의한 재외동포체류자격을 부여받은 외국국적동포 2인 이상의 보증서를 제출하여야 한다.	〈삭 제〉

출입국관리법 시행령 중 개정령안

1. 개정이유

재외동포의 출입국과 법적지위에 관한 법률 제5조 소정의 '재외동포체류자격(F-4)'에 해당하는 자는 출입국관리법시행령 제23조제3항에 의하여 단순노무행위, 사행행위 등에 종사할 수 없는바, 출입국관리법시행령 제12조 별표1 28의2. 재외동포체류자격(F-4)을 개정, 단순노무행위 등은 재외동포체류자격의 활동범위에 속하지 아니함을 명시하려는 것임

2. 주요골자

　재외동포체류자격(F-4)의 신청요건에 단순노무행위, 사행행위 등 출입국관리법시행령 제23조 제3항 각 호에서 규정한 취업활동에 종사할 수 없음을 추가 (안 제12조 별표1 28의2. 재외동포)

　※ 불법체류다발국가의 외국국적동포에 대하여는 사증발급신청시 연간납세증명서, 소득증명서류 등 단순노무행위에 종사하지 아니할 것을 소명하는 서류를 제출하도록 출입국관리법시행규칙 제76조 별표5(사증발급신청 등 첨부서류)를 개정하기 위한 근거 마련

3. 참고사항
　　가. 관계법령 : 생　　략
　　나. 예산조치 : 별도조치 필요 없음
　　다. 기　　타 : (1) 출입국관리법 시행령 중 개정령안, 별첨
　　　　　　　　 (2) 신·구 조문대비표, 별첨

대통령령 제   호

출입국관리법 시행령 중 개정령안

출입국관리법시행령 중 다음과 같이 개정한다.

별표1 28의2. 재외동포(F-4)를 다음과 같이 한다.

재외동포의 출입국과 법적지위에 관한 법률 제2조 제2호에 해당하는 자(단순노무행위 등 이 영 제23조 제3항 각 호에서 규정한 취업활동에 종사하려고 하는 자는 제외)

부   칙

이 영은 공포한 날부터 시행한다.

신·구조문대비표

현 행	개 정 안
별표 제1호 28의2 재외동포의 출입국과 법적지위에 관한법률 제2조 제2호에 해당하는 자	별표 제1호 28의2 재외동포의 출입국과 법적지위에 관한법률 제2조 제2호에 해당하는 자(단순노무행위 등 이 영 제23조 제3항 각 호에서 규정한 취업활동에 종사하려고 하는 자는 제외)

출입국관리법 시행규칙 중 개정령안

1. 개정이유

　재외동포의 출입국과 법적지위에 관한 법률 제5조 소정의 '재외동포체류자격(F-4)'에 해당하는 자는 출입국관리법시행령 제23조 제3항에 의하여 단순노무행위, 사행행위 등에 종사할 수 없는바, 이를 담보하기 위해 출입국관리법시행규칙 제76조를 개정하여 불법체류 다발국가의 외국국적 동포로 하여금 '재외동포체류자격(F-4)' 신청시에 단순노무행위 등의 취업활동에 종사하지 아니할 것을 소명하는 서류를 첨부하도록 하려는 것임

2. 주요골자

　가. 재외동포의 출입국과 법적지위에 관한 법률시행령 제3조를 개정함에 따라 관련규정 삭제(안 제76조 별표 제5호)
　나. 법무부장관이 고시하는 불법체류다발국가의 외국국적 동포에 대하여는 연간 납세증명서, 소득증명서류 등 체류기간 중 단순노무행위 등 출입국관리법시행령 제23조 제3항 각 호에서 규정한 취업활동에 종사하지 아니할 것임을 소명하는 서류를 첨부하도록 함(안 제76조 별표 제5호)

3. 참고사항

　가. 관계법령 : 생　　략

나. 예산조치 : 별도조치 필요 없음
다. 기　　타 : (1) 출입국관리법 시행규칙 중 개정령안, 별첨
　　　　　　 (2) 신·구 조문대비표, 별첨

법무부령 제　　호

출입국관리법 시행규칙 중 개정령안

출입국관리법시행규칙 중 다음과 같이 개정한다.

별표5 사증발급신청 등 첨부서류(제76조 관련) 중 체류자격(기호) 재외동포(F-4)항을 다음과 같이 한다.

○ 대한민국의 국적을 보유하였던 자로서 외국국적을 취득한 자
  · 호적등본, 제적등본 기타 본인이 대한민국의 국민이었던 사실을 증명하는 서류
  · 외국국적을 취득한 원인 및 그 연월일을 증명하는 서류
  · 연간 납세증명서, 소득증명서류 등 체류기간 중 단순노무행위 등 영 제23조 제3항 각 호에서 규정한 취업활동에 종사하지 아니할 것임을 소명하는 서류(법무부장관이 고시하는 불법체류가 많이 발생하는 국가의 외국국적동포에 한함)
  · 기타 법무부장관이 필요하다고 인정하는 서류
○ 부모의 일방 또는 조부모의 일방이 대한민국의 국적을 보유

하였던 자로서 외국국적을 취득한 자
- 직계존속이 대한민국의 국민이었던 사실을 증명하는 서류
- 본인과 직계존속이 외국국적을 취득한 원인 및 그 연월일을 증명하는 서류
- 직계존비속의 관계임을 증명하는 서류(출생증명서 등)
- 연간 납세증명서, 소득증명서류 등 체류기간 중 단순노무 행위 등 영 제23조 제3항 각 호에서 규정한 취업활동에 종사하지 아니할 것임을 소명하는 서류(법무부장관이 고시하는 불법체류가 많이 발생하는 국가의 외국국적 동포에 한함)
- 기타 법무부장관이 필요하다고 인정하는 서류

부　　칙

이 규칙은 공포한 날부터 시행한다.

신·구조문대비표

현　행	개　정　안
별표5 사증발급신청 등 첨부서류 (제76조 관련) 중 체류자격(기호) 재외동포(F-4) ○ 대한민국의 국적을 보유하였던 자로서 외국국적을 취득한 자·호	별표5 사증발급신청 등 첨부서류 (제76조 관련) 중 체류자격(기호) 재외동포(F-4) ○ 대한민국의 국적을 보유하였던 자로서 외국국적을 취득한 자

적등본, 제적등본 기타 본인이 대한민국의 국민이었던 사실을 증명하는 서류(재외동포의 출입국과 법적지위에 관한 법률시행령 제3조 제2호에 해당하는 외국국적동포는 재외국민등록법 제6조에 의한 재외국민등록등본 또는 동법시행규칙 제2조 제2호에 의한 보증서)
· 외국국적을 취득한 원인 및 그 연월일을 증명하는 서류
· 기타 법무부장관이 필요하다고 인정하는 서류

○ 대한민국이 국적을 보유하였던 자의 직계비속으로서 외국국적을 취득한 자
· 직계존속이 대한민국의 국민이었던 사실을 증명하는 서류(직계존속이 재외동포의출입국과법적지위에 관한법률시행령 제3조제2호에 해당하는 경우에는 재외국민등록법 제6조에 의한 재외국민등록등본 또는 동법시행규칙 제2조 제2호에 의한 보증서)
· 본인과 직계존속이 외국국적을

· 호적등본, 제적등본 기타 본인이 대한민국의 국민이었던 사실을 증명하는 서류
· 외국국적을 취득한 원인 및 그 연월일을 증명하는 서류
· 연간 납세증명서, 소득증명서류 등 체류기간 중 단순노무행위 등 영 제23조 제3항 각 호에서 규정한 취업활동에 종사하지 아니할 것임을 소명하는 서류(법무부장관이 고시하는 불법체류가 많이 발생하는 국가의 외국국적동포에 한함)
· 기타 법무부장관이 필요하다고 인정하는 서류

○ 부모의 일방 또는 조부모의 일방이 대한민국의 국적을 보유하였던 자로서 외국국적을 취득한 자
· 직계존속이 대한민국의 국민이었던 사실을 증명하는 서류
· 본인과 직계존속이 외국국적을 취득한 원인 및 그 연월일을 증명하는 서류
· 직계존비속의 관계임을 증명하는 서류(출생증명서 등)
· 연간 납세증명서, 소득증명서류 등 체류기간 중 단순노무행위 등 영 제23조 제3항 각 호에서 규정한

취득한 원인 및 그 연월일을 증명하는 서류 · 직계존비속의 관계임을 증명하는 서류(출생증명서 등) · 기타 법무부장관이 필요하다고 인정하는 서류	취업활동에 종사하지 아니할 것임을 소명하는 서류(법무부장관이 고시하는 불법체류가 많이 발생하는 국가의 외국국적 동포에 한함) · 기타 법무부장관이 필요하다고 인정하는 서류

참고문헌

21세기 조선족의 현황과 미래 / 황유복 외 3인 공저 / 북경민족학교 편집부
개혁개방과 중국조선족 소설문학 / 오상순 / 월인
중국조선족 사회의 문화우세와 발전전략 / 김강일 외 / 연변인민출판사
중국조선족사회와 청소년문제 연구 / 전태균 / 연변인민출판사
중국조선족 현상태분석 및 전망연구 / 박민자 / 연변대학
중국조선족 / 정신철 / 신인간사
조선족연구논총 / 편집부 / 연변대학
중국조선족 세시풍속 / 편집부 / 연변대학
중국조선족 민족음악연구 / 편집부 / 연변대학
조선족 전통미덕 이야기 / 편집부 / 연변대학
중국조선족력사상식 / 김철수 외 / 연변인민출판사
중국 조선족 문학통사 / 조성일 외 / 이회문화사
조선족교회와 중국 선교 / 인병국 / 에스라서원
조선족 생활사 / 김경식 외 / 문음사
연변과 조선족 / 김상철 / 백산서당
중국 조선족설화의 종합적 연구 / 우상렬 / 국학자료원
중국 조선족 역사 문화 산책 / 연변사회과학원 역사연구소 / 한림대학교출판부
격동기의 중국조선족 / 이광규 / 백산서당
한국인 조센징 조선족(일본인이 본 한민족문화) / 카세타니 토모오 / 범우사
조선족의 오늘 / 강위원 / 신유

중국 동북지역 지도

내몽고 자치구

서요하 통요

적봉 부신

조양
금주
금서

장가구 승덕
하북성 진황도
북경직할시
천진직할시 당산

보정

창주 연대

석가장

덕주 동영

한단 제남 치박 유방

대안 산동성 청도

제녕